JN086037

Faultline

フォールト ライン

組織の分断回避へのアプローチ

［著］内藤 知加恵

東京 白桃書房 神田

はじめに

　「なんとなくグループに分かれてしまう職場」で働いた経験を持つ人は，実は多いのではないだろうか。筆者が職場の分断というテーマに関心を持つきっかけは，看護研究者のもとで研究補助の仕事をしていた時の経験である。様々な看護職場を見る中で，上手くいっている部署もあれば，職場内の雰囲気が良くない部署，離職者が出る部署もある。上手くいっていない職場は，しばしば職場内に分断がある。もちろん，看護職は高度な専門性を有するプロフェッショナルであるから，職場内の分断が，仕事の質に直接影響したりはしない。ただ，その職場がなんとなく分断されている事は，傍で見ていても不思議と分かるという。

　ダイバーシティ・マネジメントの先行研究では，男性／女性という属性が分断を生むと指摘されてきた。しかし，看護職の多くは女性であり，結婚・出産後も仕事を続けることが珍しくなく，上司も女性であることが多い。それまで全く別の業種で働いてきた筆者にとっては，看護職場は，性別のダイバーシティが高まった，未来の世界を先取りする環境のように映った。そんな中で，職場分断が起きるのはなぜなのか，知りたいと考えた。

　そこで出会ったのが，「フォールトライン（faultline）」という概念である。集団の中には，年齢・職歴等の属性から形成される見えない分断線（フォールトライン）がある。この分断線は，普段は意識されることはないが，何かの出来事をきっかけに表出するという。筆者は，フォールトライン概念を提唱した香港中文大学 Dora Lau 先生に，概念の詳細についてお尋ねした。メールでご教示いただく中で，フォールトラインは新しい概念であり，まさに発展途上にあることを知り，ますます関心を深めていった。

　本書が扱うのは，職場における分断である。職場の分断と聞くと，一見小さいことのようだが，放置すれば職場内のコミュニケーションが損なわれ

る。居心地の悪い職場で働きたい従業員はおらず，職場の分断は，最終的には従業員の職務成果や企業業績にも悪影響を与えかねない。ダイバーシティを高めながらも，分断を回避するにはどうしたら良いのか。本書が，ダイバーシティ推進の先に待つ問題を解決する一つのヒントになれば幸甚である。

　本書のベースとなった博士学位申請論文の執筆にあたり，論文審査委員・指導委員を務めていただいた，早稲田大学大学院商学研究科谷口真美教授，小倉一哉教授，早稲田大学大学院経営管理研究科竹内規彦教授，甲南大学経営学部北居明教授に，心より御礼を申し上げる。

　主査の谷口真美先生には，博士課程において，研究の初歩から，様々なことを教えていただいた。筆者は，谷口先生の著書に感銘を受け，ダイバーシティ・マネジメントを研究したいという気持ちだけを持って，先生の研究室の門を叩いた。同分野で常に第一線におられる先生に，研究者としての背中を見せていただき，本当に多くのことを学ばせていただいた。

　また，副査の先生方には，多角的な視点から論文を見つめる機会をいただいた。小倉一哉先生は，常に，研究者としてどうあるべきかというイメージを示しながら，叱咤激励して下さった。博士論文という長い旅の中で，精神的に大きな支えをいただいたことに感謝申し上げる。竹内規彦先生には，分析手法や，論文での表現や論の展開方法など，大変細やかにご指導いただいた。論文の質を高めようと常に建設的なご指摘をいただいたことは，研究者として働くことになった今，大きな糧になっている。北居先生には，分析方法を中心に，大変丁寧にご指導いただいた。関西での勉強会や学会でもご指導いただき，その温かいお人柄に助けていただいた。先生方に，心より御礼申し上げる。

　本書は，現場で働く看護職の皆様のご協力無しには成り立たなかった。業務繁忙の中，調査にご協力いただいた，A県大学病院のすべての看護職の皆様に，深く御礼申し上げる。調査を通じて，看護職の方々のプロフェッショナルとしての姿を見せていただいた。そして何よりも，病院での調査をご快諾いただいた，看護部長様，御担当副看護部長様，師長様，事務担当者様

に，心より感謝申し上げる。

　筆者は，博士後期課程在学中に，本当に多くの先生方から貴重なご助言をいただいた。

　関西医科大学大学院看護学研究科教授近藤麻理先生には，調査へのご助言はもちろん，筆者が博士後期課程を志望するきっかけを作っていただいた。先生の研究室で，「看護の世界でもダイバーシティというキーワードが出始めている」と教えていただいた時のことは，今でもはっきりと覚えている。背中を押していただき，その後も様々なご助言をいただいた。

　慶応義塾大学大学院経営管理研究科教授林洋一郎先生には，論文作成の初期段階より，度々ご助言をいただき，論文を作成する上での大きな推進力をいただいた。林先生と共に，近畿大学総合社会学部中川知宏先生からも，様々なご助言をいただいた。

　また，神戸大学大学院経営学研究科の先生方，そしてゼミ生の皆様に，大変お世話になった。当時，神戸から東京に遠距離通学していた筆者にとって，神戸大学の大学院生の方々と語らう時間は非常に楽しいものであった。中でも，京都大学経営管理研究部高瀬進先生，神戸学院大学経済学部大塚英美先生には，論文への貴重なご意見を頂戴した。

　博士後期課程の同期である，九州大学客員教授玉置浩伸先生には，スイーツ談義とともに常に実践的なご助言と励ましをいただいた。また，大阪公立大学内田真先生・洋美さんご夫妻には，統計学に関するご助言だけでなく，研究者という生き方について，非常に貴重な示唆をいただいた。皆様に，心より感謝申し上げる。

　早稲田大学大学院商学研究科谷口ゼミ OB・OG の皆様，そして修士課程時代の仲間には，様々な視点から有益なコメントを頂戴した。ゼミの先輩である飯田信一先生，修士課程の恩師である早稲田大学名誉教授浦野義頼先生，東京工科大学金光永煥先生，行木雅子先生，稲原氏，宇崎氏，小池氏，真鍋氏，横山氏，その他多くの方々のご協力があって，本書を完成することができた。人の縁の有難さと温かさを改めて感じている。

　本書は，2022 年度麗澤経済学会出版助成を受けている。出版助成へのご理解と温かい励ましを下さった麗澤経済学会と麗澤大学の先生方に，心より

御礼申し上げる。また，白桃書房様には，本書出版の機会をいただき，感謝する。中でも，初めての書籍出版にあたって，書籍化の道を開いてくださった平千枝子氏，いつも適切なご助言を下さった編集者の佐藤円氏に，改めて感謝したい。

　研究と家庭の両立を目指す中で，筆者は本当に豊かな経験をさせていただいた。笑いあり，涙ありの中，研究者になるという選択を深い理解をもって応援してくれた双方の両親，姉，そして誰よりも，いつもとびきりの笑顔で励ましてくれる，夫・雄介と娘・理乃の二人に，心から感謝する。

2022 年 11 月 22 日

内藤　知加恵

目次

職場の分断はなぜ起こるのか

　本書の目的は，産業・組織心理学で近年注目を集める「フォールトライン」(Faultline)（Lau & Murnighan, 1998）という概念を軸に，職場内の分断が，どのようなメカニズムで起こるのかについて考察することである。

（1）日本のダイバーシティ・マネジメントについての概況

　日本でも，近年ダイバーシティという単語を多く目にするようになった。谷口（2016）によれば，日本でダイバーシティの議論が始まったのは，「日経連ダイバーシティ・ワークルール研究会」が設置された 2000 年である。その背景には，将来予測される労働力不足への危機感がある。労働政策研究・研修機構の 2019 年の推計によれば，「ゼロ成長に近い経済成長で，性・年齢階級別の労働力率が現在（2017 年）と同じ水準で推移すると仮定したシナリオ（経済成長と労働参加が進まないケース）」の下では，2040 年の労働力人口が 2017 年の 6,720 万人から 5,460 万人に減少すると見込まれる。これが，「各種の経済・雇用政策をある程度講ずることにより，経済成長と，若者，女性，高齢者等の労働市場への参加が一定程度進むシナリオ（経済成長と労働参加が一定程度進むケース）」では 5,846 万人と推計される。さらに，「各種の経済・雇用政策を適切に講ずることにより，経済成長と，若者，女性，高齢者等の労働市場への参加が進むシナリオ（経済成長と労働参加が進むケース）」の下では，6,195 万人と推計される（労働政策研究・研修機構, 2019）。こうした背景から，日本では，働く女性の割合を高める「ジェンダー・ダイバーシティ」のマネジメントを主眼として，ダイバーシティ・マネジメントへの関心が高まっていった。

2

　一方で，多くの課題も指摘されている。一つは，指導的立場につく女性の割合が低いことである。日本では，就業者に占める女性の「割合」そのものは高まっている。共働き世帯はいわゆる専業主婦世帯を上回り，2021年には，専業主婦世帯は566万世帯と，全体の23.1％となっている。外国との対比で見ても，就業者に占める女性の割合は，日本は2021年時点で44.7％と，他国と大きな差は見られない（内閣府，2022）。つまり，働く女性の割合そのものは高まっている。一方で，管理職等の指導的立場に就く女性の割合は，日本は他国と比較して低い水準にある。内閣府（2022）によれば，諸外国では管理的職業従事者に占める女性の割合はおおむね30％以上だが，日本企業では2021年現在，13.2％である。なお，ここでいう管理的職業従事者の定義は国によって異なるが，日本では，「管理的職業従事者」とは，「就業者のうち，会社役員，企業の課長相当職以上，管理的公務員等」を指す。新聞，テレビ，インターネットでもしばしば報道されるように，日本では指導的立場に就く女性の比率は他国と比べて充分に高まっていない現状がある。

　こうした課題に対応するため，国レベルでも企業レベルでも取り組みが進められている。2016年に本格施行され，2019年に改正，2022年度に全面施行された「女性活躍推進法」は，従業員数101名以上の企業に対し，女性登用に関する行動計画の策定・届出，および自社の女性活躍に関する情報公表を義務付けた（厚生労働省，2022）[1]。様々な課題はあるものの，政府や企業の工夫・取り組みにより，日本の女性活躍推進は着実に前進しようとしている。

（2）ダイバーシティの先にあるもの

　そこで生じる疑問が，あらゆる階層で女性の割合が男性と同等に高まりさえすれば良いのかという点である。多くの先行研究が示すように，人材の多

1　この計画達成には，困難があることも指摘されている。この計画の達成状況について，日本経済新聞社が「えるぼし事業者」156社・法人に実施した聞き取り調査によれば，数値目標をすべて達成できていたのは69社・法人，66社・法人が未達で，10社・法人が開示しなかった（三浦・西城，2022）。

様性の高まりと組織成果との関係は，単純ではない。その理由の一つが，ダイバーシティの持つ二面性である。

　ダイバーシティの理論では，ダイバーシティは成果に対してプラスとマイナスの二つの影響を与えることを示している。プラス面は，多様な人材の持つ視点，情報，知識を集団内に取り込むことで，より質の高い意思決定につながり，ひいては創造性やイノベーションを高めると主張する（情報・意思決定理論）。

　一方で，マイナス面も指摘されている。それが，「サブグループ化」である。人は他者を，自己と同じ集団（内集団）に属するか，それとも自己とは異なる集団（外集団）に属するか，分類しようとする（Tajfel & Turner, 1979）。それだけではなく，人は内集団の成員をより高く評価し，外集団の成員をより低く評価しようとする（Tajfel et al., 1971）。その結果，集団間で感情的対立が起こり，結果として組織のパフォーマンスに負の影響を与えるというのが，ダイバーシティのマイナス面である。こうしたプラスとマイナスの両面を持つため，ダイバーシティ・マネジメントにおいては，ある属性の多様性を高めるだけではなく，マイナス面を抑えるための適切なマネジメントが重要だと指摘されている[2]。

（3）ダイバーシティ研究におけるフォールトラインの位置づけ

　本書が扱う「フォールトライン」は，ダイバーシティのマイナス面をどのように低減すればよいのか，という命題に一つの示唆を与える。属性のダイバーシティによるサブグループ化を考える上で，重要な点が2点ある。一つは，我々は束のように複数の属性を持っているという点である。例えば，女性，文系，40代，既婚，子どもあり，など，複数の属性を内包するのが人間である。ダイバーシティ研究は，これらの属性を別個に扱ってきた。例えば，性別のダイバーシティ，年齢のダイバーシティ，専門分野のダイバーシティ，などである。そして，各属性のダイバーシティと，集団成果との関係

2　例えば，ダイバーシティだけではなく，職場で自分が受け入れられていると感じ，かつ，自分の独自性が発揮できていると知覚する「インクルージョン」（inclusion）（Shore et al., 2011）の必要性が唱えられている。

を考察するのが伝統的なダイバーシティの考え方である。

　ただし，実際に集団の中で，どのようにサブグループ化が起こるかという点を考えると，ダイバーシティの考え方だけでは説明できない部分がある。本当に人は，女性同士，男性同士，同年代，といった単一属性を元にサブグループ化を起こすのだろうか。サブグループ化を捕捉するには，単一属性に着目するよりも，複数の属性による分断をとらえるほうが，より現実に即しているのではないだろうか。これが，フォールトラインの基本的な考え方である。つまりフォールトラインの特色は，サブグループ化（分断）の強さと質を，「複数の属性」を元に算出する点である。

　もう1点，サブグループ化を考える上で重要なのが，分断の「トリガー」である。人は，多様な属性から作られる集団内の分断を，常に知覚しているわけではない。普段は見えないが，ある出来事をきっかけ（トリガー）に，サブグループが浮き上がるというのが，フォールトライン概念の核である。フォールトラインはあくまで職場内に潜在的に存在する仮説的な分断線である（Lau & Murnighan, 1998）。地震がきっかけになって，断層線が地上から視認できるようになるのと同じように（Lau & Murnighan, 1998），何らかの出来事によってサブグループが表面に現れなければ，フォールトラインの存在に気づくことはないかもしれない。

　つまり，人材の多様化が進むと，どのような職場にも目に見えない分断線，すなわちフォールトラインが存在するようになる。それを放置すれば，何かのきっかけで職場内の人間関係に決定的な亀裂をもたらす可能性がある。本書は，フォールトラインの理論的背景を踏まえ，組織成果を損なうような職場の分断を回避するための方向性を検討する。

第 I 部

フォールトラインの
先行研究と研究課題

第1章

多様性の先に待つ「フォールトライン」

　本章では，日本において労働者の多様性が高まっている現状を示す。それに伴い，多様な属性によって職場内にサブグループが作られること，すなわち「サブグループ化」についての学術的関心の高まりがある。特に，サブグループ化の指標となる「フォールトライン」という概念への学術的・実務的関心が高まっていることを，データとともに示す。その上で，フォールトラインとサブグループ化が集団成果に与える影響を検討する必要性を論じる。

1.1節　研究の目的

1.1.1　研究の背景

　日本では，少子化に伴う生産年令人口の減少と，高齢化が急速に進んでいる。内閣府は，総務省の「労働力調査」から得られた 2005 年から 2016 年のデータに基づき，次のように指摘している（内閣府, 2017）。日本の 15 歳から 64 歳までの生産年令人口は，1997 年の 8,700 万人から急速に減少し，2015 年には 7,700 万人になっている。特に顕著なのは，女性や高齢者の雇用の増加である（内閣府, 2017）。高齢者については人口構成の 3 割以上を占める 65 歳以上の労働参加率が高まっている。女性の就業率は上昇を続けており，15－64 歳女性の就業は，2005 年に 58.1％だったものが，2019 年には 70.9％，2020 年は 70.6％とわずかに低下したものの，2021 年には 71.3％であった（内閣府, 2022）。このように，組織・職場の中で働く女性や高齢者の割合は，高まっている。

　また，日本で働く外国人労働者も増加している。厚生労働省の集計によれば，2017 年の日本における外国人労働者数[3] は，146 万 0,463 人で，対前年比 14.2％増であった（厚生労働省，2019a）。外国人労働者数は，2012 年から毎年増加しており，2007 年に届け出が義務化されて以来，最高を更新した。また，外国人労働者を雇用する事業所数は 21 万 6,348 か所ある（厚生労働省，2019c）。外国人労働者は，すでに日本における重要な労働力となっており，職場内で様々な人種の労働者が働くようになっている。

　このように，様々なバックグラウンドを持つ労働者が，一つの職場で働く機会が増えている。多様な労働者が同じ職場で働くとき，職場内ではどのようなグループプロセスが起こり，職場や組織の成果に，どのような影響があるのかを，理論的に明らかにすることが重要になっている。

1.1.2　多様性の光と影

　労働者の多様性が高まることで，職場や組織に，どのような影響があるのか。それを論じるためには，多様な個人が同じ職場で働くメカニズム（人間関係の力学）を理論的に分析することが必要である。序章で述べたように，多様性は組織成果にプラスとマイナスの両方の影響を及ぼす可能性がある（Milliken & Martins, 1996）。多様性を生かすことができれば，職場において自分の持ち味が生かされていると実感でき，従業員がより組織に定着することが期待できる。また，多様性を生かすことができれば，多様な視点が組織にもたらされる。多様なアイディアによって議論が活性化し，仕事のパフォーマンスが高まる。このように，職場で働く個人が持つ多様なバックグラウンドを生かすためには，職場を構成するメンバー間での，相互刺激が必要である。

　同時に，多様性が高まることで生じる負の面もある。それが，「サブグループ化」である。人は，様々な特性に基づいて，集団内に下位集団，すなわち，サブグループを作りがちである（Alderfer, 1983; Carton & Cummings, 2012）。例えば，企業の一つの職場を例に考えてみたい。営業部，総務部な

3　届け出が義務付けられているのは，事業主に雇用される外国人労働者（特別永住者，在留資格「外交」・「公用」の者を除く）である。

ど，一つの職場の中に，男性／女性，勤続年数の長い者／短い者，日本人／中国人など，様々な属性の従業員がいる。一見，均質に見える集団でも同様である。例えば，女性の比率が高い看護職場でも，子どもがいる者，介護をしている者，看護職以外の経験がある者，大学院卒の者／専門学校卒の者等，バックグラウンドは多様である。

　多様な背景を持つ集団の中では，ある背景を共有する者同士が，職場内にグループ（サブグループ）を作る。例えば，子どもがいる従業員は，同じく子どもがいる従業員同士で自然とまとまりを作ることがある。それ自体はあくまで自然なことである。問題は，サブグループ間では，対立が生じがちだということである。対立の中でも，仕事の内容や方法論をめぐる意見の対立は，必ずしもマイナスというわけではない。業務の質向上のために，有益な対立もある。しかしながら，ひとたびサブグループ同士が職場の中で「感情的な対立」を起こせば，職場内の人間関係や職場成果に，深刻な影響を与えかねない。このように，多様性は組織成果にとってプラスにもマイナスにも作用することから，「もろ刃の剣」といわれる（Milliken & Martins, 1996）。

1.1.3　本書の目的

　多様性のプラス面を生かすためには，多様化に伴うサブグループ化によるマイナスの側面を抑えることが重要になる。中でも，学歴，性別，年令など，複数の属性が合わさることで生じるサブグループ間の溝を，「フォールトライン」（Lau & Murnighan, 1998）という。本書の目的は，このフォールトラインを主題として，多様性のマイナス面を乗り越え，プラス面を生かすための方法を探索することである。

1.1.4　フォールトライン研究の概況

　「フォールトライン」という概念を最初に発表したのは，Lau & Murnighan（1998）である。それ以降，フォールトラインに関する研究が数多く発表されている。その推移を示したのが図表 1-1 であり，筆者が 2019 年 4 月時点で，文献データベースを利用して検索した結果である。*EBSCO business source premier, PsycARTICLES, PsycINFO, Psychology and Behavioral Sciences*

▌ 図表 1-1　フォールトラインに関する文献数推移

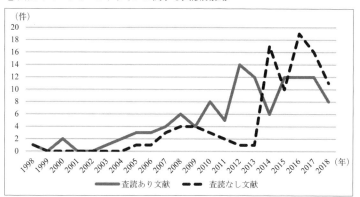

查読あり文献　　　查読なし文献

Collection / EBSCOhost で，"faultline" を abstract に含む文献を検索した。そのうち，査読ありの学術誌に掲載されたものと，実務家向けの雑誌など査読なしのものの推移である。なお，分野が異なるものは除外している。図表1-1 を見ると，2008 年から 2017 年にかけて論文の本数が増加傾向にある。

　時系列で見ると，1998 年にフォールトラインの概念が登場した後は，実証研究に向けて具体的にどのようにフォールトラインを測定するのかという，計算方法に関する論文が発表されてきた。2003 年に，*Fau*（Thatcher, Jehn, & Zanutto, 2003），2004 年には *FLS*（Shaw, 2004）の測定方法が発表された。それに伴い，フォールトラインの計算に必要なコンピュータプログラムも提供された（例えば，Chung, Shaw, & Jackson, 2006; Meyer & Glenz, 2013）。なお，フォールトラインの計算方法比較に関しては，本書の補章 2 で論じる。こうした実証研究の素地が整ったことで，2006 年以降，フォールトラインに関する実証論文数が増えたものと推察される。また，査読なしの文献数が 2014 年から増加しており，実務においてもフォールトラインへの関心が高まっているものといえる。

　さらに，米国経営学会（Academy of Management）の発行する学会誌，*Academy of Management Proceedings* において，abstract に "faultline" という語を含む文献を検索した。*Academy of Management Proceedings* は，Academy of Management の年次大会での発表原稿から構成される学会誌であり，その後に各学会誌へ投稿する，「研究の種」が多く集まる。フォールトライン

▌図表 1-2　"faultline" を abstract に含む *Academy of Management Proceedings* の文献数推移

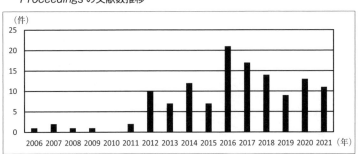

研究は，概念自体もまだ新しいため，本誌に限定して検索することで，フォールトラインをめぐる現在の状況をより確実に把握できると考えた。Lau & Murnighan（1998）がフォールトラインという概念を *Academy of Management Journal* 上で発表した 1998 年の前年にあたる 1997 年から 2021 年末までの期間で，該当件数は 128 件であった。結果は，図表 1-2 の通りになった。このように，フォールトラインに関する研究は，組織行動論・産業組織心理学分野において，一領域として定着しつつあるといえよう。

1.1.5　フォールトラインの実務における重要性

　働く人の多様性が高い社会が実現した先には，何が待つのだろうか。働く女性が増えると，どうなるだろうか。「女性活躍推進」の旗の下では，男性・女性という性別による違いが顕在化しがちである。しかし，組織において女性の割合が高まり，女性と男性が同様の立場で，同じ条件で働くようになると，今度は性別以外の属性が際立ってくるだろう。例えば，同じ女性の中でも子育てをしながら働く従業員と，そうでない従業員がいる。男性でも，育児に従事する者と，そうでない者がいる。エンジニア畑の者と営業畑の者という違いもあるだろう。

　人には，様々な属性の違いがある。そして，それらの属性によって，人はサブグループを形成する。フォールトラインは，複数の属性に着目することで，職場内のサブグループ化の程度を示す概念である。男女という性別の違いが際立たなくなった職場で何が起こりうるのか，予測しておくことは実務

上重要だと考えられる。

　そこで本書では，職場内での性別の同質性が極めて高い職種として，「看護職」を対象に調査を行う。女性の割合が高い看護職場のフォールトラインに着目することで，性別の多様性が高まった「先」の世界で起こりうる事象をとらえようとする。

1.2節　看護職の多様化の背景─「看護師不足」の実態─

1.2.1　潜在看護師抑止の必要性

　日本の看護職場をリサーチサイトとする上で，まず，看護職場における「多様性」とは何か，そして，看護職の多様性を検討する社会的・学術的意義を確認する。日本では，団塊の世代が75歳以上の後期高齢者になる2025年に，医療・介護の需要はピークを迎えるといわれる（日本看護協会，2018）。税・社会保障一体改革における推計では，2025年には，196－206万人の看護職が必要だと発表している。

　看護職の就業者数は，2007年には137万であったのが，前年比2－4万人ずつ増えていき，2019年時点で，およそ168万人いるとされる（日本看護協会，2022）。しかしながら，2025年の目標数値には，まだ遠い。厚生労働省によれば，就業者数が年間3万人程度ずつ増加したとしても，2025年には3－13万人の看護師が不足すると考えられている（厚生労働省，2019d）。

　日本の労働市場において，いわゆる「看護師不足」が問題になっている主な理由として挙げられているのが，「潜在看護師」の多さである（韓，2012）。日本の潜在看護師数は，2012年末時点で69万9,566人と推計され，潜在看護職員率は32.5％であった（小林，2013）[4]。小林（2013）は，年令階層

4　小林（2013）は，64歳以下を対象に，免許保持者数から就業者数を減じて，潜在看護職員数を推計している。免許保持者数は，高校・専門学校・大学などの卒業者数を元に算出している。また，老齢や死亡によって資格を喪失する看護職の数も考慮して推計している。より正確には，看護資格を喪失した（行政処分によって取り消された）者の人数も減じる必要があるが，年に1－2度公表される厚生労働省のデータ（厚生労働省，2018b）によれば，犯罪等で看護資格を取り消されるのは年間数名程度であるため，今回は考慮しない。

別の推計から，特に結婚・子育て世代と若い世代の離職を防止し，非就業率を下げる取り組みが重要であると指摘している。

　看護職は資格職であり，比較的転職が容易といわれる。キャリアアップや，自己研鑽，出産や育児といったライフイベントに合わせた離転職自体は，必ずしも問題というわけではない。看護職場ではもう働きたくないと感じ，看護の仕事自体から離れてしまうことが，「看護師不足」を招く一因だといえる。看護職の離職理由を見ると，「看護職員として退職経験のある者の退職理由」の1-4位は，「出産」，「育児」，「結婚」，「他施設への興味」，そして5位は「人間関係が良くないから」である。また，同調査で「現在就業している看護師等が現在の就業先で勤務を続けている理由」として，1-3位は，「勤務形態が希望通りである」，「通勤の利便性が良い」，「雇用形態が希望通りである」，4位は「同僚との関係が良い」であった（日本看護協会, 2014）。

　多様な看護職が働きやすい職場を作ることは，看護職の就業者数を増やすことにつながり，同時に，「看護師不足」の解消に有効である。しかしながら，ただ絶対数を増やすだけではなく，どの看護職も働きやすい職場を作ることができて初めて，多様なバックグラウンドを持つ看護職の知識や視点を生かすことができる。多様な知識や視点が生かされることで，看護の質も高まり，さらには，個人の達成感や成長を感じることができるからである。

　看護職場はある意味で「特殊」ではあるが，病棟という「チーム」が，医療サービスという「商品」を，患者という「顧客」に提供して感謝という「対価」を得るという構造と見れば，看護職にかぎらず，一般の職場においても，同じことが当てはまると考えられる。少子高齢化や女性の労働者が増加する社会的背景を見ると，組織で働く人の属性は，ますます多様化することが予想される。「多様化」には，「新たな属性が加わる」というケースだけでなく，古い伝統的社会規範の下で「自分」を押し殺してきたが，それが解放できるような社会になる，というように，「今まで秘めていた属性が表出する」ケースもあるだろう。なお，用語の統一について最初に述べる。本書では，看護職場で働く人を調査対象にするため，「保健師・助産師・看護師・准看護師のいずれかもしくは複数の資格を持ち，看護の職務を担当する個人」（日本看護協会, 2007）を意味する「看護職」を用いる。

1.2.2　病院組織にとっての看護職確保の重要性

　近年，病院組織にとって，看護職数の確保は，重要な経営課題になっている。その背景には，2006 年に導入された 7 対 1 の看護配置基準がある。7 対 1 看護配置とは，平均して入院患者 7 名に対し，常時，看護師 1 名を配置する体制をいう。7 対 1 看護配置導入の狙いは，1 人の看護師が受け持つ患者数を減らすことで，重症度の高い患者に必要な看護を提供することである。7 対 1 看護配置では，看護職の数が増えることで，1 人当たりの夜勤や当直の回数も減り，勤務時間間隔を長くできる。そのため，看護職員の過重労働が軽減され，従来よりも手厚い看護が可能になる。ただし 7 対 1 の認定を受けるためには，看護師の数さえ揃えばよいというわけではなく，患者の重症度・看護必要度・平均在院日数・在宅復帰率等の基準も満たさなくてはならない（厚生労働省, 2015b）。

　もちろん，7 対 1 になれば，即座に経営が安定するというわけではない。7 対 1 看護配置体制の病院には，診療報酬がより多く支払われる。韓（2012）によれば，10 対 1 の場合に比べ，7 対 1 では 100 床当たり年間で 1 億円多く診療報酬が支払われる計算になる。今村・康永・井出（2011）によれば，7 対 1 看護を導入するためには，10 対 1 と比べて，およそ 1.4 倍の看護師が必要となり，人件費がかかり，診療報酬の増収分だけでは賄いきれない。そのため，短期的な収支でいうと，7 対 1 看護の導入はマイナスだが，長期的に見ると，重症患者の積極的な受け入れが可能となり，患者数の増加とそれに伴う増収（処置・検査件数の増加）が見込まれる（今村・康永・井出, 2011）。また，看護職の労働環境改善による離職防止効果も大きい（今村・康永・井出, 2011）。

　このように，診療報酬制度は経営（財務）面では，労働環境を改善し，多様性を受け入れるための支援となる。しかし，医療の高質化のためには，制度だけでは不十分である。いくら多様性を受け入れたとしても，それを生かせなければ，職場内での看護の質向上にはつながらない。むしろ，個人が成長や達成感を得られず離職してしまう。職場内での看護職の多様性を生かすための取り組みが必要である。

1.3節　看護職の多様性への学術的関心の高まり

1.3.1　教育歴・職歴の多様化

　病院が看護職数を確保しようとすると，一つの病院組織内に，多様な看護職が集まることになる。近年，4年制看護大学の増加に伴い4年制大学卒の看護職が急増したほか，社会人経験のある看護職を育成する取り組みも始まっている（厚生労働省, 2015a）。また，2003年の育児・介護休業法に基づき，看護職場でも休暇制度が整い，働き方も様々になっている（鈴木・松浦, 2018）。さらには，高齢の看護職の再雇用，セクシャルマイノリティや障害を持つ看護職など，看護職の多様化が起こっていると指摘されている（鈴木・松浦, 2018）。このように，日本の看護職場でも，教育歴，職歴，経験年数，勤続年数，年令をはじめとした，様々な属性が，看護職場の中で急速に多様化している。

　米国においては，すでに看護職の多様性を高める必要性が指摘されている（Xue & Brewer, 2014）。例えば，1988年から2013年までの米国のデータを元にした研究では，人口レベルでは人種民族の多様性が高まっているにもかかわらず，特にヒスパニックと黒人の看護職に関して，数が増えている地域と，そうでない地域のギャップが大きいことを指摘している（Xue & Brewer, 2014）。

　こうした中，自分と同じマイノリティの看護職数が少ないことで看護職が辞めてしまうのを防止する取り組みや（Clochesy, Griggs, & Anthony, 2007），患者の人種・民族が多様化するのに対応した医療も求められている（Keele, 2016）。さらに，多様な世代の看護職をマネジメントする必要性も示されている（Murray, 2013; Sherman, 2006）。Murray（2013）は，看護職場で，特定の世代に対するステレオタイプが生まれ，多様な世代間の衝突や，コンフリクトが起こることを指摘した。こうした背景にもかかわらず，看護職を対象とした多様性の研究は，これまでほとんど行われてこなかった（Gates & Mark, 2012）。

　医療は，複数の看護職，医師，その他の職種がチームで行うものである。

「チーム医療」としての成果を高めるためには，多様な視点，情報など，多様性のメリットが重要である。チーム医療は，「一人ひとりが自分で工夫して成長・熟練していく」（加算型タスク）のでも，「それぞれ与えられた役割を全うすることに専心する」タスク（分離型タスク）のでもなく，「互いに刺激し合ったり，補い合ったりすることで，個の力とともに集団全体の力も最大化する」（結合型タスク）と考えらえる（Steiner, 1972）。結合型タスクでは，個人の持つ多様性が生かされることで，職場全体の力になる。多様化による負の側面を抑えながら，多様化によるメリットを享受するためには，看護職の多様性のマネジメントが必要になるといえよう。

1.3.2　外国人看護職の受け入れ

　日本は，2008 年度より経済連携協定（EPA）に基づく外国人看護師の受け入れを開始した。EPA は，「貿易の自由化に加え，投資，人の移動，知的財産の保護や競争政策におけるルール作り，様々な分野での協力の要素等を含む，幅広い経済関係の強化を目的とする協定」（外務省, 2019）であり，看護師の受け入れは「人の移動」，「人的交流の拡大」に含まれる。日本は，インドネシア，フィリピンおよびベトナムから，看護師と介護福祉士の候補者を受け入れている。候補者は，日本の国家試験を受験して看護師免許を取得する必要がある（厚生労働省, 2019a; 布尾, 2016）。

　EPA の枠組みで，日本に来た外国人候補者の看護師国家試験合格者数は，2009 年度が 0 人，2010 年度 3 人（受験者数 254 人，合格率 1.2％）（厚生労働省, 2019b），と，当初は合格者数がかなり少なかった。日本人と同じように，日本語で受験しなくてはならないことと，3 年間（条件次第で 1 年間の延長可）の滞在期間中に看護師免許を取得するという期限が大きな壁になっていた（布尾, 2016）。その後，インドネシア・フィリピンに加え，ベトナムも協定国に加わり，受験者数・合格者数ともに増加している。2018 年は受験者数 423 人，合格者数は 69 人（合格率 16.3％）となった。EPA に基づく累計受け入れ人数は，2018 年 8 月末時点で 5,600 人を超え，累計合格者数は 413 人となっている（厚生労働省, 2019b）。今後も，看護職場における外国人看護職の増加が予想される。

1.3.3　看護職場における多様性研究の重要性

　本書では病院組織で働く看護職を対象に，看護職場内のフォールトライン
とサブグループ化が，看護職場内の集団プロセスと集団成果にどう影響する
かを明らかにする。看護職が働く場所は，病院に限定されず，訪問看護や自
治体の保健衛生業務，介護に携わる者もいる。しかし，あえて病院勤務の看
護職を対象にする理由は，病院組織で働く看護職は，「病棟（診療科）」とい
う単位で，看護師長・副師長の指揮のもと，複数の看護職からなるチームで
働くためである。日本看護協会（2018）によれば，看護職（総数）のおよそ
6割が，病院組織で働いている。看護職の多様性が集団プロセスと集団成果
に与える影響を見るには，病院組織が適当だと考えられる。なお，本書で
は，内科，脳神経外科，リウマチ科など，いわゆる「病棟（診療科）」を看
護職場として想定している。

　これまで，日本において，人種，年令，性別などの多様性が高まっている
現状と，その中で，多様性に基づくサブグループ化への学術的関心が高まっ
ていることを示した。将来的に男女という性別の違いが職場内で意識されな
くなった場合に，どのようなサブグループ化が起こりうるのかを検討するた
め，看護職場に注目する重要性を論じた。さらに，看護職場にとっても多様
性が重要であること，また実際に看護職の多様性が高まっている社会的背景
についても述べた。

　本書は，看護職をサンプルとしながらも，看護職以外にも広く適用可能な
問題意識を持っている[5]。多様な属性を持つ労働者が働く職場で，どのように
サブグループが生まれるのか，そして，どのように組織のパフォーマンスに
影響を与えるのか，また，どうすればマイナスの影響を乗り越えられるのか
という，総合的なプロセスを検討する。

　5　厳密には，看護職と同様に「結合型タスク」（Steiner, 1972）で運営をしている職場
　　に適用可能といえる。

第**2**章

本書の構成

　本書は，全13章と二つの補章から成り，次のように構成される。本書が
検討する，大枠の構成と調査手法は，図表2-1に示す。

　第3章では，サブグループ化の理論的背景を，文献研究を元に提示する。
サブグループの定義，類型，類似概念を示しながら，フォールトラインを論
じる上での基礎になる概念を整理する。

　第4章では，文献研究を元に，フォールトラインとは何か，概念の定義，
理論的背景を論じる。フォールトラインとサブグループの違いや，フォール
トラインがどのように形成され，集団プロセスや集団成果に影響するのかに
ついて，理論的枠組みを提示する。その上で，先行研究で見過ごされている
点と，本書のリサーチクエスチョンを示す。

　第5章では，二つのリサーチクエスチョンを提示しながら，本書の研究課
題を示す。

　第6章では，フォールトラインがどのように作られるのかという，フォー
ルトラインの形成プロセスを明らかにする。フォールトラインの先行研究レ
ビューを元に，フォールトラインの元になる属性が，属性エレメントごと
に，どのようにパフォーマンスに影響するのかについて，明らかにする。

　第7章では，フォールトラインが成果に影響するプロセスについて論じ
る。フォールトラインが実際にサブグループとして知覚されるプロセス（顕
現化プロセス）について，さらに，多様性研究やフォールトライン研究にお
いて重要な概念である「コンフリクト」を軸に，フォールトラインがコンフ
リクトを介して，集団成果に与える影響について考察する。これにより，第
9章・第10章で行う定量分析で検定する仮説を導出する。

　第8章では，フォールトラインが集団成果に与える負の影響を低減するための方法について論じる。これにより，リサーチクエスチョン3への解を探る。文献レビューを元にフォールトラインの活性化要因と抑制要因を示し，第9章・第10章で行う定量分析で検定する仮説を導出する。第7章までが，フォールトラインが成果にマイナスに影響するプロセスを論じているのに対し，第8章では，フォールトラインが与えるマイナスの影響を抑える変数について論じる。

　第9章は，定量調査を行う上での，調査方法や分析方法について述べている。本書では，看護職場を対象とした調査を実施した。調査概要，測定した変数や測定方法，分析レベル，信頼性・妥当性の検討を行っている。

　第10章は，第9章で示された研究方法で，仮説の検定を行う。フォールトラインの顕現化プロセスと影響プロセスについて，実証データを元に確認する。

　第11章では，本書における分析の結果をまとめる。

　第12章では，研究課題を踏まえ，本書における分析の結果に対する考察を加える。

　第13章では，フォールトラインのマイナスを乗り越え，プラスにつなげるためには，どうすべきかを論じる。本書における分析から得られた理論的示唆と，一般の職場に向けた実践的示唆に加え，看護職場に向けた実践的示唆を提示する。また，本書における分析の限界と今後の課題についても述べる。

　補章1では，フォールトラインの顕現化プロセスについて補足するために，定性調査（インタビュー調査）を実施している。定量調査の調査対象部署から，特にサブグループが顕現化していた部署を特定する。それらの部署の責任者である看護師長・副看護師長（当時）にインタビュー調査を行い，サブグループ化のプロセスについて，データを収集する。どのようなサブグループ化が起こっていたのか，何をきっかけにサブグループ化が起きたのか，どのように解消したのかなど，定量データでは分からない点について確認する。

　補章2では，フォールトラインの形成プロセスについて補足するために，

先行研究がフォールトラインをどのような計算方法で算出してきたのかを示す。これにより，フォールトライン研究においては，どのような属性を元に，どのような計算方法で算出すべきなのか，本書の見解を述べる。

▍図表 2-1　本書が検討する内容：フォールトラインの三つのプロセスと調
　　　　　　査手法

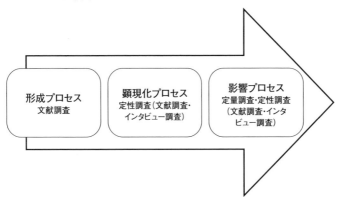

第3章

サブグループの理論的背景

　本章では，まず，本書の主題である「フォールトライン」研究の基礎となる，「サブグループ」をめぐる理論的背景について述べる。「サブグループとは何か」を明らかにすることは，本書が論じるフォールトラインとサブグループの関係，さらには，集団プロセスと集団成果に与える影響を見る上での大前提となる。サブグループ研究の重要な理論である，社会的アイデンティティ理論を中心に，サブグループの定義・類似概念・類型を示す。

3.1節　サブグループ研究に関連する基本概念

3.1.1　集団とは何か

　集団があるところには，サブグループが生れる（Alderfer, 1983）。そこでまず，集団（group）とは何かを確認した上で，サブグループの定義を示したい。唐澤（2005）によれば，社会心理学においては，何を集団と考えるかについて，二つの考え方がある。

　一つは，成員間の相互作用を要件とする考え方である。Shaw（1981）の定義では，互いに影響を与え合い，相互作用する，複数の人々の集まりが集団だとされる。この定義では，成員の間で相互依存関係など何らかの影響関係があることが，集団とそれ以外を区別する要点となる。

　もう一つは，「認知的に構成された集団」が，集団であるとする考え方である。この立場では，性別，人種，国籍などの社会的カテゴリーも，集団の一つとなる。現実にその集団が存在するかどうかにかかわらず，認知者が想

定した人の集合であるという点を強調している。この定義は，集団間の葛藤
や，集団に対する偏見などを理解する上で重要とされる（唐澤, 2005）。
　本書の対象である「看護職場」には，前者の定義が適用できる。看護職
は，病棟単位の集団で，副看護師長や看護師長の指揮のもと，複数の看護職
が交代で患者のケアに当たる。看護職同士は，互いに日々のタスクを確認し
ながら，担当患者のケアに当たる。また，ある程度の規模以上の病院では，
看護職はシフト制を取るため，次の担当看護職に対して引継ぎ（申し送り）
をする。したがって，看護職場には，成員間の相互作用が存在するため，集
団に該当するといえよう。

3.1.2　サブグループとは何か

　「サブグループ」概念は社会心理学分野で多く用いられているが，研究者
によって定義は異なっている（Carton & Cummings, 2012）。例えば，サブ
グループとは，成員に機会を与えるもの（Mannix, 1993），知識を獲得し解
釈する程度を形成するもの（Gibson & Vermeulem, 2003）などのように，そ
れぞれ，異なる概念として捉えられている（Carton & Cummings, 2012）。
　そこで，Carton & Cummings（2012）は，サブグループを次のように分
類・定義した。彼らは，サブグループか否かを判断する基準は，次の2点だ
としている。

1) ワークチームが集団（group）となるような，同じワークチームのメン
　バーの「一部」であること（"a subset of members of the same work team,
　whereby a work team is a group"（Carton & Cummings, 2012, p.442））。彼
　らによれば，例えば，企業におけるマネジメントチームや，企業内のプロジェ
　クトチームなどのように組織によってその成員性やタスクが公式に認めら
　れている集団は，サブグループには当たらない。他律的に決められた集団
　の中に，自律的にできるグループ，というのがイメージしやすいだろう[6]。

<hr />

[6] 「会社」における，「部署」を "subgroup" と表す研究も多くあるが（例えば，
　Lipponen, Helkama, & Juslin（2003）），本書では，「会社」は「上位集団」，「部署」
　はあえてサブグループではなく「下位集団」と考える。

2) チーム内のすべてのメンバーが，ある程度の基本的な相互依存性を持つ
ことを考慮すると，他の成員の相互依存性と比べて，相互依存性の形や程
度によって特徴づけられるときのみ，一部のメンバーがサブグループだと
みなされる。

　その上で，Carton & Cummings（2012）は，サブグループを次のよう
に定義している：

given that all members in a team have some basic level of
interdependence, a subset of members can be considered a subgroup only if
it is characterized by a form or degree of interdependence that is unique
when compared to that of other members.（p.442）

彼らによれば，例えば，他のチームメンバーよりも，お互いに違った形
で，一部の成員が相互作用するときは，サブグループが存在するといえる。
なぜなら，この一部の成員たちは，文化的な価値観や，限られた資源や，他
のチームメンバー達によって共有されているのとは別の独自の知識の枠組み
を共有しているからである。つまり，サブグループがある状態とは，相互作
用（協働行動）が，すべての成員間で均等ではなく，ある成員間では弱かっ
たり，強かったりする，偏りがある状態ともいえよう。

　サブグループとは，外から規定されたものではなく，自然発生的にワーク
チームのメンバーの一部から生まれるものであり，かつ，サブグループの成
員間には，集団内の他の成員間とは別の，独自の相互依存性がある。例え
ば，職場が，入社間もない22-24歳の若手同士の集団と，40歳代の中堅-
ベテラン集団とに，「なんとなく」分かれる場合，これらの集団はサブグ
ループといえる。若手集団の中では，大学などで学んだ比較的新しい職務知
識や，価値観を共有しているかもしれない。具体的な例を考えてみると，
ワーク・ライフ・バランス重視の仕事観か，仕事中心で余暇には関心をあま
り払わない価値観か，などの違いがあるだろう。また，若い世代と，ベテラ
ン世代では利用するコミュニケーションツール（SNS／電話／メール）も
異なり，それぞれのツールを通じたインフォーマルなやり取りもあるかもし
れない。あるいは，小学生以下の子どもがいる者の集団では，子どもに関心
が行きがちで，子育ての話題や情報交換が多くなるかもしれない。本書で

は，Carton & Cummings（2012）の定義を採用し，サブグループを「外から規定されたものではなく，自然発生的にワークチームのメンバーの一部から生まれ，かつ，成員間に，集団内の他の成員間とは別の独自の相互依存性がある集団」と定義する。

3.1.3　サブグループの分類

　それでは，様々な属性から作られるサブグループには，どのような種類のものがあるのだろうか。サブグループの種類を把握するには，どのような属性が，どのようなサブグループを生み出すのかを理解する必要がある。以下では，集団においてどのような属性がどのような意味を持つのか，そして属性の違いからどのような種類のサブグループが作られるかという，サブグループ分類について示す。

a. Harrison & Klein（2007）の多様性3類型

　Harrison & Klein（2007）は，多様性という観点で，ある集団の姿を見るとき，separation（距離），variety（種類），disparity（格差）[7] の3軸で見ることができることを示した。3軸の違いを，図表3-1に示す。

　Harrison & Klein（2007）によれば，separation（距離），variety（種類），disparity（格差）の違いは以下の通りである。separation（距離）は，ユニット内で成員が互いに一つの連続的な属性S（lateral continuum S）において，異なる状態を指す。ここでは，ユニットとは，集団と同義ととらえる。ユニット内の成員が，属性Sに沿って共存し，集団内に共存する複数の成員の中で，特定の二者が属性S上で近しい，また別の二者は遠い，というような様々な関係性（距離感）が存在しており，その関係性（距離感）がどの程度なのか，というのが，separation（距離）である。ユニット間で，どの程度成員がSにおいて乖離しているか（dispersed）の違いによって，凝集性が低くなる，あるいは，高くなるなどの結果につながる。

　separation（距離）では，主にvalues（価値観），belief（信念），attitude

7　separation, variety, disparity の邦訳は，谷口（2016）を参照した。

▌図表 3-1　多様性の三つの軸

多様性の類型	属性の例	基盤理論
separation（距離） 主観的属性（親近感）	意見，信念，価値観，態度 特にチームの目標やプロセス に関するもの	類似性アトラクション理論 社会的カテゴリー化理論 Attraction, Selection and Attrtion （ASA）
variety（種類） 外形的属性	専門性 職務機能 非冗長的なネットワークタイ 業界経験	情報処理 最小多様性 Variation, Selection and Retention （VSR）
disparity（格差） 集団内の地位	給与 収入 ステータス 意思決定権威 社会的なパワー	分配公正性 ステータスヒエラルキー

出所：Harrison & Klein（2007）p.1203　*Table 1 "Meaning and Properties of Within-Unit Diversity Types"* を筆者翻訳の上，一部抜粋して掲載。

（態度）（McGrath, Berdahl, & Arrow, 1995）が異なる。具体的には，チーム
の目標やプロセスに関する意見，信念，価値観，態度などである。例えば，
性別という属性の多様性に基づいて，距離が問題となるのは，信念の差であ
る（谷口, 2016）。

　variety（種類）は，ユニット内で，成員が互いに質的に異なる状態を指
す。カテゴリカルな属性V（例えば，職能，外部情報へのソース）が異な
る。成員が均等にVのすべてのカテゴリーにわたって散らばっている程度
が異なる。Vの分散や多様性が，ユニット間で異なると，ユニットレベルの
成果（例えば，問題解決や集団の意思決定の質，企業パフォーマンス）に，
通常は正の影響を与える。種類は，Blau の多様性指標（Blau, 1977）などで
算出される。

　disparity（格差）は，社会的に価値のある資源D（例えば，給与，パ
ワー，名声）に着目する。ユニット内で成員が持つ，あるいは受け取る，D
のシェア，量，または割合の程度を指す。Dが分配される，あるいは他の成
員によって所有される程度において，各ユニットは異なる。Dの程度におけ
るユニット間の違いが，成員間に均等に分配されると，例えば，成員の発言

（voice）が少なくなるなど，重要な結果に結びつく。格差は，割合（％）やジニ係数などで算出される。

　Harrison & Klein（2007）は，いわば，「多様性に関する観測軸」を提起した研究である。この研究の流れを汲み，サブグループを分類したのが，Carton & Cummings（2012）である。彼らは，Harrison & Klein（2007）の示した距離，種類，格差という多様性の３軸から，どのようなタイプのサブグループが生まれやすいかを提示した。

b. Carton & Cummings（2012）によるサブグループの３分類

　Carton & Cummings（2012）によれば，サブグループは，大別すると，３種類に分類される。具体的には，①アイデンティティに基づくサブグループ，②資源に基づくサブグループ，③知識に基づくサブグループである。それぞれ，理論基盤と，サブグループ間プロセスが異なる。以下は Carton & Cummings（2012）による分類を紹介する。

① アイデンティティに基づくサブグループ

　社会的アイデンティティ理論（Tajfel & Turner, 2004）に依拠する。社会的アイデンティティ理論によれば，個人は社会を単純化してとらえる（認知的倹約）ために，サブグループに所属する個人と，そうでない人とに分類する。そして，同じサブグループの人は同じアイデンティティを共有していると信じ（Hogg & Terry, 2000），また他のサブグループの成員との弁別性（違い）を感じている（Brewer, 1991）このようなアイデンティティに基づくサブグループは，「共有された社会的属性や価値観」を元に，集団内に作られる。例えば，性別や年令に基づくサブグループがこれに該当する。

　以下は，アイデンティティに基づくサブグループの例である。

・clique（小集団）：個人のアイデンティティと自己概念にとって，最も不可欠な価値観を代表し，社会的相互作用を促す。多様性研究（Harrison, Price, & Bell, 1998; Phillips, Mannix, Neale, & Gruenfeld, 2004），グループ間関係（Hogg & Terry, 2000）でも扱われる概念である。

・values homophily（価値観の同類性）
・relational subgroup（関係性サブグループ）：重なり合うアイデンティティ
　の感覚と社会的なアフィリエーションに基づく。
・social subgroup（社会的サブグループ）：成員は，類似した態度や信念を
　共有する人々と社会的なサブグループを形成する。

② 資源に基づくサブグループ

　資源に基づくサブグループとは，資源について主張できるサブグループの
能力には，違いがあり，その能力の違いにもとづくヒエラルキーに沿って差
別化されるサブグループを指す。資源に基づくサブグループの理論基盤とな
るのは，社会的支配理論（social dominance theory）である（Sidanius &
Pratto, 1999）。社会的支配理論によれば，人間社会は，集団ベースの社会的
ヒエラルキーのシステムとして構造化される傾向がある。すなわち，人間社
会には人種，民族，信仰など，個人が所属する「社会的な階層」のおかげ
で，個人が手にすることができるパワー，権威，ステータなどの富がある。
Sidanius & Pratto（1999）によれば，そもそも人間には，「集団間の非対等
関係を是とする個人の態度」（邦訳は，池上, 2012 を参照）があり，これ
を，社会的支配志向性（social dominance orientation）として概念化してい
る。こうした社会的階層に基づいて作られるサブグループが，資源に基づく
サブグループである。

　また，社会的支配理論では，あるグループが，パワー，権威，ステータス
などの資源へのアクセスをコントロールすることによって，支配を維持する
と想定する。資源に基づくサブグループは，明確なサブグループのヒエラル
キーがすでにあるときに存在しうる。成員が，まだ存在しないサブグループ
のヒエラルキーを，これから作ろうとする場合も，資源に基づくサブグルー
プは存在しうる。

　いったん資源に基づくサブグループが形成されると，様々なサブグループ
間関係が生じてくる。まず，公正性の知覚が損なわれる。支配的なサブグ
ループと，そうでないサブグループでは，後者は公正性がないと感じるだろ
う。また，権力が集中化するチーム（例えば官僚的なチーム）は，より円滑

に，充分に機能する（Bunderson & Boumgarden, 2010）こともある。この場合は，支配的なサブグループと，そうでないサブグループの両者が，利益を得る。

　資源に基づくサブグループの例は，coalition（連立）である。連立は，成員にとって道具的な目的，すなわち，供給やパワーなどの資源を獲得する方法となるサブグループとして見なされる。そのため，サブグループ成員は目的を達成するのに必要な力を持つ。このほか，factions（派閥），alliances（同盟・連携），blocs（連合）が，資源に基づくサブグループの例である。

③　知識に基づくサブグループ

　知識に基づくサブグループとは，文字通り，「知識」に基づいて差別化されるサブグループのことである。例えば，組織内に専門特化したユニットを作るなどした場合，単純に，専門性に応じて，個人が持つ知識も違うので共通言語も異なる。背景にあるのは情報処理理論である。知識に基づくサブグループでは，容易に知識を共有できる仲間がいることで，知識に基づくサブグループの成員は利益を得る。その結果，チームはサブグループ間の協働があれば，非常に効果的に機能する。

　異なる一部の成員（サブグループの成員）が，独自の認知的スキーマを持つのかを決める要素から形成される。知識に基づくサブグループでは，同じ技術的言語，合図，シンボルを用いる（Dougherty, 1992; Galbraith, 1974）。多様化する顧客ニーズや，多様な要請にこたえるためには，自分自身の持つ「手」を多様にしなければならない（Ashby, 1958）。多様な知識を獲得し，処理する独自のユニットを組織内に有していることは，組織にとって大きな強みとなる。そのために役立つのが，知識に基づくサブグループである。異なる知識に基づくサブグループは，サブグループ間で知識を再結合しようとするよりも先に，サブグループ内で情報を共有しリスクを取る（Gibson & Vermeulen, 2003）。

　例えば，同期入社の仲間などがこれに当てはまる。異なる知識に基づくサブグループが存在することで，チームは代替的な知識源について考慮することになる。その結果，チームは異なるサブグループが知識を獲得し，情報を

翻訳する多様な方法を持つことになり，チームが利益を得る。これは「情報の多様性」（Mannix & Neale, 2005）の考え方と符合する。また，知識に基づくサブグループは，チーム成員が，共通の理解や出来事の翻訳を，重複する認知的スキーマや文字（script）を通じて理解するメンタルモデルを収束させることを妨げる。同じチーム内に分断された，異なる "thought world" が存在することで（Doughety, 1992），思考の合体（coalescence）と知識の統合が損なわれる。二つのサブグループ間プロセスは，利用可能な代替的な知識源を持つことと，知識を合成するための共通基盤を見つけることという，両者のバランスを取ることに焦点を当てている。

　知識に基づくサブグループのサブグループ間プロセスの特徴は，次の二つである。

1）　異なる知識に基づくサブグループの存在によって，チームが代替的な知識源について考慮することが促進される（Mannix & Neale, 2005）。
2）　異なる知識源について考慮はするが，チーム成員のメンタルモデルを収束する能力が損なわれる。

　以上の分類をまとめたものを，図表3-2 に示す。
　なお，この分類は必ずしも相互排他的なものではない。文脈によっては，アイデンティティに基づくサブグループが，同時に資源に基づくサブグループや，知識に基づくサブグループとして機能することもある（Carton & Cummings, 2012）。一つの集団内で，二つのサブグループがあった場合，両サブグループの関係がアイデンティティに基づくサブグループと，資源に基づくサブグループのプロセスを併せ持つことがある。例えば，アイデンティティに基づくサブグループによって，ある集団成員間のプロセスが説明され，また他方で，資源に基づくサブグループによって，また別の成員同士のプロセスが説明できるかもしれない。

▌図表 3-2　サブグループの分類と理論基盤

サブグループタイプ	基盤となる理論	差別化（サブグループ化）の要素	サブグループの例	サブグループ間プロセスの特性
アイデンティティに基づくサブグループ	社会・組織心理学（アイデンティティ理論）	社会的アイデンティティ	小集団 価値観の同類性 関係性サブグループ 社会的サブグループ	社会的アイデンティティ サブグループのアイデンティティとチームのアイデンティティの分断
資源に基づくサブグループ	社会学・集団コンフリクト理論（社会的支配理論，外集団差別行動）	ヒエラルキーサブグループによって資源を主張できる能力に差があること	連立 派閥 同盟・連携 連合	社会的独占 公正性とチーム内の権力の集中化の非対称的な認知
知識に基づくサブグループ	組織進化論 最小多様性理論	知識	情報のサブグループ（どのように知識を共有するかといったタスク関連のアプローチに関連） クラスター タスク関連のサブグループ	情報処理 代替的な知識源と，メンタルモデルの収束

出所：Carton & Cummings（2012, p.442-447）を元に筆者作成。

3.1.4　サブグループの類似概念

　サブグループとは何かを論じるために，サブグループの類似概念を示す。サブグループと何が異なるのかを明らかにする必要がある。類似概念には，「内集団・外集団」，そして，「準拠集団」がある。以下では，それら類似概念とサブグループの違いを確認したい。

a. 内集団・外集団

　サブグループの類似概念として想起されるのが，内集団（ないしゅうだん）・外集団（がいしゅうだん）である。最初に内集団・外集団という用語

を用いたとされる Sumner によれば，人は集団の中で。親族，隣人，同盟，
婚姻，取引等の，なんらかの関係を持ちながら，われわれ自身（内集団）
と，よそもの（外集団）とに分化する（Sumner, 1906 青柳・園田・山本訳
1975）。Sumner は，内集団と外集団の関係は，敵意・闘争，あるいは，戦
争・略奪の関係にあるとしている（Sumner, 1906 青柳・園田・山本訳
1975）。また，Allport（1954 原谷・野村訳 1961）は，内集団を「同じくらい
の意義をもって，「われわれ」という言葉を用いることのできる人びとの群
れ」（Allport, 1954 原谷・野村訳 1961 p.34）と定義している。具体的には，
性別，宗教，都市，州，国家などの成員である。しかし，どの内集団が，個
人にとってどのような意味を持つのかは，個人によって大きく異なる。社会
学者 Merton も，内集団・外集団を分ける境界は非固定的であり，コンテク
ストによって変わると指摘している（Merton, 1957 森・森・金沢訳 1961）。

b. 準拠集団

　内集団・外集団の議論から派生するのが，準拠集団（reference group）と
いう概念である。Sherif & Sherif（1964 重松訳 1968）は，準拠集団を，「個
人がその部分として自分自身を関係させている集団，または，自分自身を心
理的に関係させたいと願っている集団」と定義した。つまり，個人が，その
メンバーであることを気持ちよく受け入れている内集団，あるいは，そこに
包含されたいと思う内集団が準拠集団である（Allport, 1954 原谷・野村訳
1961）。

　内集団・外集団，および，準拠集団とも，個人の態度形成に影響を与える
という共通点がある（Allport, 1954 原谷・野村訳 1961）。一方で，違いもあ
る。内集団は，単なる所属を指すものである。準拠集団は，個人が所属して
いることを誇りに思うか，それとも，他の集団に自分を関係づけたいと求め
ているかどうかを指す。この点で両者は異なっている。自分自身が，特定の
集団に関係づけられたいと思っていても，実際には別の望まない集団（内集
団）に関係づけられている場合，内集団と準拠集団が異なる。例えば，自分
自身を白人集団に関連付けたい（多数派の特権を受けたい）と願う黒人が，
実際の暮らしの中では，黒人集団の中で過ごさなければならない場合など

が，それにあたる。

　また，「内集団・外集団」は，必ずしも属性差異だけに基づいて作られる
わけではない。例えば無作為に振り分けられた群の間でも，生じる概念と捉
えられる（Tajfel, Billig, Bundy, & Flament, 1971）。一方，「準拠集団」は親
近感という主観によって形成されるものである（類似性アトラクション理
論）（Byrne, 1971）。

　ここまで，サブグループの類似概念である，内集団・外集団，準拠集団が
どのような概念なのか，サブグループとの異同を中心にレビューした。各類
似概念の関係性を図表 3-3 に示す。サブグループは，誰かから見た「内」か
「外」なのかという点は問わない，単なる下位集団である。内集団・外集団
はサブグループと重なり合う部分が多いように思われるが，別の概念であ
る。内集団・外集団は，「個人から見て」，その集団が「内」か「外」か，と
いう意味を持つ。準拠集団は，内集団に，さらに個人の誇りや，自分自身を
関連付けさせたいかという個人の意思が関連した概念である。

　内集団・外集団の議論，および，準拠集団論では，どのような過程を経
て，個人の心理が集団分化に結びつくのかという点が論じられてこなかった
（Hogg & Abrams, 1988 吉森・野村訳 1995）。そこで，個人の心理過程と集

┃図表 3-3　サブグループ類似概念間の関係

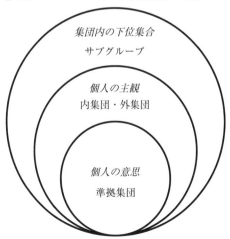

団間関係を説明する，社会的アイデンティティ理論（Tajfel & Turner, 1979; Tajfel & Turner, 2004）が登場した。

　本書では，看護職場という集団の心理プロセスと成果を考察する。したがって，看護職個人の心理のみを説明する内集団・外集団，準拠集団よりも，個人－集団のかかわりを説明できる，社会的アイデンティティ理論を背景とした，「サブグループ」という概念から論じるのが適当であろう。

　ここまで，Carton & Cummings（2012）を元に，サブグループには3種類あり，それぞれアイデンティティ，資源，知識に類型化できることを示した。さらに，サブグループの類似概念として，内集団・外集団，準拠集団を紹介し，本書で扱うサブグループの位置づけを明確にした。以下では，サブグループと，本書の主題であるフォールトラインとの関連を示す。具体的には，サブグループ研究の主要な背景理論である社会的アイデンティティ理論を軸に，サブグループ研究がどのように発展したかを確認する。

3.2節 サブグループ研究の背景理論

　サブグループ研究の基礎になる主要な理論は，社会的アイデンティティ理論である。社会的アイデンティティ理論は，機能主義や社会構造主義などの影響を強く受けながら発展してきた。そこでまず，社会的アイデンティティ理論を軸に，サブグループ研究がどのような系譜をたどったのかを確認していく。Hogg & Abrams（1988 吉森・野村訳 1995）は，社会的アイデンティティ理論の基礎となる諸理論を，次のように整理している。

3.2.1　サブグループ研究と社会学

　社会的アイデンティティ理論は，「社会を社会的カテゴリーが構造化されたもの」ととらえる点で，伝統的な構造・機能主義社会学と共通している（Hogg & Abrams, 1988 吉森・野村訳 1995）。

a. 社会構造主義からの系譜

　構造主義とは，DurkheimやParsonsらが発展させた理論である。構造主義の立場は，コンセンサス論者とコンフリクト論者に分類できる（Hogg & Abrams, 1988 吉森・野村訳 1995）。コンセンサス論者は，前提として，集団間には深刻なイデオロギー区分は無いものとする。安定と秩序を通常の状態とし，このような社会では，社会的合意形成（コンセンサスを得ること）が可能だと考える。

　一方，コンフリクト論者は，社会における集団のイデオロギー，価値観，信念の「違い」に着目する。カテゴリー間の違いが，必然的に集団間の競争や葛藤を生むと考える。

　社会的アイデンティティ理論は，基本的に，コンフリクト論の流れを汲んでいる。しかしながら，次の点でコンフリクト論とは異なっている。Hogg & Abrams（1988）によれば，社会構造主義の理論は，社会・集団が，どのようなプロセスで，個人の心理や行動に影響を与えるのかを十分に説明していない（Hogg & Abrams, 1988 吉森・野村訳 1995）。つまり，コンフリクト論者は，単に，社会や集団が「集団心」（McDougall, 1973）や「習俗（フォークウェイズ）」（Sumner, 1906 青柳・園田・山本訳 1975）を生み出し，それを通じて個人に影響を与えるという説明をしているだけであり，これらを所与のものと捉えている。なぜ，どのように，個人が集団心を生み出していくのかを説明していない点で，不十分だと指摘されている（Hogg & Abrams, 1988 吉森・野村訳 1995）。

b. 機能主義からの系譜

　もう一つ，社会的アイデンティティ理論に影響を与えているのが，機能主義理論である。機能主義の立場では，人は，社会を意味づけし，情報を整理することで，機能的にとらえようとする。社会的アイデンティティ理論も，同様の考え方に基づいている。人は，複雑な社会を理解するために，人を属性ごと，例えば女性‐男性，若年‐老年，日本人‐アメリカ人などのように，カテゴリー化する。つまり，個人および社会が，「秩序づけ・構造化・単純化・予測可能化」のために，社会集団を必要としていると考える

（Hogg & Abrams, 1988 吉森・野村訳 1995）。いわば，社会全体を理解するために，便宜的に対象を細分化する分析アプローチである。

3.2.2　サブグループ研究と社会的アイデンティティ理論

　社会的アイデンティティ理論（Tajfel & Turner, 1979; Tajfel & Turner, 2004）は，社会的カテゴリーと個人のアイデンティティの関係を説明する理論である。人は，様々な自己概念を持っている。例えば，女性，日本人，大学院生，文系など，個人が社会的なカテゴリーへの所属意識を持つこともその一つである。自分は女性であるという自己概念と，自分が所属している集団（社会的カテゴリー）が一致するとき，「女性」が自分のアイデンティティとなる。このような，社会集団・社会的カテゴリーへの自己概念を，社会的アイデンティティという。

　人が社会的カテゴリーを用いる理由の一つは，その方が認知的・行動的倹約が可能だからである。認知的倹約とは，他者を，社会的カテゴリーごとにひとまとめにして認識することで，情報を整理することである（Fiske & Taylor, 2008 宮本ら訳 2013）。例えば，若者−老年，男性−女性，日本人−中国人−韓国人などの分類である。そして，自分と他者の類似性と異質性を元に，自己と他者を内集団と外集団いずれに属する者か，判断・分類している。社会的カテゴリーには自己のアイデンティティが紐づいていることから，カテゴリー化が起こると，個人の態度に様々な影響が出る。

3.2.3　社会的アイデンティティ理論から見たサブグループ化の影響

　サブグループ化は，個人と全体集団，双方に影響を及ぼすことが先行研究から示されている。社会的アイデンティティ理論を元に，サブグループ化によってどのような影響が生じるかを，以下に述べる。

a. 個人の認知傾向への影響
① ステレオタイプ・偏見・外集団同質視

　人は，社会的カテゴリーに対して偏見やステレオタイプを抱く傾向にある。偏見とは，「特定の社会的カテゴリーにネガティブな特性が強く結びつ

いていること」(北村, 2001, p.137) である。ステレオタイプとは，「その人
の所属集団の成員全員もしくは大部分が共有しているとみなされている諸特
性を，その人も備えている」と知覚すること定義される (Brown, 1995 橋
口・黒川訳 1999)。ステレオタイプにはポジティブなものとネガティブなも
のがある。社会で主に問題になるのは，ネガティブなステレオタイプである
(Allport, 1954)。ステレオタイプ情報は，知識として獲得・蓄積されてい
く。目の前の人に対して，ステレオタイプを当てはめてしまうことを，「ス
テレオタイプ化」という。

　そもそも，機能主義的には，社会的カテゴリー化は，人が複雑な社会を整
理して知覚するための，効率的な方法である。あの人は女性，あの人は日本
人，など，ある社会的カテゴリーに人を割り当てることで，認知的な整理を
している。この情報処理はほぼ自動的に行われる。

　また，人は内集団のメンバーのことを，外集団よりも複雑で多様だと知覚
する。言い換えると，人は外集団のことを，より同質だと知覚しがちである
(Park & Rothbart, 1982)。これを，外集団同質性という (out-group
homogeneity)。そのため，例えば，一人マナーを守らない若者を見たら，
「近ごろの若者は，皆，マナーが悪い」と思ってしまう。これが，ステレオ
タイプである。「女性はきれい好きだ」，「若い人はみんなマナーが悪い」，
「日本人はユーモアが無い」，などもステレオタイプの例である。Brown
は，ステレオタイプを「ある人を任意のカテゴリーに割り当てることから生
じる推論」と言い換えている (Brown, 1995, 橋口・黒川訳 1999 p.82)。こう
した概念に，ステレオタイプ (Lippmann, 1922 掛川訳 1987) という用語を
割り当てたのは，政治ジャーナリスト・Lippmann である。ある社会的カテ
ゴリーに関するステレオタイプを抱くと，そのカテゴリーに属する個人の特
性よりも，ステレオタイプとしての特性を当てはめてしまう（ステレオタイ
プ化）。例えば，Glick, Zion, & Nelson (1988) では，職員採用において，応
募者の履歴書上の性別が，その人がどの職務にふさわしいかという判断に影
響していた（男性は販売管理職，女性は歯科受付）(Glick et al., 1988)。

② 内集団ひいき（内集団バイアス）

　人は，自分の属する内集団を，外集団よりも肯定的に評価する。なぜなら，社会的アイデンティティ理論が示したように，人は，社会的カテゴリーに対して，自分をも含めた評価を行うからである。自分を含む内集団を高く評価することで，自己高揚をはかる（Tajfel et al., 1971）。これを，いわゆる「内集団ひいき」という（Tajfel et al., 1971）。Tajfel らの行った実験では，被験者は，外集団よりも内集団の方に，より多くの利益がわたるように配分していた。この実験では，性別や人種などではなく，「どちらの絵が好みか」という，非常に単純な集団間差異によって分けられたカテゴリーであった。それにもかかわらず，内集団ひいきが起こった（最小条件集団パラダイム）。このように，人は，たとえわずかな違いであっても，社会的カテゴリーに分かれると，外集団よりも，自らの属する内集団をひいきする。

b. 集団（サブグループ）間関係への影響
③ 外集団敵意と集団間葛藤（コンフリクト）

　サブグループ化は，個人の認知だけでなくサブグループ同士の関係にも影響する。その一つが，外集団敵意である。内集団・外集団の分化が起こると，外集団に対して，成員個人の心理とは別に，サブグループとして敵意や競争心を持つようになり，その結果として，集団間コンフリクトが発生する（Insko, Schopler, Hoyle, Dardis, & Graetz, 1990; Sherif, Harvey, White, Hood, & Sherif, 1988）。内集団の別の成員が，外集団に対してネガティブな印象を持っていた場合，その認知が知識として共有されてしまう。たとえ自分自身が，もともとはステレオタイプ的な信念を持っていなかったとしても，ステレオタイプ情報は，知識として蓄積される（北村, 2001）。そのため，一個人としては特に敵意を持っていたわけではないのに，サブグループ成員としては，外集団に対して敵意を持ってしまうという現象が起こるのである。

　社会的アイデンティティ理論についてまとめると，集団内の個人は，年令，性別，人種，学歴，勤続年数などの属性に基づいて，他者を自己と同じ集団に属する者（内集団）と，そうでない者（外集団）に区別する（Tajfel & Turner, 1979）。そして，自己が属する内集団を，外集団よりも好意的にと

らえる傾向がある。すると，外集団に対するステレオタイプや内集団バイアス（Tajfel et al., 1971）が生じる。その結果として，外集団敵意や，集団間のコンフリクトが起こる。以上が，社会的アイデンティティ理論の概要である。

　個人の認知的側面に着目した諸理論だけでは，なぜ内集団をポジティブにとらえ，外集団に対してはそうではないのかを説明することはできない（Brown, 1995 橋口・黒川訳 1999）。個人と集団の関係を，社会的アイデンティティを軸に捉え，なぜ集団間関係に影響するのかを説明している点が，社会的アイデンティティ理論の特徴である。

3.2.4　サブグループ化の負の影響を抑制するもの

　次に，上記に述べた内集団バイアスと，ステレオタイプ化という態度形成に，影響を与える要因について，レビューする。

a. 集団間協同と接触仮説（contact theory）

　Allport（1954 原谷・野村訳 1961）は，サブグループ同士が接触する機会を増やすことで，偏見やステレオタイプを減らすことができると主張した。これを接触仮説（contact theory）という。現実の世界でも，自分と異なる社会的カテゴリーの相手と実際にかかわってみると，自分のステレオタイプに当てはまらないことがあるだろう。

　しかしながら，単に接触機会を増やせばうまくいくというものではない。Sherif らのサマーキャンプ実験では，二つの少年集団をランダムに作ることで，集団間葛藤が生まれることを示した（Sherif et al., 1988）。この実験では，両集団をゲームで競争させた後に，接触の機会を増やしたが，それでも葛藤は収まらなかった。この研究は，接触によって，かえって偏見やステレオタイプが強まってしまうことがあることを示している。意図的にせよ，自然的にせよ，いったんサブグループが生成されると，それぞれの集団規範ができ，サブグループ間の「違い」となって徐々に強化されるのであろう。

b. カテゴリー顕現性を減じる

　もう一つの方法が，サブグループ化の元となる，社会的カテゴリーを目立

たなくさせることである。カテゴリーの顕現性とは，そのカテゴリーが「ど
れくらい目立つか」である。カテゴリーの顕現性を減らす方法の一つが，
「交叉カテゴリー化」である。交叉カテゴリー化とは，グループの構造その
ものを操作する方法である。具体的には，カテゴリーを交叉させることで，
あるカテゴリーにおける差異を少なく感じさせることである。他のカテゴ
リーで共通項を生み出すことで（Deschamps & Doise, 1978），カテゴリー顕
現性を減らし，集団間の偏見を減らすことができる（Brown & Turner,
1979）。

　例えば，性別だけが異なる集団では，性別というカテゴリーが目立ってし
まう。しかしながら，性別に加えて，まったく別のカテゴリーにおいては，
内集団の中でも異なっているという場合には，どうだろうか。

　Deschamps（1984）は，性別で分けた集団（少年6人対少女6人）と，
性別と色のコードによって分けた集団（少年と少女の各集団にそれぞれ3人
ずつ赤・青）を対象とした実験をおこなった。性別だけで分けた集団は，性
別というカテゴリーの顕現性が強くなった。一方，性別に色コードという新
たなカテゴリーを追加することで，当初の性別カテゴリーが目立たなくなっ
た。

　逆に，ただでさえ性別というカテゴリーが目立っている集団において，そ
れぞれの内集団の中で，さらに年令まで似通っている場合には，より集団間
の「差異」が際立って見えるかもしれない。ある種の，カテゴリーの顕現性
の相互作用が生まれてしまう。

　また，Marcus-Newhall, Miller, Holtz, & Brewer（1993）は，カテゴリーを
交叉して役割を割り当てることによって，カテゴリー内では類似性の知覚が
減り，カテゴリー間の類似性の知覚が増すことを示している。この「交叉カ
テゴリー化」の考え方に近いのが，本書で取り上げる，「フォールトライン」
という概念である。次章では，フォールトラインとサブグループ化の関係性
について論じる。

第4章

先行研究

　本章では，多様性研究における「フォールトライン」という概念について説明し，フォールトラインの理論的背景について，レビューを行う。なお，本章の一部は，内藤（2014）の内容を一部抜粋・加筆・修正したものである。

　本書では最終的に図表4-1のモデルを検討する。

▌図表 4-1　本書のモデル

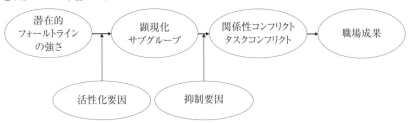

4.1節　ダイバーシティからフォールトラインへ

　ここまで，社会心理学を基盤とするサブグループ研究について，社会的アイデンティティ理論を軸に述べてきた。サブグループ研究から派生したのが，1980年代後半から登場した「多様性（ダイバーシティ）研究」である。多様性の定義は研究分野や立場によって異なるが（谷口, 2005），「ワークユニットの中で相互関係を持つメンバー間の個人的な属性の分類」と定義できる（Jackson, Joshi, & Erhardt, 2003）（邦訳　谷口, 2005）。ここでいう属性には，年令，性別，人種などの，デモグラフィックな違いだけでなく，

「客観的もしくは主観的な違い」(van Knippenberg & Schippers, 2007) も含まれる。多様性研究では，属性の多様性がトップマネジメントチームやワークチームなど，ワークユニットの成果や個人の心理的成果に影響を与える事が示されてきた (Williams & O'Reilly, 1998)。

　しかしながら，人は同時に複数の属性を抱えている (Lau & Murnighan, 1998)。ある属性の多様性によって集団成果にプラスの影響があったとしても，別の属性の多様性が機能することで，その影響が相殺されてしまうかもしれない。そこで，一つの属性だけでなく，複数の属性によるサブグループ化に着目する研究が登場する。それが，フォールトラインである。

　フォールトラインとは，サブグループ化によって生じる内集団バイアスやステレオタイプ化の強度が，サブグループ間の分断線の深さ（隔たりの大きさ）によって決まるとする考え方である。

4.2節　フォールトラインの概念定義

　フォールトラインとは，「一つのグループを1以上の属性に基づいて，サブグループに分割する仮説的な分断線」である (Lau & Murnighan, 1998, p.328)。フォールトラインは，Fault（断層）・Line（線），すなわち，地質学上の「断層線」へのアナロジーである[8] (Lau & Murnighan, 1998)。ダイバーシティが，性別・年令などの「単一の属性」が，あるワークユニットの中でどのように分散しているか（多様であるか）を指すのに対し，フォールトラインは，性別，年令，民族，職能など，複数の属性がどれくらい（断面に見える地層のように）「並ぶ」のか，また，それによってどのくらい強くサブグループに「分断」されるかを示す。

8　Lau & Murnighan（1998）は，断層線とフォールトラインの共通点として，以下の3点を挙げている。
　1) グループメンバーの複数の人口統計学的属性が，断層線と類似している
　2) フォールトラインは，断層線が地震で現れるのと同様，外部の力が無ければ現れない
　3) 強いフォールトラインによって，グループが物理的に分裂する機会が生まれる

　具体例を用いて，フォールトラインの概念を説明する図表4-2は，五つの
グループの，メンバー属性を示したものである。まずグループ1では，メン
バーの属性が全て同じであるため，フォールトラインは無い。次にグループ
2を見ると，まず人種という属性で，白人とアジア系に分けられる（分断さ
れる）ため，「分断が1通り（1 way）」と数える。次に，性別でも男・女に
分断される。年令でも20歳と30歳に分断される。職種は皆同じなので分断
は無いと考える。よって，グループ2におけるサブグループの分断は，計
「3通り」となる。次に，サブグループ内で，他の属性がどれだけ並ぶかを
見る。まず，性別のサブグループの中では，年令という属性が並んでいるた
め，「並びが1つ（1 align）」と数える。当然，年令の中でも，性別が揃って

▌図表4-2　フォールトラインの例

グループ	A	B	C	D	フォールト ラインの強さ
1	白人 男性 20 セールス	白人 男性 20 セールス	白人 男性 20 セールス	白人 男性 20 セールス	なし
2	白人 男性 20 セールス	白人 女性 30 セールス	アジア 女性 30 セールス	アジア 男性 20 セールス	弱い
3	白人 男性 50 プラント マネジャー	白人 男性 55 プラント マネジャー	黒人 女性 31 事務	黒人 女性 35 事務	非常に強い
4	白人 男性 50 プラント マネジャー	白人 女性 31 事務	黒人 男性 55 事務	黒人 女性 35 プラント マネジャー	弱い
5	ネイティブ アメリカン 女性 20 スキルなし	白人 男性 30 管理者	黒人 女性 65 エグゼクティ ブ	アジア 男性 50 メカニック	弱い

出所：Lau & Murnighan（1998）p.330を一部抜粋し，筆者和訳。グループ2-Cの年令の
　　　み，筆者改変。

いるが，性別 - 年令と重複するため，ここではカウントしない。なお，人種のサブグループの中では，セールスという職種属性が並んでいるが，これはすべてに共通するためカウントしない。よって，グループ 2 のフォールトラインの強さは，「分断 3 通り，並び 1（3 ways/1 align）」となる。最も分かりやすい例が，グループ 3 である。明確に二つのサブグループに分かれており，フォールトラインは非常に強い状態である。

　例えば，日本人 6 名からなる職場で，男性 3 名・女性 3 名がいたとする。この時，男性は全員 50 代でエンジニア，女性は全員 30 代で事務職の場合には，フォールトラインが強くなる。一方で，男性の年齢，女性の年齢とも，20 代，30 代，50 代と違いがあった場合，あるいは，男性の職種，女性の職種がそれぞれ多様である場合，逆に，男性・女性ともに同一の職種であった場合には，フォールトラインは弱くなる。

　簡略化していえば，サブグループ内で各属性が似ている程度（サブグループ内の属性の同質性）と，サブグループ間で各属性がどれくらい違っているかという隔たり（溝）の程度を数値で表したものが，フォールトラインである。サブグループ内でどれくらい似ているかという，内に向かうベクトルの強さと，サブグループ同士の距離というと分かりやすいだろうか。

4.3節　フォールトラインの理論的背景

4.3.1　フォールトラインとパフォーマンス

　フォールトラインは，集団の成果（パフォーマンス）に影響することが先行研究から示されている（Thatcher & Patel, 2012）。本書では，パフォーマンスとは，情報共有，創造性，意思決定（Jiang, Jackson, Shaw, & Chung, 2012; Pearsall, Ellis, & Evans, 2008; Barkema & Shvyrkov, 2007; Gibson & Vermeulen, 2003）等，集団レベルのアウトカムと定義する。

a. マイナス論

　フォールトラインは，なぜパフォーマンスに影響するのだろうか。フォー

ルトラインの背景理論の多くは，フォールトラインがグループパフォーマン
スにマイナスであるという立場である。

　まず，多くの研究が用いているのは，前述の社会的アイデンティティ理論
(Tajfel & Turner, 1979) と，社会的カテゴリー化理論 (Tajfel et al., 1971) で
ある。これらの理論は，フォールトラインが，グループプロセスにマイナス
の影響を与えると説明している。集団の中にいる個人は，年令や性別などの
属性に基づいて，他者を自己と同じ集団に属する者（内集団）と，そうでな
い者（外集団）に区別する (Tajfel & Turner, 1979)。

　フォールトラインが強いということは，サブグループ内で属性が類似し
（並びが揃い），サブグループ間での違いが大きい（分断が強い）ことを意味
する。よって，フォールトラインが強いと，よりはっきりと強く，内集団／
外集団の分断が起こる。その結果，外集団に対するステレオタイプや内集団
バイアス (Tajfel et al., 1971) が生じ，サブグループ間の対立が生まれ
(Homan, van Knippenberg, Kleef, & De Dreu, 2007b; Molleman, 2005)，情報
共有，創造性，意思決定などのグループパフォーマンスにマイナスの影響が
出る (Barkema & Shvyrkov, 2007; Jiang et al., 2012; Pearsall et al., 2008)。実
証研究においても，フォールトラインの強いグループは，フォールトライン
の弱いグループに比べて，自分と同じサブグループに属するメンバーを好意
的に評価する傾向が見られた (Lau & Murnighan, 2005)。このように，強い
フォールトラインで分けられたサブグループ間の協働は，サブグループ内と
同程度に行われないだけでなく，むしろ，サブグループ間の対立が起こる。

　さらに，交叉カテゴリー化モデル (Homan et al., 2007b) は，別の表現で
フォールトラインとパフォーマンスの関係を示唆している。人は，異なるサ
ブグループのメンバーと自分の間に，共通した属性（交叉カテゴリー化属
性）があることで，サブグループ間の違いをさほど大きいものと感じない傾
向がある。つまり，サブグループ間に共通した属性があることで，分断が弱
くなり（フォールトラインが弱くなり），コンフリクトを抑制できる。

　このように，マイナス論は，フォールトラインがグループプロセスとパ
フォーマンスにネガティブな影響を与えると主張する。

b. プラス論

　一方，フォールトラインのプラス面を説明する理論があるが，限定的である。Gibson & Vermeulen（2003）は，最適弁別性理論（Brewer, 1991）をベースに，フォールトラインとパフォーマンスの関係を説明している[9]。多様な情報を持つ個人が，サブグループを越えてアイディアを出し，議論を活性化させるには，心理的なサポートが重要である（Brewer, 1991）。つまり，適度なサブグループが存在する方が，意見を出しやすくなり，グループとしても多くの視点が得られる。一方で，フォールトラインが非常に強い場合は，サブグループ間に共通項が無いため，サブグループを越えて積極的に意見を出しにくかったり，サブグループ内でのバイアスが生じたりする（Tajfel, 1982）。

　ただ，フォールトラインが全くないと，盲従するだけになり，せっかくの資源である情報の多様性が生かされない。フォールトラインが強い場合は，サブグループ間での意見対立は得られるが，強すぎると対立する意見の集約が困難になるというトレードオフが生じる。したがって，中程度の強さのフォールトラインは，チームの学習行動にプラスの影響を与える（Gibson & Vermeulen, 2003）。

　つまり，Gibson & Vermeulen（2003）の主張は，ある意見が強化されるには，仲間同士の共振が必要（Brewer, 1991）だが，仲間同士の結束が強すぎて周囲と敵対しすぎると，せっかくの意見が仲間以外の人に聞いてもらえなくなる（Tajfel, 1982）ため，さじ加減が重要だというものである。

　また，特定の場合には，フォールトラインが「健全な分断（*healthy divide*）」（Bezrukova, Spell, & Perry, 2010）を生み，パフォーマンスにプラスの影響を与えると説明する研究もある。Bezrukova et al.（2010）は，不公正な取り扱いをするリーダーがいるグループを例に，次のように説明している。フォールトラインが強いときには，少なくとも，サブグループ「内」に

　9　社会的アイデンティティ理論を発展させた，最適弁別性理論（Brewer, 1991）によると，人は集団への同化と，差異化という，両方の欲求を持ち，それらを満たす集団にアイデンティティを持つ。サブグループ内で同化欲求を，サブグループ間で差異化欲求を満たすことができるため，フォールトラインは均衡を保つことができる（Thatcher & Patel, 2012）。

おいては協力できる相手がいるという事になる。協力できる相手がいること
で，人間は心理的に安心することができる（Brewer, 1991）。組織によって
権威が付与されたリーダーの影響力は強いため，影響力を消すまでには至ら
ないかもしれないが，ストレスを軽減することはできる。

　たとえ自分に敬意を払ってくれない不公正なリーダーがいたとしても，自
分と属性の似たサブグループメンバーがいることで，協力できると感じ，非
協力的なリーダーへの懸念は弱まる。サブグループへと「退却」してくるこ
とで，自分の行動をバックアップしてもらえるし，少なくとも，自分自身の
自我（ego）は守ることができる（Earley & Mosakowski, 2000）。それによ
り，グループメンバーのストレスは軽減される。

　一方，フォールトラインが弱いチームでは，内集団・外集団の違いが明確
でないため，カテゴリーが顕在化しにくく，内集団と外集団の区別が容易で
ない。そのため，サブグループのカテゴリー化が起こりにくく，他のメン
バーと自分を集合としてみなすことができない。そのため，サブグループと
自己を統合させ，自分自身に対してポジティブな自己価値を見出すことがで
きない。その結果，リーダーから敬意を払われなかったり，品位を傷つける
ような対応をされたりすると，うまく対処することができない（Bezrukova
et al., 2010）。Bezrukova et al.（2010）の研究では，個人間の不公正を強く知
覚しているほど，心理的なストレスが強まることが示された。しかしなが
ら，この関係は，フォールトラインが弱い時には現れるが，フォールトライ
ンが強い時には見られなかった。このように，プラス論者は，特定の条件下
では，フォールトラインがパフォーマンスにプラスの影響を与えることを示
している。

c. プラス・マイナス論

　最後に，フォールトラインが，パフォーマンスにプラスにもマイナスにも
働くと説明するのが，カテゴリー化精緻化モデル（Categorization-
Elaboration Model: CEM）である。

　CEM によれば，フォールトラインがパフォーマンスにプラスに働くか，
マイナスに働くかは，フォールトラインの元になる属性によって異なる

(van Knippenberg, De Dreu, & Homan, 2004)。勤続年数，職能など，タスク関連の属性に基づくフォールトライン（情報ベースのフォールトライン）が強いチームでは，タスク関連の属性に基づいて，サブグループ化が起こる可能性がある。しかし，このサブグループは，性別や人種民族などの社会的アイデンティティや，ステレオタイプに基づいて生じているわけではないため，感情的コンフリクトなどのネガティブなグループプロセスには結びつかない。むしろ，サブグループ間で情報交換をすることで，情報の精緻化（情報を交換・統合すること）が出来る（Ellis, Mai, & Christian, 2013; van Knippenberg et al., 2004）。

　例えば，クロスファンクショナルチームなど，多様な職種のメンバーが集まっているチームを考えてみよう。職種によって，信念や専門用語，問題解決のアプローチの違いが異なるため，職種に基づくサブグループが生まれる（Homan et al., 2007b）。ここで，サブグループ間の情報共有が円滑に行われれば，チームはより多くの情報資源を持つことになる。その結果，質の高い意思決定が可能になり，創造性やイノベーションが促進され，グループパフォーマンスが向上すると考えられる（Carton & Cummings, 2013）。

　一方，性別，年令，人種など，人口統計学的属性に基づくフォールトライン（社会的アイデンティティに基づくフォールトライン）が強い場合には，サブグループ化がコンフリクトを生み，その結果，情報交換や情報の精緻化が妨げられる（Ellis et al., 2013; Homan et al., 2007b; van Knippenberg et al, 2004）。逆にいえば，人口統計学的属性に基づくフォールトラインによるコンフリクトを上手く減らすことで，チームは情報ベースのフォールトラインのプラス面を発揮できると考えられる。Bezrukova, Jehn, Zanutto, & Thatcher（2009）は，チームアイデンティティが強いときには，情報ベースのフォールトラインが，グループパフォーマンスを向上させ，社会的アイデンティティに基づくフォールトラインは，グループパフォーマンスを低下させることを実証的に示している。

　このように，プラス論・マイナス論とも，フォールトラインが強まることにより，サブグループ化が起こるという点では共通している。一方で，両論は「パフォーマンス指標」が異なっている。多様性研究における既存研究と

同様に（谷口, 2005），フォールトラインによるマイナスの効果を示す研究では，チーム内に「関係性コンフリクト」が発生し，サブグループ間のプロセスとパフォーマンスに支障が出る点に着目している。一方で，フォールトラインのプラスの効果を主張する先行研究では，「チームの情報交換プロセス」に着目し，チームの学習，創造的タスク，新規領域への進出などをパフォーマンス指標としている。このように，着目するグループプロセス，グループパフォーマンスが異なることが，フォールトライン研究の結果が一貫しない原因の一つとなっている。

4.3.2　フォールトラインとサブグループの違い

　ここまで，サブグループとは何か，そして，フォールトラインとは何かについて述べてきたが，重要な点は，フォールトラインとサブグループは，同じものではないということである（Carton & Cummings, 2012）。フォールトラインとサブグループの基本的な違いは，次の 2 点といえよう。まず，フォールトラインは，複数の属性の構成から，サブグループができると仮定し，集団内にできるサブグループがどれくらい強く分断されるのかを表す，便宜的な「指標」である。いわば，フォールトラインの産物として生じるのが，サブグループである。社会心理学の集団間研究では，男性：女性，老年：若年など，属性に基づくサブグループ間の関係について論じられてきたが，サブグループが「どの程度強く分断されるのか」については，考慮してこなかった。

　フォールトラインは，あくまで複数の属性の構成を元に，サブグループができると「仮定」する概念である（Lau & Murnighan, 1998）。つまり，フォールトラインは，実際にサブグループが生じているかよりも，サブグループの出現しやすさを示しているともいえる。属性に基づくサブグループ化のポテンシャルを上げるのが，フォールトラインである（Jehn & Bezrukova, 2010）。つまり，指標であるフォールトラインの数値が強いからといって，実際にサブグループが作られているとは限らない。いわば，サブグループ化を起こりやすい条件が整ったにすぎない。フォールトラインが強いということと，実際にサブグループができているか，すなわち，フォール

トラインが知覚されているかというのは，また別の問題になる。

　また，本書では，集団を，相互作用を持つ成員からなるものと定義しており，認知的に構成された集団という定義を取っていない。認知的に構成された集団内に生じるサブグループ同士の間には，属性を元に作られるフォールトラインなどそもそも存在しないであろう。先行的にサブグループが作られたときに，ごくまれに，後から溝が作られることもあるかもしれないが，そのような操作的なケースは本書では扱わない。

研究課題

　本章では，本研究の研究課題を提示する。フォールトラインがどのような属性を元に形成されるのかという「形成プロセス」について，先行研究で見過ごされてきた点を示す。加えて，形成されたフォールトラインがサブグループとして知覚される「顕現化プロセス」，そして，フォールトラインの形成から顕現化を経て，集団過程・集団成果に影響する「影響プロセス」について論じる。

5.1節 フォールトラインの形成プロセス

5.1.1 既存研究に不足する点

　前章で述べたように，フォールトラインの既存研究では，いくつかの理論を元に，主にフォールトラインとパフォーマンスの関係を明らかにしようとしてきた。しかしながら，先行研究には次のような問題点がある。フォールトラインの形成プロセス，顕現化プロセス，影響プロセスの三つに分けて論じる。

　先行研究では，フォールトラインの元になる属性が，パフォーマンスにどのように影響するのかが明確になっていない。フォールトラインが成果にプラスの影響をもたらすという，プラス論やプラス・マイナス論を主張する研究は，フォールトラインの元になる属性の違いによって，パフォーマンスへの影響が異なると言及している（Ellis et al., 2013; Homan et al., 2007b; van Knippenberg, Dawson, West, & Homan, 2011）。すなわち，勤続年数や専攻

分野，専門性など，タスクと関連のある属性に基づくフォールトラインが強まり，サブグループが作られることで，タスクコンフリクトが活性化し，タスクの質が向上すると主張する。

　一方で，マイナス論は，フォールトラインによって，サブグループ化が起こり，サブグループ間の関係性コンフリクトが起こり，集団成果が損なわれると主張している。その基盤にあるのは，属性種類の違いである。つまり，フォールトラインの元となる属性種類の違いによって，集団プロセスや集団成果に異なる影響があると，論じている。

　しかしながら，フォールトラインは，複数の属性が重なり合ってできるサブグループ化を念頭に置いており，それがフォールトラインの魅力でもある。複数属性である点を考えたときに，具体的に，どのような属性がカテゴリー化を生じさせるのか，すなわち，人種・民族・性別のようなタスクとは関係のない属性によるサブグループを前提とするのか，それとも，それ以外の属性からもサブグループ化が起こるのか。先行研究は，こうした点を深く論じていない。

5.1.2　形成プロセスが見過ごされてきた理由

　これまで，フォールトラインの形成プロセスが見過ごされてきた理由の一つは，フォールトラインの属性ごとに，「どのようなサブグループが形成されるか」という議論が進んでいなかったことだろう。フォールトラインによるサブグループ化の前提として，どのような属性に基づいてサブグループ化が起こるかを考慮する必要がある。すなわち「フォールトラインを構成する属性の違い」に留意する必要がある。フォールトラインがどのような属性に基づいて構成されるかによって，パフォーマンスへの影響が異なる。

　フォールトラインの元になる「属性」は，主に，業務に関連するものか（タスク関連属性），それとも，業務とは関係なく社会的カテゴリー化を生じさせるものか（社会的カテゴリー属性），という基準で分類することができる（Bezrukova et al., 2009; Choi & Sy, 2010）。

　タスク関連属性とは，例えば勤続年数や，学歴など，特定の業務タスクに関連した知識・見解に影響する属性である（Jackson, May, & Whitney, 1995;

Pelled, 1996)。例えば，勤続年数が長いほど，職場において有用な情報・知識・スキルを有していると考えられる。プラス論の立場は，主に，業務に関連した属性が，多様な視点や情報をもたらすため，パフォーマンスにプラスに働くと主張する。一方，社会的カテゴリー属性とは，性別，年令，人種など，社会的カテゴリー化を引き起こす可能性のある属性である。

　フォールトラインを構成する属性によって，ネガティブなグループプロセスにつながるのか，それとも，ポジティブなグループプロセスにつながるのかは議論がある（例えば，Bezrukova et al., 2009; Chen, Hsiao, Chu, & Hu, 2015; Choi & Sy, 2010; Chung et al., 2015)。したがって，<u>どのような属性が，どのような場合に，アイデンティティを顕現化させ，サブグループ化が知覚されるのか</u>を詳細に検討する必要がある。

　このような，既存研究の混乱する状況で登場したのが，Carton & Cummings (2012) の，フォールトラインの分類である。彼らは，① separation（距離）に基づくフォールトライン，② disparity（格差）に基づくフォールトライン，③ variety（種類）に基づくフォールトライン，の三つにフォールトラインを分類した（図表 5-1)。さらに，サブグループには，①アイデンティティに基づくサブグループ，②資源に基づくサブグループ，③知識に基づくサブグループ，の3種類があることを示し，以下の特徴を述べている。

① separation（距離）に基づくフォールトラインは，アイデンティティに基づくサブグループを形成しやすい。人々は，自分と同じ価値観を共有して

▌図表 5-1　サブグループとフォールトラインの種類の対応

	形成されやすいサブグループ
①separation（距離）に基づくフォールトライン	アイデンティティに基づくサブグループ
②disparity（格差）に基づくフォールトライン	資源に基づくサブグループ
③variety（種類）に基づくフォールトライン	知識に基づくサブグループ

出所：Carton & Cummings (2012) p.449-451 を元に筆者作成。

いると信じる人に対して，最も強い社会的な愛着を感じる（McPherson, Smith-Lovin, & Cook, 2001）。そのため，価値観に関連した属性から作られる，separation（距離）に基づくフォールトラインから，アイデンティティに基づくサブグループが形成されやすい。

② disparity（格差）に基づくフォールトラインは，集団内にヒエラルキーを作るような属性から作られる。そのため，公正性が非対称的に知覚されがちで，資源に基づくサブグループを形成しやすい。

③ variety（種類）に基づくフォールトラインは，知識や専門技術等の属性から作られる。そのため，共通言語や共通の知識を持つ人々による，知識に基づくサブグループを形成しやすい。

5.1.3　フォールトラインを形成する属性

Carton & Cummings（2012）は，どのような属性から作られるフォールトラインが，どのようなサブグループを形成する傾向があるかを示した。しかしながら，一つの疑問が残る。フォールトラインとは，そもそも複数の属性の重なり合いによって作られるものである。単一属性を元に作られるダイバーシティとの違いは，そこにある。Carton& Cummings（2012）では，同じ種類の複数属性による，サブグループ形成が前提となっている。つまり，種類の異なる属性同士（例えば，距離と格差，格差と種類）の重なり合いによって生まれるグループダイナミクスは，示されていない。

属性の種類の整理において重要な視点を示したのが，Ren, Gray, & Harrison（2015）の研究である。彼らは，Harrison & Klein（2007）の，属性によって，「多様性」の種類が異なる，という考え方を援用し，属性エレメントの種類に着目し，フォールトラインを3種類に分類している（Ren et al., 2015）。具体的には，separation（距離），disparity（格差），variety（種類）の3種類である（邦訳は谷口（2016）を参照した）。separation（距離）は，価値観，態度，など意見や立場の異なるメンバー間の隔たりを指す。disparity（格差）は，給与や年功などパワーやステータスのヒエラルキーを指す。variety（種類）は，情報，知識，経験の異なる，名義的な分類を指す。例えば，職能背景，訓練歴，問題解決の視点などの違いである。Ren et al.（2015）は，これら3種類を分かりやすく，attitude separation，status disparity，information variety と呼んでいる。

彼らは，この3種類の属性からなるフォールトラインができるときが問題になると，主張している。まず，attitude separation（態度の距離）と status disparity（ステータスの格差）がそろうことで，強いフォールトラインができる。特定の態度の成員ばかりが，低いステータスに閉じ込められてしまうと，声を上げることができない。そのフォールトラインが，もし情報ベースのバックグラウンドである information variety（情報の種類）とも重複してしまうと，知識共有が減少してしまうからである。

これは，従来の，タスク関連，社会的アイデンティティ関連属性，という二分法だけではなく，どのようなサブグループができるかを考慮した分類方法である。彼らの主張によれば，どのようなサブグループが，なぜ形成されるのか，といった点に着目すると，属性の種類によって3種類のサブグループができる可能性がある。また，実証されていないが，異なる3種類の属性が重複することで，より強いサブグループ化が起こる可能性がある。

こうした，先行研究から得られた知見を，本書のフィールドである看護職場に当てはめながら，属性とサブグループ化の関係について考えてみたい。フォールトラインは，そもそも，様々な属性の重なり合いによってできるものだというのが特色であった。そのため，ある種類（例えば，社会的アイデンティティに関連した属性）のみのフォールトライン，という論じ方をすると，フォールトライン理論の魅力が半減してしまうように思われる。つまり，社会的アイデンティティに関連した属性と，資源に関連した属性，実際の職場では，例えば，子どもがいる人，同じ年代の人，同期の人など，様々な属性の組み合わせで，サブグループが生じるのではないだろうか。

例えば，ランチタイムには，子どもがいる，同年代の人同士で情報交換をするサブグループができるかもしれない。また，業務で何か知りたい知識や情報があるときには，以前同じチームにいたことのある，同期の，それも，同性がアクセスしやすいかもしれない。その結果，勤続年数，性別，同じチームで働いた経験，という属性でのフォールトラインが生まれ，サブグループ形成につながる可能性がある。

　さらには，社会心理学の先行研究では，何の共通属性もない「Aグルー
プ」「Bグループ」といったグループ分けでさえも，人は内集団ひいきをす
ることが示されている（Tajfel et al., 1971）。つまり，フォールトラインは，
サブグループ形成の契機が自然発生的な（似た者同士でまとまる）場合でも
（Byrne, 1971），人工的（人為的なグループ分けなど）であっても，結果と
して分断の強弱だけに着目するため，同じ「サブグループ」として論じるこ
とができるのではないだろうか。人為的なグループにおける社会的アイデン
ティティ属性に基づくサブグループ化は人工的ともいえる。こうした「形成
契機が人工的な社会的カテゴリー」であっても，自然発生的サブグループと
同列に扱える可能性がある。

　つまり，属性種類にかかわらず，どのような属性からもサブグループ化は
起こりうるし，どのような属性に基づく溝であろうと，分断を生む土壌にな
るのではないだろうか。そうしたフォールトラインが強まることで，サブグ
ループ化が起こり，集団プロセスに影響が出る可能性があると考えられる。
もちろん，属性の種類によって，分断の程度には濃淡があるだろう。例え
ば，業務上の必要性（同じ作業グループに割り当てられる等）や，リーダー
など外部からの要請で仕方なく相互関係を持つ場合には，浅い相互関係にな
る。一方で，集団の中で，同期同士，単身同士，子どもがいるもの同士な
ど，親近感の結びつきによる相互関係は，深い相互関係といえる。複数の属
性が重なり合うことによって，溝や谷ができるが，その深さは属性によって
異なるというイメージである。

　「フォールトラインの元になる属性が，属性エレメントごとに，パフォー
マンスに，どのように影響するのか」が，これまで明らかにされてこなかっ
た理由も，この点に関連すると考えられる。つまり，先行研究は，属性ごと
の分類に縛られるあまり，フォールトラインという概念が，使いづらいもの
になっていたのではないだろうか。また，サブグループの種類をあらかじめ
研究者側で決めすぎてしまうと，実務からかけ離れたものになってしまう可
能性がある。

5.1.4　リサーチクエスチョン 1

　フォールトラインが，どのような属性から，どのように形成されるかを知ることは，理論的にも実務的にもメリットが大きい。属性種類にかかわらず，分断が起こりうることが分かれば，フォールトラインの属性種類の組み合わせも，属性種類の枠にとらわれず，組織の文脈に合わせて自由に考えることができる。例えば，中国企業と，米国・欧州系企業のジョイントベンチャーを対象とした研究では，中国企業系と米国・欧州企業系の派閥の間で，年令，性別，勤続年数，民族のフォールトラインが強くなると，関係性コンフリクトとタスクコンフリクトがともに高まり，コミュニケーション・協働・意思決定といった集団成果にマイナスの影響があることが示されている（Li & Hambrick, 2005）。単一属性からなる多様性とは異なり，フォールトラインでは，属性の重なり合いによってできる分断が，分断でしかないと解釈できれば，フォールトライン研究は大きく前進するのではないだろうか。

　以上より，リサーチクエスチョン 1（以下 RQ1）は次の通りである。

RQ1）フォールトラインの元になる属性が，属性エレメントごとに，サブグループ化にどのように影響するか

5.2節　フォールトラインの顕現化・影響プロセス

5.2.1　顕現化プロセスとパフォーマンスへの影響プロセス

　さらに必要なのは，フォールトラインがサブグループ化を引き起こすプロセスの検討である。既に述べたように，フォールトラインは，集団内の属性の構成によって仮説的にサブグループを作りだす分断線であり，客観的な属性データに基づいて計算される。そのため，先行研究の多くは，本当にサブグループができているのかという点には，注目してこなかった（Jehn & Bezrukova, 2010）。

　フォールトラインとは，あくまで客観的な属性データに基づいて算出される指標である。Lau & Murnighan（1998）は，フォールトラインの概念を，地質学上の断層線になぞらえている。そして，フォールトラインは普段は知

覚されないが，何かのきっかけ（トリガー）によって，まるで地震後にあらわれる断層線のように，表出すると述べている。この概念の基本に立ち返り，近年，フォールトライン研究においては，客観指標によって計算されるフォールトラインと，実際に知覚されているフォールトラインを区別する立場がある。これらの研究は，客観的指標のみによるフォールトラインを「休止状態のフォールトライン（dormant faultline）」あるいは「潜在的なフォールトライン（latent faultline)」といい，実際に成員によって知覚されたフォールトラインを，「活性化されたフォールトライン（activated faultline)」などと呼び区別している（Jehn & Bezrukova, 2010）。

　これまで，多くの既存研究が，潜在的フォールトラインを分析に用いてきた。しかしながら，「フォールトラインが強いのだから，サブグループができているだろう」という前提に立った実証研究が多く，本当にサブグループが知覚されているのかは，あまり検討されてこなかった。多様性研究においても，客観指標である多様性指数（actual diversity）だけでなく，知覚された多様性（perceived diversity）が重要であるとする立場（例えば Riordan, 2000）があるのと，よく似た潮流である。

　さらに，フォールトラインが，どのような場合に休止状態から活性化状態になるのかという，顕現化を促進する要因についてもあまり多くの研究がなされていない。筆者が，学術文献データベース *EBSCO business source premier* で検索したところ，perceived fautline（faultline perception）や activated faultline（faultline activation）をキーワードに含む faultline に関する査読済み学術論文数は，8件[10]のみであった（2019 年 5 月 4 日検索）。もちろんこれは，すべてのデータベースを検索した結果ではなく，他にも該当はあると考えられ，あくまでも目安として示している。しかしながら，フォールトラインがどのような場合に知覚されるのかという，ミクロレベルのプロセスの検討は，フォールトラインが集団過程と成果に与える影響を理解する上で，重要である（Greer & Jehn, 2007）。

　このように，サブグループ化の活性化要因が何であったのかを明らかにし

---

10 査読済み文献に限定せず，学術誌（カンファレンスペーパーを含む）で検索した場合は，19 件該当した。

た研究は少ない。インタビュー調査によって，アイデンティティに基づくサ
ブグループの形成トリガーを明らかにした研究や（Chrobot-Mason,
Ruderman, Weber, & Ernst, 2009），学生に対する実験を通じて，性格的な要
素が活性化要因になることを示した研究（Jehn & Bezrukova, 2010）があ
る。実験以外の実証研究では，ネットワークのパターンが活性化要因になる
ことを示した研究がある（Ren et al., 2015）。Ren et al. (2015) は，米国の大
学のリサーチチームを対象に，友好的な結びつき（friendship tie）があると
きには潜在的フォールトラインが強くてもサブグループ化につながらない
が，敵対的な結びつき（animosity tie）があるときにはサブグループ化につ
ながることを示した。このように，どのようなプロセスでサブグループが顕
現化するのかを知るには，活性化要因と，顕現化サブグループ（サブグルー
プの知覚）の，両方を見る必要があることが指摘されている。

5.2.2　顕現化プロセス・影響プロセスが見過ごされてきた理由

　これまでフォールトラインの顕現化プロセスが見過ごされてきた理由の一
つは，フォールトラインとサブグループが，同義のようにとらえられてきた
ことである。これまで述べてきたように，フォールトラインは属性同士が重
なり合ってできる溝（谷）のようなものであり，サブグループは，成員に
よって知覚される集合（山のような塊）である。フォールトラインが強くて
も，必ずしもサブグループとして知覚されるわけではない。そのため，
フォールトラインがサブグループに結びつくプロセス，条件も，明らかにさ
れてこなかった。また，フォールトラインは，複数の属性に基づくサブグ
ループができると概念化されているものの，それはどんな時に，どのように
できるのか，理論的な部分が明らかになっていなかった（Carton &
Cummings, 2012）。

　また，多様な属性が集まることで，サブグループ化が生じること自体は，
自然なことで，時に防げないこともある。サブグループ化それ自体が，必ず
しも問題なのではなく，それをどうマネジメントするかが重要である。つま
り，サブグループ化が起こったとして，それが関係性コンフリクトにまでつ
ながらないようにするにはどうすればよいのか，具体的なアクションを示す

必要がある。そのためには，フォールトラインがサブグループとして顕現化するプロセス，そして，それが集団プロセスを介して集団成果に影響するプロセスを明らかにしなければならない。

　フォールトラインと比べ，単一属性からなる多様性は，既存研究から，パフォーマンス指標との関連が，比較的明確であった。多様性を，格差，種類，距離に分類することで，それぞれの多様性がどのようなパフォーマンスに影響するのかが，比較的整理されていた（Harrison & Klein, 2007）。そのため，ダイバーシティによるパフォーマンスへのマイナスを減らし，プラスを生かしてイノベーションや意思決定向上につなげるという議論が可能である。実務的にも使いやすく，また議論の発展性もあった。一方で，フォールトラインは，すでにレビューしたように，フォールトラインのマイナス効果を論じる研究が主である（例外として，Bezrukova et al., 2010; Gibson & Vermeulen, 2003; Lau & Murnighan, 2005）。「フォールトラインが強いと，（サブグループができて）関係性コンフリクトが起き，成果が損なわれる」，というロジックに終始してしまいがちである。そのようなマイナスの影響を回避し，多様性の持つプラスの側面を生かすためには，フォールトラインの総合的な影響プロセスを明らかにする必要がある。

5.2.3　リサーチクエスチョン2

　何がきっかけでフォールトラインが目覚めるのかが明らかになれば，サブグループ化が起こるのを事前に抑止することができる。また，フォールトラインが成果にどのように影響するのかが分かれば，サブグループ化に伴って起こるネガティブな対立を回避できる。フォールトラインの顕現化及び影響プロセスを解明することで，サブグループ化，あるいはその先の関係性コンフリクトや，集団成果への負の影響も回避できる。

　以上より，リサーチクエスチョン2（以下 RQ2）は次の通りである。

RQ2) フォールトラインによるサブグループは，どのような過程を経て，
　　　成果に影響するのか

本書のリサーチクエスチョンをまとめると，次のようになる。

RQ1）フォールトラインの元になる属性が，属性エレメントごとに，サブ
　　　グループ化にどのように影響するか

RQ2）フォールトラインによるサブグループは，どのような過程を経て，
　　　成果に影響するのか

　これらのリサーチクエスチョンへの解を得るため，本書ではフォールトラインの形成プロセス，フォールトラインの顕現化プロセス，パフォーマンスへの影響プロセス，という三つのプロセスを検討する。

　まず，RQ1 を明らかにするため，文献レビューを行う。これにより，フォールトラインの形成プロセスを明らかにする。続いて，RQ2 を明らかにするため，文献レビューとサーベイに基づく定量調査とインタビュー調査（定性調査）から，フォールトラインの顕現化プロセスと，パフォーマンスへの影響プロセスの考察を行う。

第 II 部

フォールトラインの
プロセス・モデル

第6章

フォールトラインの形成プロセス

　本章では，先行研究レビューの分析により，フォールトラインの形成プロセスを明らかにする。具体的には，フォールトラインの元になる属性が，属性エレメントごとに，どのようにパフォーマンスに影響するのかを示す。フォールトライン研究においては，どのような属性を元に，どのような計算方法で算出すべきなのか，本章の見解を述べる。また，先行研究がフォールトラインをどのような計算方法で算出してきたのかについては，補章2を参考にされたい。なお，本章は内藤（2014）の内容を一部抜粋・加筆・修正したものである。

6.1節　先行研究レビュー

6.1.1　方法

　以下の方法で，フォールトラインに関する文献レビューを行った。"faultline" を abstract 内に含む実証論文と，フォールトラインの測定方法に関する査読付き論文を，6種類のデータベース（*EBSCO Business Source Complete, PsycINFO, PsycARTICLES, Psychology and Behavioral Sciences Collection, JSTOR, ABI/INFORM Complete*）および，測定手法が多く掲載されている二つの論文誌（*Small Group Research, Organizational Research Methods*）から検索した。分野が異なるもの，変数にフォールトラインを含まないものを除外したところ，40本が該当した。さらに，実証研究にも測定手法にも該当しない論文（例：フォールトラインの概念説明のみ）を除外し

たところ，フォールトラインとパフォーマンスの関係を示す実証論文30本，さらに，フォールトラインの測定方法のみに関する論文5本が該当した。

6.1.2　結果

　フォールトラインについての実証研究をレビューした結果を，図表6-1に示す。

▎図表6-1　フォールトラインについての先行研究（実証研究）

	著者 発表年	フォールトラインの属性	測定手法	サンプル	結果
1	Gibson & Vermeulen, 2003	年令，性別，民族，職能，チーム勤続年数	<u>サブグループの強さ</u>	製薬・医薬品5社の156チーム（アメリカ，ラテンアメリカ，東南アジア，西ヨーロッパ）724名	中程度のサブグループの強さ（フォールトライン）→チーム学習行動（＋） 組織デザイン特性（リーダーのパフォーマンスマネジメント，チームエンパワメント，ナレッジマネジメントシステム）→チーム学習行動 モデレータ：フォールトライン（逆U字型）
2	Thatcher et al. 2003	経験年数，職能，学位，性別，年令，人種，出身国	*Fau*	5－6名×79チーム，米国北東部大学のMBA学生742名	フォールトライン→関係性コンフリクト（－），プロセスコンフリクト（＋），グループの士気（＋），グループパフォーマンス（＋）
3	Lau & Murnighan, 2005	性別と民族	*Fau*	カナダの大学10クラス学部学生438名	弱いフォールトライン→グループアウトカム（チーム学習，心理的安全，満足，期待されるパフォーマンス）（＋） モデレータ：サブグループ間のワークコミュニケーション
4	Li & Hambrick, 2005	年令，勤続年数，性別，民族	<u>派閥のフォールトライン</u>	中国の71ジョイントベンチャーマネジメントグループのゼネラルマネジャー513名	派閥のフォールトライン→感情的コンフリクト（＋）→行動不統合（＋）
5	Molleman, 2005	3種のフォールトライン 性格：性格テスト デモグラフィック：性別，年令，パートタイムの仕事有無 能力：中・高の最終成績	*Fau* フォールトラインの距離	学部学生99チーム，396名	デモグラフィック・フォールトライン→集団凝集性（－），コンフリクト（＋） 能力のフォールトライン→集団凝集性（－） モデレータ：チームの自律性 性格のフォールトラインの幅→コンフリクト（＋） モデレータ：チームの自律性

（図表6-1つづき）

	著者 発表年	フォールト ラインの属性	測定手法	サンプル	結果
6	Polzer, Crisp, Jarvenpaa, & Kim., 2006	地理的な フォールトライン	操作的に作られたフォールトライン	10カ国14大学の学部学生45チーム	地理的なフォールトライン→コンフリクト（＋），信頼（－）
7	Barkema & Shvyrkov, 2007	年令，勤続年数，教育の種類，教育レベル	潜在クラス・クラスター分析	1993年時オランダ証券取引所上場企業・大規模非金融業25社のパネルデータ	フォールトライン→新規エリアへの進出（＋） 弱いフォールトラインのTMTでは，既存のエリアを選択する傾向があった。
8	Homan, van Knippenberg, Van Kleef, & De Dreu, 2007a	性別，性格，座席配置（＊座席配置によってフォールトラインがより顕在化した状況を作り出す）	操作的に作られたフォールトライン	実験オランダの大学生184名（男女各92名）	情報のダイバーシティ→情報精緻化（＋）→タスクのパフォーマンス（＋）モデレータ：多様性選好 フォールトラインが強い状態でも上記の関係が見られることを実証した
9	Homan, van Knippenberg, Van Kleef, & De Dreu, 2007b	性別，性格，座席配置	操作的に作られたフォールトライン	実験オランダの大学生4名×70チーム280名	情報のダイバーシティ→情報の精緻化（＋），満足度（＋），関係性・タスクコンフリクト（－），チームの風土（＋）モデレータ：フォールトライン（弱い／強いフォールトラインを操作的に作り出す）
10	Flache & Mäs, 2008	性別，年令（老／若），民族的背景（西洋／非西洋）	属性の分散	実験20名からなるグループ（ワークチームシナリオ）	フォールトライン→サブグループ，チームのコンセンサス（意見の多様性，意見の分散，極化）（－）モデレータ：チーム内の社会的相互作用のプロセスで，誰がいつ誰に話しかけるか
11	Homan, Hollenbeck, Humphrey, van Knippenberg, Ilgen, & Van Kleef., 2008	性別のフォールトライン	操作的に作られたフォールトライン	実験中西部大学ビジネス学生，4名×58グループ232名	フォールトライン→チームパフォーマンス（－）モデレータ：上位は報酬がもらえると知らされること媒介変数：情報の精緻化
12	Pearsall, Ellis, & Evans, 2008	性別のフォールトライン	操作的に作られたフォールトライン	実験4名×80グループ，学生320名南西部の大学	フォールトラインの活性化→創造性（－）媒介変数：チーム内コンフリクト

（図表6-1 つづき）

	著者 発表年	フォールト ラインの属性	測定手法	サンプル	結果
13	Bezrukova et al. 2009	社会的カテゴリーフォールトライン：性別，年令 情報ベースのフォールトライン：教育レベル，勤続年数	*Fau* フォールトラインの距離	Fortune500企業（情報処理会社）1社，76ワークグループ 567名	社会的カテゴリーフォールトライン→グループパフォーマンス（−） モデレータ：フォールトラインの距離 情報ベースのフォールトライン→グループパフォーマンス（＋） モデレータ：チームアイデンティフィケーション
14	Bezrukova et al. 2010	教育レベル，性別，その会社での勤続年数，年令	*Fau*×フォールトラインの距離	アメリカ北東部の社会人大学院生ワークグループ。57グループ 561名，36グループ 218名	不公正→心理的ストレス（＋） モデレータ：フォールトライン（−） 媒介変数：サブグループ間の協力行動
15	Choi & Sy, 2010	6種類： 関係性志向の3属性（性別−年令，性別−人種，年令−人種のフォールトライン） タスク関連の属性（勤続年数−性別，勤続年数−年令，勤続年数−人種のフォールトライン）	FLS	62グループ，248名（4名のグループ）複数産業	関係性志向のフォールトライン→タスクコンフリクト，関係性コンフリクト（−） タスク関連のフォールトライン→タスクコンフリクト，関係性コンフリクト（−） タスクコンフリクト→グループの組織市民行動（＋） 関係性コンフリクト→グループの組織市民行動（−）
16	Kunze & Bruch, 2010	年令に基づくフォールトライン（年令，勤続年数，性別）	FLS	多国籍企業1社従業員72チーム 664名	フォールトライン→チームの生産的なエネルギー（−） モデレータ：変革型リーダーシップ
17	Meyer, Shemla, & Schermuly, 2011	性別，座席位置，性格，色つきカード	操作的に作られたフォールトライン	実験 4名のグループ，172名（企業で働く人）	フォールトライン→統合（＋） モデレータ：社会的カテゴリーの顕在性
18	Minichilli, Corbetta, & MacMillan, 2010	同族／非同族	同族比率	イタリアの同族企業トップ500中113社	フォールトライン（TMT同族比率）→パフォーマンス（U字型）

（図表6-1つづき）

	著者 発表年	フォールト ラインの属性	測定手法	サンプル	結果
19	Tuggle, Schnatterly, & Johnson, 2010	勤続年数，職能経歴，取締役会の取締役の企業／産業経歴	潜在クラス・クラスター分析	184企業，1994-2000年	フォールトライン→取締役会での起業家的問題のディスカッション（−）
20	van Knippenberg, Dawson,, West, & Homan., 2011	性別，勤続年数，職能	FLSの考えに基づく重回帰分析（連続変数投入可能）	イギリスの製造業42社のTMTメンバー	性別と勤続年数のフォールトライン→生産性（＋） 性別と職能のフォールトライン→収益性（＋） モデレータ：目的共有 直接効果はマイナスだが，モデレータが入ると，目的共有が高ければプラスになり，低ければ逆にマイナスになる。
21	Bezrukova, Thatcher, Jehn, & Spell, 2012	情報のフォールトライン 教育レベル，職能（総務，マーケティング，財務，エンジニアなど），その組織での勤続年数	Fau×フォールトラインの距離	Fortune500掲載企業，北米・西欧州市場情報処理会社138チーム	フォールトライン→グループパフォーマンス（−） モデレータ：成果を強く強調する文化
22	Jiang, Jackson, Shaw, & Chung, 2012	2種類 ・国籍のフォールトライン ・教育専攻のフォールトライン（性別，年令，教育レベル，教育専攻）	FLS	オーストラリアの学部生50チーム308名	教育専攻のフォールトライン→タスク関連の情報共有（−） 国籍のフォールトライン→タスク外の社会的相互関係（−）
23	Kaczmarek, Kimino, & Pye, 2012a	年令，性別，国籍（英国−非英国），取締役のタイプ，役員の財務資格	Fau×フォールトラインの距離	1999-2008年のロンドン証券取引所FTSE350社のパネルデータ270部署，1,713名	取締役の人口統計的フォールトライン→指名委員会の独立性（−） モデレータ：CEOが指名委員会に存在する
24	Kaczmarek, Kimino, & Pye, 2012b	タスク関連の特性：管理職の種類，教育レベル，役員の勤続年数，役員の財務資格	Fau×フォールトラインの距離	1999-2008年のロンドン証券取引所FTSE350社のパネルデータ216部署，1,100名	タスク関連のフォールトライン→企業パフォーマンス（−） モデレータ：多忙な役員，CEOの勤続年数
25	Rico, Sánchez-Manzanares, Antino, & Lau, 2012	性別と教育専攻	操作的に作られたフォールトライン	大学生4名×72チーム，288名	フォールトライン→チーム意思決定タスク（−） モデレータ：上位目標（＋） 媒介変数：タスク関連の情報精緻化

（図表 6-1 つづき）

	著者 発表年	フォールト ラインの属性	測定手法	サンプル	結果
26	Carton & Cummings, 2013	アイデンティティ ベースサブグループ（社会的アイデンティティ）：年令，性別 知識に基づくフォールトライン（情報処理）：ビジネスユニット，報告チャネル	<u>クラスター分析に基づく測定</u>	食品産業の多国籍企業1社の326ワークチーム	知識に基づくサブグループ→チームパフォーマンス（-）
27	Chiu & Staples, 2013	知覚されたフォールトライン	質問紙で測定	大学学部生160名，4名×40チーム	知覚されたフォールトライン→コンフリクト（+），意思決定プロセスの質（-）
28	Ellis, Mai, & Christian, 2013	ゴール・フォールトライン（情報のフォールトラインの類似概念）	操作的に作られたフォールトライン	実験 学部生87グループ，348名	ゴール・フォールトライン→創造的タスク（+）ルーティンタスク（-）
29	Hutzschenreuter & Horstkotte, 2013	タスク関連のフォールトライン：組織での勤続年数，教育専攻，教育レベル 生物 - 人口統計学的フォールトライン：年令，国籍	*Fau* ＊フォールトラインの距離はコントロール	1985年から2007年の間に行われたドイツ61社の事業拡大データ	タスク関連のフォールトラインの強さ→ 多角化のパフォーマンス（+） 生物 - 人口統計学的フォールトライン→ 多角化のパフォーマンス（-）
30	Meyer & Glenz, 2013	年令，性別，国籍 ＊測定尺度の開発が主眼だが，関係性コンフリクトとの関係を見ている。	<u>*ASW*</u>	ドイツとスイスの4産業11社の従業員54チーム，404名	関係性コンフリクトとフォールトライン（8種）の相関（+）

注：下線は，その研究で初めて使用された測定方法。（+）はプラスの関係，（-）はマイナスの関係を示す。

　図表 6-1 には，論文の著者名・発表年，フォールトラインの属性，測定手法，サンプル，結果（フォールトラインとパフォーマンスの関係）を，記載

している。なお，対象となった研究30本のサンプルは，学生が14本，トップマネジメントチームが9本，一社の従業員が5本，複数産業にまたがるサンプルが2本であった。また，測定手法の中の，「操作的に作られたフォールトライン」とは，参加者を属性に応じてグループに割り当て，人為的にフォールトラインを作り出すものである。例えば，心理学専攻の女性2名，情報系専攻の男性2名，計4名からなるグループを「フォールトラインの強いグループ」として作りだす方法であり，主に学生を対象とした実験で用いられていた。

6.2節　分析

　まず，「フォールトラインはどのような属性に基づいて作られるのか」について，以下に結果を示す。実証研究で用いられていた属性を，種類別にまとめたのが，図表6-2である。

　フォールトラインの元になる属性は，性別，年令，人種民族などの人口統計学的属性と，勤続年数，職能，経歴，教育など，特定のタスクに関連した知識や見解を形成するタスク関連属性（Jackson et al., 1995），どちらにも分類できない属性（その他）の，3種類に大別される。今回レビューした中では，例えば，年令・勤続年数・性別・民族や，性別と教育専攻，などのよう

▌図表 6-2　フォールトラインの元になる属性の種類と内訳

属性の種類	具体的な属性	論文数
人口統計学的属性	年令，性別，人種民族，国籍	11
情報・タスク関連属性	教育レベル，教育専攻，職能，勤続年数チーム勤続年数，経歴，同族，報告チャネル ビジネスユニット，財務資格，取締役タイプ パートタイムの仕事有無	8
人口統計学的＋情報・タスク関連		13
その他　または，その他＋人口統計学的	性格，座席，地理，能力 知覚されたフォールトライン	6

注：なお，本レビュー結果には，一つの研究内で，複数のフォールトラインを測定する場合が含まれるため，総計は30を超えている。

に，人口統計学的属性とタスク関連の属性の両方を混ぜて，フォールトライ
ンを測定する，「混合型」が最も多かった（13 本）。次に，人口統計学的属
性のみ（11 本），タスク関連の属性のみ（8 本），その他（6 本）であった。

　パフォーマンスとの関係を見ると，混合型はプラスとマイナスの両方が
あったが，マイナスの結果を示すものの方が多かった。van Knippenberg et
al. (2011) は，目的が共有されているときは，フォールトラインが強いと，
生産性・収益性が上がることを示した。また，Gibson & Vermeulen (2003)
は，中程度のフォールトラインが，チームの学習行動にプラスであるという
結果だった。それ以外の論文は，フォールトラインはパフォーマンスにマイ
ナスの影響を与えていると報告している。人口統計学的属性のみのフォール
トラインを用いた研究は，グループパフォーマンスとのマイナスの関係を示
していた。一方，タスク関連の属性のみを用いた研究は，プラスの関係を示
していた。

　「その他」の属性には，性格，能力，地理的条件（大学の場所）など，タ
スク関連ではないが，見た目では分からない深層的なものを分類した。な
お，「知覚されたフォールトライン」(Chiu & Staples, 2013) とは，客観的属
性ではなく，「このグループ内にサブグループ化が生じているか」という，
メンバーの知覚（質問紙で確認）を変数化したものである。

6.3節　まとめと考察

　第 6 章では，フォールトラインの元になる属性が，属性エレメントごと
に，サブグループ化にどのように影響するか（属性エレメントごとの影響
度）(RQ1) について先行研究から示した。本節では，分析結果のまとめと
考察を行う。

6.3.1　属性の種類

　まず，レビューの結果，フォールトラインの元になる属性は，人口統計学
的属性，タスク関連の属性，およびその他の属性があった。中でも注目すべ

きは，タスク関連の属性と人口統計学的属性の，両者を混ぜてフォールトラインを測定する研究が最も多かったという点である。

　すでに述べたように，勤続年数や職能などの，タスクや情報に関連する属性と，性別や人種民族などの人口統計学的属性とでは，フォールトラインがパフォーマンスに与える影響が異なることが指摘されている。もし，先行研究が示すように，タスク関連の属性では，サブグループ化が，コンフリクトなどのネガティブなグループプロセスに結びつきにくく，情報の精緻化にプラスの影響を与えるのであれば，2種類の属性を混合してフォールトラインを算出するための，理論的な裏付けが必要である。先行研究では，この点は深く議論されていない。多くの研究では，属性の種類には詳細に触れずに，強いフォールトラインがあることでサブグループ化が起こり，パフォーマンスにマイナスの影響があると示されている。

　重要なのは，属性の種類と，カテゴリー化の関係である。社会的カテゴリー化理論の見地からすれば，その属性が社会的カテゴリーを顕現化させるようなものであれば，たとえタスク関連の属性であっても，社会的カテゴリーが生まれるであろう（Cox, 1994; Homan et al., 2014）。例えば，病院における多職種医療チームを例に考えてみると，医師・看護師・放射線技師などの職種は，タスク関連の属性である。しかし，医療専門職間には伝統的にヒエラルキーや，特定の職種に対するステレオタイプが存在する場合がある。このような場合，職種の違いに基づくサブグループ化が，感情的なコンフリクトにつながることも考えられる。van Knippenberg et al.（2011）は，タスク関連の属性が，サブグループ化を引き起こす可能性を指摘している。

　タスク関連の属性が社会的カテゴリー化をもたらすのかを考えるための，もう一つの手掛かりは，属性が「変えられる」ものかという点である。Barkema & Shvyrkov（2007）によれば，年令，性別，人種民族などの人口統計学的属性に加え，教育レベル，学歴や勤続年数といった属性は，一旦決まってしまうと，そこから抜け出すことも，入ることも，自分で将来的に変えることも難しい[11]（Pelled, Eisenhardt, & Xin, 1999）。したがって，カテゴ

---

11 Pelled et al.（1999）では，このような，変えることの難しい属性を，"impermeable（突き通せない，不浸透性の）"と記述している。

リー化が起こりやすく，フォールトラインの元になりやすい（Barkema &
Shvyrkov, 2007）。加えて，個人が意識する属性は，サンプルプロファイル
（例：学生か会社員か）によっても異なるだろう。本書でレビューされた30
本の実証論文のうち，14本が学生をサンプルとして用いていた。

　さらに，メンバーがチームとして共に過ごした時間によっても，意識され
る属性は変わってくる。実験のために一時的に集められたチームでは，表層
的な（目で見て分かる）人口統計学的属性のほうが認識されやすい
（Harrison, Price, Gavin, & Florey, 2002）。そのため，属性に基づくカテゴ
リー化も起こりやすい可能性があるが，グループの種類や年数によっても影
響度合いは異なるだろう。どのような場合に，どの属性が意識され，カテゴ
リー化を起こすのかを，さらに検討する必要がある。

　以上より，「RQ1）フォールトラインの元になる属性が，属性エレメント
ごとに，どのようにサブグループ化に影響するか」，に答えると，人口統計
学的属性，タスク関連属性にかかわらず，どの属性からも，属性の重なり合
いによって，フォールトラインが作られる可能性がある。フォールトライン
は，複数の属性の重なり合いによる溝の深さを表している。複数の属性に
よって，どれだけ強くサブグループ間が分断され，サブグループ内の結びつ
きが強くなるかという指標であるから，属性種類を限定してしまうことは，
フォールトライン理論の魅力を半減させてしまうことになる。

6.3.2　看護職場への当てはめ

　属性の種類とフォールトラインの形成について，具体的に，本書における
分析の対象である看護職場の場合を考えてみると，例えば，学歴，子どもの
有無，職位は，いずれもタスクに関連した属性であり，それぞれの属性に応
じた知識に基づくサブグループができる可能性がある。しかし，学歴に関し
ては，近年4年制大学卒の看護職が急激に増えている現状と，学歴が後から
変えることが難しい属性であることを考えると，タスクとの関連よりも，社
会的アイデンティティとして機能するかもしれない。また，副看護師長・師
長といった職位も，勤続年数も長く昇進を望んでいるのに，なかなか職位が
上がらない一般看護職にとっては，対立感情につながるかもしれない。

　このように，学歴，勤続年数，職位といった属性に基づくフォールトライ
ンは，アイデンティティに基づくサブグループを生む可能性もある。この点
については，第12章で詳細な考察を行う。加えて，子どもの有無という属
性も見過ごせない。なぜなら，子どもの有無は働き方の違いに直結するから
である。子どもが小さい頃は，夜勤ができない，あるいは，時短勤務しかで
きないなど，働き方に制約が出る。その分，子どもがいない看護職に負担が
集中してしまう。子どもの有無によって，「格差」（Harrison & Klein, 2007）
が生じ，子どものいない，負担を強いられる者同士がサブグループを形成す
るかもしれない。同時に，子どもの有無は価値観やライフスタイルの違いに
もなりうるため，「距離」としても機能するかもしれない。あるいは，小児
患者やその家族に対して，子どもがいるからこそできるケアや配慮があるな
らば，それは「種類」になる。このように，Harrison & Klein（2007）およ
び Carton & Cummings（2012）の示した，距離，格差，種類，という視点
から見れば，一つの属性が距離にも，格差にもなりうる。したがって，どの
属性がどの種類かというよりも，調査対象の文脈を踏まえて，「分断」にな
る属性かどうかを考慮するのが妥当だと考えられる。

第7章

フォールトラインの影響プロセス

　本章では，フォールトラインがどのように集団成果に影響するのかを検討する。多様性研究では，属性の構成（フォールトラインや多様性）が，関係性コンフリクトやタスクコンフリクトといった，集団プロセスを経て，集団成果に影響することを示している。本章では，潜在的フォールトラインが，どのような条件下で活性化し，顕現化サブグループになるのかという，活性化要因を検討し，仮説を導出する。さらに，潜在的フォールトラインが顕現化サブグループを通じて，関係性コンフリクトとタスクコンフリクトにどのように影響するのか，また，集団成果に影響するのかを検討する。また，いったん活性化し，顕現化サブグループになったフォールトラインが，集団プロセスに影響するのを抑制する要因（抑制要因）についても検討する。

7.1節　フォールトラインの活性化と抑制

7.1.1　フォールトラインと顕現化サブグループ

　フォールトラインは，複数の属性を元に作られる，仮説的分断線である（Lau & Murnighan, 1998）。潜在的フォールトラインが強くなるということは，サブグループ内で属性が類似し（並びが揃い），かつ，サブグループ間での違いが大きくなる（分断が強い）ことを意味する。フォールトラインが強い時には，サブグループ間の分断が起こりやすくなり，これが，内集団／外集団として知覚される。形成されたサブグループ間では，外集団に対するステレオタイプや内集団バイアス（Tajfel et al., 1971）が起こり，対立が生

まれる（Homan et al., 2007a; Molleman, 2005）。これが，フォールトライン
が，集団プロセスに影響するロジックである。

　しかしながら，フォールトラインの先行研究では，重要な点が抜け落ちて
きた。フォールトラインは，集団内の個人の属性構成によって，サブグルー
プ化が起こるという「前提」に立っているが，無条件にパフォーマンスに影
響を与えるわけではない（Lau & Murnighan, 1998）。フォールトラインに
よって分けられたサブグループが，実際にサブグループとして「知覚」され
ることで，集団プロセスに影響を与える。つまり，客観的な属性と，知覚の
両方を検討する必要がある。先行研究でも，集団内で人口統計学的属性が似
ていたとしても，必ずしも，知覚された人口統計学的な類似性に関係するわ
けではないことが示されている（Zellmer-Bruhn, Maloney, Bhappu, &
Salvador, 2008）。Zellmer-Bruhn et al.（2008）が，グループワークに取り組
む MBA 学生を対象に行った研究では，人口統計学的属性（国籍・民族・性
別）の類似性と，実際に成員が知覚する類似性（社会的カテゴリー類似性）
の相関を見た。その結果，国籍・民族の類似性は，成員に知覚された社会的
カテゴリーの類似性と相関が有意だったが，性別に関しては，社会的カテゴ
リー類似性の高さと有意な相関が見られなかった。属性の多様性（類似性）
は，個人の知覚を通じて，パフォーマンスに影響する（Ashforth & Mael,
1989）。したがって，フォールトラインがサブグループとして本当に成員に
知覚されているのか，また，どのようなときにサブグループ化に結びつくの
かについても，検討する必要がある。具体的には，潜在的フォールトライン
が，顕現化サブグループにつながり，集団プロセスに影響するというプロセ
ス，そして，何らかの活性化要因が働きかけることで，潜在的フォールトラ
インがサブグループの顕現化につながりやすくなる，というプロセスについ
て論じる必要がある（Jehn & Bezrukova, 2010; Lau & Murnighan, 1998）。

　Jehn & Bezrukova（2010）は，実際に成員によって知覚されるサブグルー
プ化プロセスのことを，「フォールトライン活性化（faultline activation）」と
呼んでいる。Jehn & Bezrukova（2010）の定義によれば，フォールトライン
活性化とは，「それによって客観的フォールトラインの並び（潜在的な，ま
たは，休止状態のフォールトライン）が，実際に，集団成員によって，デモ

グラフィックの並びに基づいて集団をサブグループに分割する分断として知覚されるプロセス」(Jehn & Bezrukova, 2010, p.24) である。

　フォールトラインには，潜在的フォールトライン，休止状態のフォールトラインなど，研究者によって様々な呼び名があるため，本書では以下のように区別する。Aに該当するものを，「潜在的フォールトライン」と呼ぶ。また本書では，フォールトラインの活性化プロセスを論じる。「活性化」という語による概念の混乱を避けるため，Bを「顕現化サブグループ」と呼ぶ。

A. 潜在的フォールトライン（属性情報を元に計算されるフォールトライン）（客観指標）
・潜在的フォールトライン（latent faultline, potential faultline）(Jehn & Bezrukova, 2010)
・休止状態のフォールトライン（dormant faultline）(Jehn & Bezrukova, 2010)
・デモグラフィックフォールトライン（demographic faultline）(Rupert & Jehn, 2009)
・客観的デモグラフィックフォールトライン（objective demographic faultline）(Greer & Jehn, 2007)

B. 顕現化サブグループ（成員によって知覚されるフォールトライン）（主観指標）
・活性化フォールトライン（activated faultline）(Jehn & Bezrukova, 2010; van der Kamp, Tjemkes, & Jehn, 2012)
・アクティブグループフォールトライン（active group faultline）(Rink & Jehn, 2010)
・知覚されたフォールトライン（perceived faultline）(Chiu & Staples, 2013; Greer & Jehn, 2007; Rupert & Jehn, 2009)
・サブグループ顕現性（salience of subgroup）(Cramton & Hinds, 2005)

　実際に集団が，フォールトラインによりサブグループに分断されているの

かを確認する研究はこれまで非常に少なく，あったとしても心理実験研究などに限定されてきた（例えば Chiu & Staples（2013））。フォールトライン研究の実証結果が，一貫性を欠く点をかんがみると（Lau & Murnighan, 2005），「実際に集団成員によってサブグループが知覚されているか」，すなわち，顕現化サブグループの有無を検討する必要がある（Jehn & Bezrukova, 2010; Rink & Jehn, 2010）。

7.1.2　学歴・子どもの有無・職位によるサブグループ化

　次に，本書で対象とする看護職場において，サブグループ化につながると想定されるフォールトラインの属性について論じる。第6章では，リサーチクエスチョン1への解として，タスク関連や社会的アイデンティティ関連という枠にとらわれず，どのような種類の属性からもサブグループ化が起こりうる可能性を示した。本章ではさらに具体的に，学歴・子どもの有無・職位という3属性に着目しながら，実際の看護職場でどのような属性のフォールトラインからサブグループ化が生じるのかを検討する。

（1）学歴とサブグループ化

① 学歴と情報の種類

　近年，看護師は高学歴化が進んでいる。看護師養成機関は，かつては専門学校中心であったが，看護系大学の新設が相次ぎ，4年制大学卒の看護師が増加している。日本看護協会（2018）によれば，看護系大学数は年々増加しており，2007年には158校だったが，5年後の2012年には208校，さらに5年後の2017年には267校になっている。若く高学歴な看護職が，病院に入職し，専門卒・短大卒の看護職と共に働く職場では，どのような影響があるのだろうか。

　まず，学歴が異なると，持つ知識の種類が異なる。特に欧米の研究では，学歴は「知識・思考様式」と等しいととらえるものが多い（Curşeu, Raab, Han, & Loenen, 2012; Marino, Parrotta, & Pozzoli, 2016; Valls, González‐Romá, & Tomás, 2016）。なお，「学歴の多様性」研究は，正確には，最終学歴での専攻の多様性（いわゆる educatonal background diversity）と，4年

制大学卒，高校卒といった学歴レベルの多様性（educational level diversity）
に分かれる。本書では，看護職のほとんどが最終学歴で看護学を修めている
と想定し，大学卒以上か高校・専門卒かという違いを検討するため，後者に
着目する。Curşeu, Raab, Han, & Loenen（2012）では，学歴の多様性を思考
様式の違いと捉え，学歴の多様性が問題解決を促進すると説明している。彼
らは実証研究の結果，学歴の多様性からイノベーティブネスに正の直接効果
があることを示した。また，Valls et al.（2016）は，スペインの銀行 57 チー
ムを対象とした調査で，学歴の多様性が，チームのコミュニケーションの質
を高め，チームパフォーマンス（支店長の評価）に影響することを示した。
また，学歴の多様性とチームのコミュニケーションの質の関係は，チームの
イノベーション風土が促進していた。これらの研究は，学歴が多様なチーム
では，チームレベルで多様な視点が利用可能になるため，意思決定の質が高
まるという，情報・意思決定理論に即した説明をしている。
　また，看護特有の背景もある。看護師の学歴の違いは，看護教育課程を過
ごした時代の違いともいえる。米国の看護師を対象とした研究では，看護師
は，世代が違うと学歴も違い，学んできたことが異なる。例えば，ミレニア
ル世代（1980 - 2000 年生まれ）は，看護教育プログラムの改変により，入
学機会が拡大され，臨床実習経験が少なく，臨床経験が少ないままに入職す
ることが多かった世代だという（Duchscher & Cowin, 2004）。日本の看護師
を対象に，世代と学歴の関係を論じた研究を見つけることはできなかった
が，相上・片山・北岡（2017）の調査では，4 年制大学卒と修士課程卒の看
護師は，それ以下の学歴の看護師と比べて，「自律性」が有意に高かった。
もちろん，看護職は専門職であり，学歴だけで看護師としての能力が決まる
わけではない。しかしながら，米国の看護師を対象とした研究では，メタ分
析の結果，学士号取得者が多い看護職場では，死亡リスク・救命失敗リスク
が低減するという結果が出ている（Kane, Shamliyan, Mueller, Duval, & Wilt,
2007）。このように，学歴の違いは，情報の種類の違いになる。

② 学歴と格差
　学歴は，格差にもつながる。日本は学歴によって格差の生じる社会であ

る。吉川（2019）によれば，OECD諸国の中で，日本は，大卒と非大卒の割合がほぼ拮抗しており，これは他国と比べても珍しいという。そして，男女のジェンダーを別にすれば，高卒学歴・大卒学歴のように，全人口を分断するカテゴリーはほかになく，学歴が「社会的地位の第一の基準境界としての条件を備えつつある」という（吉川, 2019, p.62）。

　中でも，女性にとっての学歴資格は，1985年以降，階層評価基準としての重みを増している。その理由として吉川（2019）は，1）働く女性が増えたことで，この20年で女性が学歴メリットを使う機会（履歴書を使って学歴審査される機会）が増えた，2）キャリアコースを歩む女性でも，専業主婦となった女性でも，パート勤務の女性でも，「学歴」は唯一の一元性が保証された評価基準である，という2点を理由に挙げている。

　次に，給与の格差もある。厚生労働省の賃金構造基本統計にある，「学歴別初任給の推移」を見ると，2018年時点で大学院卒の初任給は23万8,700円，大学卒は20万6,700円，高専・短大卒は18万1,400円，高校卒は16万5,100円であった（厚生労働省, 2018a）。一般企業だけでなく，多くの病院で，学歴によって初任給が異なる。本書における分析の対象となった大学病院でも，4年制大卒と専門課程卒とでは給与が異なっていた。個人年収にも学歴差がある。「社会階層と社会移動調査研究会」が10年ごとに実施するSSM調査を元にした，吉川（2018）の分析によると，若年層よりも壮年層で年収の学歴差が大きく，男女ともに大卒と非大卒の年収に1.4倍以上の開きがあった。

　さらに，一般に，昇格にあたっては学歴が重視されることも多い。「ホワイトカラー調査」を元に，橘木（2008）は，学歴が昇進を決定する要素として重要視されることを示した。学歴は，課長になる前，および，課長になった後の両方において重要視されており，「査定の結果」，「年令・勤続年数」，「上司の引き」，「人柄」等と並び，無視できない貢献度であると橘木（2008）は論じている。

　また，学歴は後から変えることが難しい属性である（吉川, 2018; Pelled et al., 1999）。たとえ人員に余力のある組織であっても，働きながら4年制大学に通いなおすのは容易ではない。看護職場は免許や学歴という明瞭な差があ

る職場環境であり，学歴にコンプレックスを抱く看護職が，看護職として仕事に自信を持てないこともある（中垣，2010）。看護職場は，皆が同じライセンスを持ち，同じような仕事に取組む，比較的等質な専門職のメンバーで形成される職場である（田尾，1995）。このような看護職場では，学歴は明確な「違い」となり，格差を生む要因になりうる。

③　学歴と職位の重なり合い

　ここで，学歴と職位，二つの属性の重なり合いによって，どのような作用が生まれるのかを考察する。まず，斎藤・山岸（2000）によれば，日本人は努力選好であり，日本では，低学歴ほど努力を，高学歴ほど実績を選好する傾向がある。日本と欧米圏で行われた ISJP 調査（International Social Justice Project, 1991）を元に，斎藤・山岸（2000）は，日本人が「努力」を重視することを示している。彼らによれば，賃金を決定する際の配分基準として「努力を重視すべきだ」という回答が多かったのが，日本，イギリス，アメリカであった。そのうち，アメリカ・イギリスでは，努力と併せて，「仕事上の責任」が重視されるが，日本人は「仕事上の責任」は重視しない傾向があった。つまり，「努力そのもの」を重視し，評価してもらいたがるという特徴が見られる。アメリカやイギリスでは，「努力と同時に仕事の内容（責任の重さ）が考慮されるとき，配分は業績に応じたものとなる」ため，「個人の成果を示すことが，「努力が評価される」ための前提条件」となる。それに対して，「努力した」こと自体が評価される場合，努力がどのような結果を生んだかは原則として問題とされない。努力そのものによって個人を評価し，配分を決めるべきだと考えられる社会では，高学歴・高所得者層で，「努力」と「仕事上の責任」がともに重視される。しかし，日本では，階層を問わず，努力重視が責任重視を上回っていた（斎藤・山岸，2000）。

　つまり，日本の職場においては，低学歴のメンバーは努力を重要視するため，努力が評価され，昇格することで納得感を得る。逆に，努力が報われないときには，強い不公平感を感じる。したがって，自分よりも努力していない（ように見える）のに，「学歴があることで」自分よりも早く昇格した上司を，良く思わない可能性がある。

　また，1995年のSSM調査を元にした分析では，「学歴による不公平感」（「地位や収入など（の社会的資源）が学歴を基準として配分されているのは不公平だ，という感覚」）については，職業別に見ると専門職や管理職で，不公平感が強かった（宮野，2000）。看護職を対象とした田尾（1995）の調査でも，上司よりも自分のほうが優れていると思う時に，葛藤が生じることが示されている。

　このように，日本の看護職にとって，学歴の違いは，看護に関する知識の違いだけでなく，不公平感の元にもなりうる。換言すれば，学歴は多様性の観測軸分類でいえば，情報の種類と，ステータスの格差の両方につながる（Marino et al., 2016）。そして，学歴と職位という属性の重なり合いによって，態度・価値観の距離が拡大すると考えられる。

（2）子どもの有無とサブグループ化

　次に，なぜ子どもの有無がサブグループ化につながるのかを考察する。キーワードになるのは，ワーク・ライフ・バランスである。職場内のワーク・ライフ・バランスが，家族役割のある看護師と，家族役割の無い単身看護師とに与える影響について考察し，子どもの有無がサブグループ化につながるプロセスを示す。

① ワーク・ライフ・バランス

　ワーク・ライフ・バランスとは，内閣府によれば「仕事と生活の調和」である（内閣府，2010a）。ワーク・ライフ・バランスが実現されれば，「誰もがやりがいや充実感を感じながら働き，仕事上の責任を果たす一方で，子育て・介護の時間や，家庭，地域，自己啓発等にかかる個人の時間を持てる健康で豊かな生活ができる」ようになる（内閣府，2010a）。日本は未だに性別役割分業の意識が強く，女性が家事労働の大部分を担っている。日本で就業する看護師の92％以上は女性である（厚生労働省，2017a）。女性の多くが経験する，妊娠・出産・育児というライフイベントの時期は，中堅看護師となる時期と重なることが多い。特に，看護職場（病棟）においては看護師としての経験年数5年目以降から10年目前後のいわゆる「中堅看護師」が，中

心的役割を果たす（内藤・吉田・佐藤, 2014）看護実践だけでなく，多職種との調整，後輩指導など任される時期である。仕事でも家庭でも繁忙感を増すこの時期に，看護職が仕事と家庭生活を両立できるよう支援する，ワーク・ライフ・バランスへの取り組みの重要性が指摘されている（槙・土肥・叶谷, 2016）。

② ワーク・ファミリー・コンフリクト

　なぜワーク・ライフ・バランスが重要なのかを，仕事と家庭の役割葛藤の観点から説明したのが，ワーク・ファミリー・コンフリクトの理論である。ワーク・ファミリー・コンフリクトはワーク・ライフ・バランスよりも狭い範囲を示す下位概念である（松原・金野・原谷・川口・江川, 2014）。ワーク・ファミリー・コンフリクトとは，「役割葛藤の一形態であり，組織からの要求が家庭における個人の達成を阻害し，また家庭からの要求が組織における個人の達成を阻害すること」（金井, 2002, p.108）と定義され，組織からの要求が家庭における個人の達成を阻害することによる葛藤は，「仕事→家庭葛藤」，家庭からの要求が組織における個人の達成を阻害することによる葛藤は，「家庭→仕事葛藤」と表される（金井, 2002）。経営側のサポートがないと，従業員には，「仕事→家庭葛藤」あるいは「家庭→仕事葛藤」というワーク・ファミリー・コンフリクトが生じる（Anderson, Coffey, & Byerly, 2002）。そして，ワーク・ファミリー・コンフリクトは，職務満足を減らし，離職意向やストレスを増大させることが多くの既存研究から示されている。

　特に，夜勤を伴う看護職を対象とした本書では，「時間」に関する葛藤，「時間葛藤」（金井, 2002）を検討する必要がある。時間葛藤とは，仕事と家庭を両立していることで時間がない，という葛藤であり，身体が一つしかない一人の個人が，家庭と仕事という二つの領域をこなそうとするときの葛藤である（金井, 2002）。時間の問題をめぐり，ワーク・ファミリー・コンフリクトが生じる。つまり，仕事に振り分けられる時間が少ない，あるいは，家庭に振り分けられる時間が少ないことが，ワーク・ファミリー・コンフリクトの一形態である，時間葛藤につながる（金井, 2002）。金井（2002）の調査

では，共働き・女性群では，仕事領域への時間関与（夜も週末も仕事をするなど，仕事に多くの時間を振り分けること）が多いほど，時間葛藤が強まり，また，時間葛藤が強いほど，仕事うつ傾向が高まっていた。

　また，松原ら（2014）によれば，看護職を対象とした，ワーク・ライフ・バランスの研究は，近年多くなされており，ワーク・ライフ・バランスが高いことが，プラスの結果につながることが示されている。Tanaka, Maruyama, Ooshima, & Ito（2011）は，日本の大学病院で働く看護職 1,000 名余りに対して質問紙調査を行い，ワーク・ライフ・バランスが高いと感じていることと，職務満足，および，仕事のモチベーションとの相関がそれぞれ高かったことを示した。Tanaka et al.（2011）では，次の三つの因子から成るワーク・ライフ・バランス尺度を用いている。一つ目は，育児休暇や子どもが病気の時の看護休暇などの，「生活の福利の質（quality of life benefit）」，二つ目は，パートタイム，夜勤，休暇の取りやすさなどの，「柔軟な勤務形態」，三つ目は，メンタルヘルスのカウンセリングや生涯学習支援体制などの，「仕事に関する生涯を通じた学習／カウンセリング支援」である。このようにワーク・ライフ・バランスが高いことが，看護職の職務満足を高めることを，先行研究が示している。

　また，松原ら（2014）が二つの大規模病院の看護師に対して行った研究によれば，同じ看護職でも，未婚群と既婚群とでワーク・ライフ・バランスと仕事満足，ストレスに与える影響度合いが異なっていた。未婚の看護師では，ワーク・ライフ・バランスを感じることが，一貫して仕事満足感にプラスの影響を与えていた。また，未婚群のみで，ワーク・ライフ・バランス感がストレスの発生に対する抑制効果を持っていた。既婚の看護師群では，「二交代制」「三交代制」よりも，「日勤」であることが，仕事満足感にプラスの影響を与えていた。このように，ワーク・ライフ・バランスは，働く看護職の心理に影響を与え，ワーク・ライフ・バランスを感じられるような職場環境を提供することが，看護職の離職防止につながる（槙・土肥・叶谷，2016）。

　看護職場は，女性が圧倒的に多い職場であることから，多くの病院がワーク・ライフ・バランスを推進している。日本看護協会が 2010 年から 2015 年

にかけて行った調査では，近年，病院組織の多くが，産前産後（1年未満）
の短時間勤務，時差出勤，夜勤免除，保育所送迎のため等出退勤時間柔軟
化，子の看護休暇などを制度として取り入れ，かつ，就業規則に明記するよ
うになっている（日本看護協会，2016）。

③ 子どものいない者へのしわ寄せ（ワーク・ファミリー・バックラッシュ）

　制度の整備が進む一方で，代替要員の配置など，制度を支えるシステムに
関しては不十分であること（竹内・大久保・真田，2016），その結果として，
看護師のワーク・ライフ・バランスでは，家族役割のある者が優先され，
「単身者へのしわ寄せ」が生じていることが指摘されている。特に，夜勤を
フォローする20代と40代の看護職への負担が大きいことが報告されている
（赤間，2019）。また，看護師1万5千人以上を対象とした調査では，単身看
護師が，夜勤回数の増加や残業時間の延長に伴い，より過重な労働条件を強
いられ，家族役割のある看護師よりも，福利厚生の恩恵を受けられていない
と感じていた（竹内・大久保・真田，2016）。

　こうした，ワーク・ライフ・バランス施策に関連した個人および集団的な
ネガティブな態度，行動，感情を反映した現象を，「ワーク・ファミリー・
バックラッシュ」という（Perrigino, Dunford, & Wilson, 2018）。Perrigino et
al.（2018）は，ワーク・ファミリー・バックラッシュが起こるメカニズムを
説明している。これらのメカニズムに当てはめると，個人レベルでワーク・
ライフ・バランス制度利用に伴う不公平感が高まり，職場レベルでは，制度
利用の結果経験するネガティブな行動が高まる。このネガティブな行動に
は，同僚から疎まれるのを恐れて，ワーク・ライフ・バランス制度利用を抑
止することも含まれる（Perrigino et al., 2018）。このように看護職場で，個
人および職場レベルといったミクロレベルで，ワーク・ファミリー・バック
ラッシュが起こると，職場内にサブグループができ，対立が深まる可能性が
ある。

　つまり，子どもがいるか，いないかという属性によって，業務負荷に差が
できる。子どもがいない看護職は，子どもがいる看護職に比べて，自分たち
の業務負荷が大きいと感じる。つまり，格差を感じる。一方で，子どもがい

る看護職は，家庭によって仕事に支障が出るという，家庭→仕事のワーク・ファミリー・コンフリクトが強くなる。つまり，家庭に時間を割かなくてはならないがために，仕事に時間を割くことができず，職場に迷惑をかけているという引け目や，居心地の悪さを感じる。そのため，価値観が近く，立場を理解し合えるような仲間として，家庭役割のあるもの同士，ないもの同士でサブグループ化が起こるのは自然なことかもしれない。つまり，看護職場において，子どもの有無は，attitude separation（態度の距離）と status disparity（ステータスの格差）にもなりうる。

（3）職位とサブグループ化

　サブグループの種類以外に，潜在的フォールトラインの属性が，サブグループ化に与える影響を見る上で，検討すべきなのがリーダーの影響である。組織の中で，重要な知識や情報にアクセスできるリーダーが，サブグループに与える影響を見るべきではないだろうか。そこで以下では，リーダーがサブグループにいるかどうかで，どのような影響があるのかを考察してみたい。病院はフラットなピラミッド構造から成り，ヒエラルキーとしての階層数が少ないため，縦よりも横に広がるヒエラルキーである（田尾，1995）。そのため，伝統的な官僚制的ヒエラルキーとは異なる。むしろヒエラルキーの下に位置する「現場」が最も多くの情報を持っているのが，看護職場である。

　他方，看護師長は「経営の視点をもって自部署の人的資源，物的資源，経済的資源，情報資源を評価し，整備する」ために必要な権限を持っている（日本看護協会，2019）。また副看護師長は看護師長を補佐する役割である。例えば，部署の人員増減や，異動に関しては，最終的には看護部長を長とする看護部が決定するが，看護部との調整は師長の権限の範疇となる。そのため，部署内で見ると，看護師長およびそれを補佐する副看護師長は大きなパワーを持っているといえよう。したがって，看護職場においては職位によってステータスの格差が生じると考えられる。

（4）3属性の重なり合いによるサブグループ化

　第 3 章で述べたように，Ren et al.（2015）は，属性エレメントの種類に着目し，フォールトラインを，separation（距離），disparity（格差），variety（種類）の 3 種類に分類した。separation（距離）は，価値観，態度，など意見や立場の異なるメンバー間の隔たり，disparity（格差）は，給与や年功などパワーやステータスのヒエラルキー，variety（種類）は，職務能力，問題解決の視点など，情報，知識，経験の異なる分類である。彼らによれば，態度の距離（attitude separation），ステータスの格差（status disparity），情報の種類（information variety）と分類できる。そして，三つのタイプのサブグループが重なることが，もっとも強い分断を生むと提起している。態度の距離とステータスの格差がそろうと，強いフォールトラインができ，さらにその属性特有の情報とも関係することで，有益な情報が共有されず，集団成果にマイナスの影響が出る。

　以上より，本書では学歴・職位・子どもの有無という属性の重なり合いからフォールトラインができると想定する。上記のような考察に沿って考えると，まず学歴は，教育課程で学んできた知識が異なるため，情報の種類になる。また，同じ教育課程を修了することで，価値観を共有し，態度の距離にもなりうる。さらに，新卒時から大学卒と専門卒では給与に差があるため，ステータスの格差にもなりうる。職位は，単純にステータスの格差を生む。また，子どもの有無は，働き方の違いに直結するため，子どものいる看護職のほうがワーク・ライフ・バランスの恩恵を多く受け，子どものいない看護職に負担がかかるという点で，時間という資源に基づく格差が生まれる。また，子どものいる看護職同士共通の話題が多くなるため，態度の距離にもなりうる。

　また，学歴×職位という，属性同士の掛け合わせの影響を考えると，自分よりも学歴が上の上司の場合，態度の距離がさらに広がる。さらに，子どもの有無×職位という属性同士では，自分と同じ，子どものいる上司であれば，短時間勤務や，子どもの具合が悪い際の早退などの申請もしやすいが，そうでない場合にはそもそもいいづらいことが容易に想像できる。このように，学歴・職位・子どもの有無という三つの属性の掛け合わせによって，深

く強いサブグループの分断が起こる土壌ができると考えられる。

　潜在的フォールトラインと，顕現化サブグループの関係を，看護職場に当てはめて考えると，学歴・職位・子どもの有無という属性からなるフォールトラインがサブグループ化を生じさせると考えられる。看護職場には看護部長を頂点とするヒエラルキーがある。職位が上の看護師長と，下の一般看護職員とでは，パワーの差があるため，なかなか気さくに接することが難しいかもしれない。しかし，学歴が，共に大学院卒であれば，親近感を覚えたり，自分と看護師長を同じカテゴリーに分類するかもしれない。これは，属性が距離として機能している例である。また，4年制大学卒の看護職と，専門学校や短大卒の看護職で，給与が異なる場合，後者は不公平に感じるかもしれない（格差）。

　さらに，ここに子どもの有無という属性が加わったとする。インフォーマルな場で，子どもの話題が多くなれば，子どものいない看護職は居心地が悪いだろう。こうした状況では，ライフスタイルの違いを認識することで，属性の違いが距離として機能する。また，子どもの有無によって，夜勤や残業が子育て中ではない看護職に集中すれば，不公平感が生じるだろう。また，もし看護師長に子どもがいる場合は，子どもの体調不良による急なお迎えや，行事による勤務シフトの調整などをいい出しやすいこともある。この場合，自分と師長を同じサブグループにいると知覚しやすいだろう。このように，看護職場でも，潜在的フォールトラインによって，複数の属性が重なり合うことで，どれくらいサブグループが顕現化しやすくなるかが違ってくる。

　先行研究では，グループ内の属性（民族）の類似性が，ワークスタイルの類似性として知覚されることが示されている（Zellmer-Bruhn et al., 2008）。Zellmer-Bruhn らは，この現象を，「スピルオーバー」と呼び，次のように説明している。スピルオーバーとは，集団成員は，利用できる社会的カテゴリーの多様性を用いて，潜在的な成員の特性を判断する，という効果である（Zellmer-Bruhn et al., 2008）。スピルオーバーにより，人は，同じ社会的カテゴリーに属する成員は，同じような情報や価値観（Elsass & Graves, 1997），経験（Pfeffer, 1983）を持つものだと仮定してしまう。こうした認知

的プロセスを考慮すると，属性の違いが，格差や距離といった形で知覚され，サブグループが顕現化すると考えられる。

仮説1：潜在的フォールトラインの強さは，顕現化サブグループに正の影響を与える。

7.2節　潜在的フォールトラインと集団プロセス

7.2.1　潜在的フォールトラインとコンフリクト

　潜在的フォールトラインが，サブグループを介して，集団成果に与える影響を検討する上では，まず「集団プロセス」に着目する必要がある。潜在的フォールトラインが，顕現化サブグループにつながると，職場で働く人々は，職場内にサブグループがあることを知覚する。このサブグループ間で，対立（コンフリクト）が起こることで，集団成果に影響が出る。以下では，まず，コンフリクトにはどのようなタイプのものがあるのか述べ，潜在的フォールトラインと顕現化サブグループが，コンフリクトに影響するプロセスを示す。

7.2.2　コンフリクトの類型

　コンフリクトとは，実際の，あるいは，知覚された違いのために，チームメンバー間の緊張から引き起こされるプロセスである（De Dreu & Weingart, 2003）。Jehn（1997）によれば，かつての研究では，コンフリクトは，一貫して，集団成果にネガティブな影響を与えるものととらえられてきた（March & Simon, 1958 高橋訳 2014; Pondy, 1967）。なぜなら，コンフリクトがあることで，集団内の緊張が高まり，敵対心が生まれ，タスクを遂行する気持ちが損なわれてしまうためである。その結果，集団の有効性が阻害され，メンバーの満足度も低下する（De Dreu & Weingart, 2003）。

　Jehn（2014）によれば，コンフリクトには歴史的に様々な類型があるが，タスクに照準を当てるコンフリクトと，人々の関係性に照準を当てるコンフ

リクトの二つに大別できる[12]。例えば，Guetzkow & Gyr（1954）は，集団が取り組むタスクに関するコンフリクトと，個人間の人間関係に関するコンフリクトに分類し，それぞれ特性を次のように述べた。前者は，グループのゴールに食い違いがある場合に生じる。しかし，後者の感情的なコンフリクトは，メンバーが自分自身のステータスや幸福に焦点を当てるときに生じる。両コンフリクトとも，原因が異なるだけで，ネガティブなものととらえられていた。

　1990年代になると，コンフリクトのプラスの側面が注目されるようになった（Amason & Schweiger, 1994; Jehn, 1995）。これは，コンフリクトの類型化に関する研究が進んだことと関連する。先行研究におけるコンフリクトの類型を整理し，再分類したのが，Jehn（1995）およびJehn（1997）である。Jehnは，コンフリクトを，関係性コンフリクトと，タスクコンフリクト，プロセスコンフリクトに分類した（Jehn, 1995; Jehn, 1997）。関係性コンフリクトは，個人間の関係に起因する，タスクとは関係のない，感情的な対立（不合意）である。タスクコンフリクトは，タスクに関連する意見やアイディアをめぐる対立（不合意）である。これら2種類のコンフリクトは，明確に区別され，集団成果に与える影響が異なる（Jehn, 1997）。

　関係性コンフリクトが活発になると，集団内に機能不全が起こる（Li & Hambrick, 2005）。また，サブグループを越えた知識の共有・交換が進ず，多数派の意見に流されてしまい，正しい結論にたどり着きにくくなる（Sawyer, Houlette, & Yeagley, 2006）。

　一方，タスクコンフリクトが活性化すると，意見の対立によって時間がかかり，業務進行が円滑にいかないという側面はあるものの，タスクに関する意見交換が活性化し，そのことがタスクの質を高める。その結果，創造性や，意思決定，非ルーティンタスクの質には，プラスの影響があるというプ

---

12 なお，タスクそのものではなく，タスクをどのように達成するかの戦略に関する対立を，プロセスコンフリクトという（Jehn, 1997）。プロセスコンフリクトは，具体的には，誰にどのタスクを割り当てるか，あるいは，物的・人的資源の割り当てなどをめぐる戦略に関する議論をいう（Jehn, 2014）。本書における分析のフィールドである看護職場では，こうした戦略は主として看護師長・副看護師長以上が担当すると考えられるため扱わない。

ラス面がある（Farh, Lee, Farh, & Barkema, 2010; Olson, Parayitam, & Bao, 2007; Pelled et al., 1999）。

　このように，関係性コンフリクトと，タスクコンフリクトでは，集団内の作用と，パフォーマンスへの影響が異なる。ここからは，関係性コンフリクトと，タスクコンフリクトに分けて，潜在的フォールトラインのプロセス・モデルを検討していく。

7.3節　関係性コンフリクトの影響

7.3.1　潜在的フォールトラインと関係性コンフリクト

　多くのフォールトラインの先行研究では，潜在的フォールトラインが，関係性コンフリクトに正の影響を与えるという結果を示している。潜在的フォールトラインが，関係性コンフリクトにつながるプロセスは，次のようなものである。潜在的フォールトラインが強まり，サブグループが顕現化すると，内集団・外集団の違いが強調されるようになる。その結果，外集団に対するステレオタイプや，内集団ひいきが起こり，サブグループ間の対立が起こりやすくなる（Tajfel & Turner, 2004）。

　関係性コンフリクトは，集団成員間で意見が相容れなかったり，矛盾したりすることで起こる（Jehn & Bendersky, 2003）。そのため，潜在的フォールトラインにより，サブグループが顕現化することで，より関係性コンフリクトが起こりやすくなると考えられる。多くの先行研究は，潜在的フォールトラインは関係性コンフリクトに正の影響があることを示している（Li & Hambrick, 2005; Meyer & Glenz, 2013; Thatcher et al., 2003）。例えば，Li & Hambrick（2005）は，年令，勤続年数，性別，民族からなる潜在的フォールトラインが，感情的コンフリクトを高めることを示した。

　フォールトラインが強まり，顕現化サブグループが強まることで，関係性コンフリクトが起こる土壌ができる。顕現化サブグループと関係性コンフリクトの関係を実証した研究は少ないが，Jehn & Bezrukova（2010）は，実験的手法で，潜在的フォールトラインが，活性化したフォールトライン（顕現

化サブグループ）を媒介して，関係性コンフリクトにプラスの影響を与える，つまり関係性コンフリクトを強めることを示した（Jehn & Bezrukova, 2010）。

　こうした先行研究の結果を，本書における分析のフィールドである，看護職場に当てはめて考えてみる。例えば，子どもがいる看護職のサブグループと，そうでないサブグループの間の違いが顕現化すると，長期休暇の取り方ひとつとっても，関係性コンフリクトが生じる可能性がある。また，繁忙感が強い職場では，子どものいない看護職に負荷が集中することで，同じ子どものいないもの同士のサブグループ内で不満が高まり，子どものいるサブグループとの感情的な対立が生まれるかもしれない。看護職場をフィールドとした先行研究でも，看護職間での関係性コンフリクトの主な原因として，コミュニケーションの不足が指摘されている（Patton, 2014）。強い潜在的フォールトラインによって，サブグループに分断されると，サブグループ内でのコミュニケーションが支配的になり，サブグループ間での情報交換が難しくなる（Jiang et al., 2012）。そのため，顕現化サブグループが強まると，関係性コンフリクトも強まると考えられる。

仮説2：顕現化サブグループの強さは，関係性コンフリクトに正の影響を与える。

仮説3：潜在的フォールトラインの強さは，顕現化サブグループを媒介して，関係性コンフリクトに正の影響を与える。

7.3.2　関係性コンフリクトと集団成果

　関係性コンフリクトは，集団成果を阻害することが，多くの先行研究から示されている（Pelled, 1996; Pelled et al., 1999; Thatcher et al., 2003）。コンフリクトとパフォーマンスの関係をメタ分析した研究では，関係性コンフリクトはグループパフォーマンスに負の影響を与えていたと報告している（De Dreu & Weingart, 2003）。

　集団内に関係性コンフリクトが生じることは，その職場に留まりたいとい

う感情の低下につながる。看護職の場合，その日，その場所でのタスクに臨機応変かつ円滑に対応することが求められる。このような職場で，サブグループ化が起こり，サブグループ間の関係性コンフリクトが生じると，集団としての業務パフォーマンスに影響するだけでなく，個人の職務意欲や行動を阻害するのではないだろうか。

　また，職場内のサブグループ間で関係性コンフリクトが強まると，必要な情報がうまく共有されない，サブグループ間での意思疎通がうまくいかないなど，職務自体に深刻な影響が出る懸念がある。とりわけ，看護職のように再就職が容易な職種では，関係性コンフリクトは離職に結びつきやすい。米国の看護職を対象とした研究では，看護ユニット内での，看護職同士のコンフリクトがあると，職場の有効性が低下する（Cox, 2001）ほか，士気を下げ，患者へのケアにも悪影響が出るなど，負の影響が示されている（Siu, Laschinger, & Finegan, 2008）。

仮説4：関係性コンフリクトの強さは，職場成果に負の影響を与える。

仮説5：顕現化サブグループの強さは，関係性コンフリクトを媒介して，職場成果に負の影響を与える。

　以上のプロセス・モデルを整理すると，次のような関係になる。まず潜在的フォールトラインが強まることで，顕現化サブグループが強まる。その影響を受け，サブグループ間で，関係性コンフリクトが強まる。結果として，看護職場の集団成果に負の影響が出るという，二つの媒介変数を経たプロセス・モデルが考えられる。

仮説6：潜在的フォールトラインの強さは，顕現化サブグループと関係性コンフリクトを媒介して，職場成果に負の影響を与える。

7.4節　タスクコンフリクトの影響

7.4.1　潜在的フォールトラインとタスクコンフリクト

　先行研究は，潜在的フォールトラインによって生まれたサブグループ間で
は，関係性コンフリクトだけでなく，タスクコンフリクトも生じやすくなる
ことを示している（Choi & Sy, 2010; Homan et al., 2007a; Thatcher & Patel,
2014）。Thatcher & Patel（2014）はフォールトラインとコンフリクトに関す
るレビュー論文の中で，フォールトラインが強まるとタスクコンフリクトが
強まるロジックを，次のように説明している。サブグループの成員は，互い
に強い絆や友情で結ばれ，サブグループ成員の独自性を維持しようとする。
そのため，信頼と結びつきが強くなる。そして，サブグループ成員は自分た
ちの自己アイデンティティを維持するため，他のサブグループメンバーとは
距離を取る（最適弁別性理論）（Brewer, Manzi, & Shaw, 1993; Horsney &
Hogg, 1999）。サブグループ成員は，サブグループ内の他の成員の支援を受
け，集団内で自信を持って意見を述べ，他のサブグループが出すアイディア
にも堂々と反対する（Bartel, 2001; Brewer, 1991）。このようにして，サブグ
ループ間でタスクコンフリクトが強まる。

　フォールトラインの実証研究でも，同様の結果が出ている。Homan et
al.（2007b）では，フォールトラインが，関係性コンフリクトとタスクコン
フリクトの両方にプラスの影響を与えるが，サブグループ間に跨る（クロス
カットする）属性があることで，タスクコンフリクトも関係性コンフリクト
も少なくなっていた。この Homan らの研究によれば，フォールトラインに
よって生まれたサブグループ間では，タスクコンフリクトも生じやすくなっ
ていた。そして，タスクコンフリクトも，関係性コンフリクトと同様，集団
成果や個人の満足にネガティブな影響を及ぼす。

　また，Choi & Sy（2010）では，勤続年数と性別からなるフォールトライ
ンが，タスクコンフリクトに正の影響を与えていた。Choi & Sy（2010）
は，考察の中で，勤続年数と性別はタスクに関連した属性であり，この2つ
の属性からなるフォールトラインが強まると，タスクに関連したサブグルー

プができ，サブグループ間でのタスクをめぐるコンフリクトが強まると説明
していた。確かに勤続年数はタスクに関連しているが，性別は社会的アイデ
ンティティに関連した属性である。また，多様性の元になる属性は，文脈に
よって違った意味を持つ（Harrison & Klein, 2007）。タスク関連か社会的ア
イデンティティ関連かという枠組みにかかわらず，属性の重なり合いによっ
て，サブグループが生まれやすくなると想定すると，Choi & Sy（2010）
で，タスク関連以外の属性に基づくフォールトラインがタスクコンフリクト
を高めていたという結果も説明がつく。

　つまり，属性の種類にかかわらず，職場内でサブグループ間の分断が強ま
ると，サブグループ内では情報が共有されやすいが，サブグループ間では情
報が共有されにくくなる（Ren et al., 2015）。その結果，タスク遂行時に，タ
スク一つ一つに関して不合意，すなわちタスクコンフリクトが生じる。こう
して，顕現化サブグループが強まることで，サブグループ間の関係性コンフ
リクトだけでなく，タスクコンフリクトも高まる。

**仮説 7：顕現化サブグループの強さは，タスクコンフリクトに正の影響を与え
　　　　る。**

**仮説 8：潜在的フォールトラインの強さは，顕現化サブグループを媒介し
　　　　て，タスクコンフリクトに正の影響を与える。**

7.4.2　タスクコンフリクトと集団成果

　タスクコンフリクトは，集団成果の種類によって，プラスの影響を与える
かマイナスの影響を与えるかが異なる。高度な意思決定や創造性を必要とす
る成果指標の場合には，プラスに働く（Jehn, 1995）。タスクコンフリクト
を通じて，集団成員は，タスクについて深く考え，タスクについての情報を
精緻に分析する。タスクコンフリクトが活性化している時には，仕事の内容
や，進め方に関して，複数のサブグループの視点からチェックが入り，活発
な意見交換がなされる。これにより，独創性やイノベーションといった種類
のパフォーマンスの質を高める（Pelled et al., 1999）。

　しかしながら，ルーティンタスクや，高度な意思決定を伴わない集団で
の，集団成果には，タスクコンフリクトは集団成果にマイナスの影響を与え
る（Thatcher et al., 2003）。なぜなら，タスクをめぐる活発な意見交換は，
円滑な業務進行の支障になるからである（Choi & Sy, 2010）。De Dreu &
Weingart（2003）は，メタ分析の結果，多くの先行研究や教科書が示してき
たのとは異なり，タスクコンフリクトは，チームパフォーマンスやチームメ
ンバーの満足とマイナスの相関があることを報告した。先行研究が示唆する
のは，タスクコンフリクトは，創造性や複雑な意思決定が必要なパフォーマ
ンス指標には，プラスになることがあっても，効率性や円滑な意思疎通と
いった，「仕事のしやすさ」にはマイナスに働く可能性があるということで
ある。

　ここから導かれるのは，潜在的フォールトラインにより，タスクコンフリ
クトが強まった場合，職務の遂行にプラスの影響が出るかは，パフォーマン
ス指標次第だということである。フォールトラインの先行研究では，フォー
ルトラインによってできたサブグループ間では，タスクコンフリクトが生じ
やすくなり，行動統合（Li & Hambrick, 2005），創造性（Pearsall et al.,
2008）などの集団成果に負の影響を与えることを示している。

　また，タスクコンフリクトが集団成果に与える影響は，必ずしも線形では
ない。既存研究は，タスクコンフリクトと成果の間に逆U字の関係がある
ことを示している（De Dreu, 2006; Jehn, 1995）。タスクコンフリクトは，多
様な視点について論じることでタスクへの理解が深まるため（Amason &
Schweiger, 1994），一定水準以下であれば，集団成果にプラスの影響があ
る。Jehn（1995）は，国際航空運送企業のチーム（26マネジメントチーム
と79ワークグループ）を対象とした研究で，タスクコンフリクトと個人の
業績評価，および，タスクコンフリクトとグループパフォーマンス（グルー
プの監督者による評価と，グループの生産報告）の関係を分析した。その結
果，直線よりも曲線モデルのほうがより多くの分散を説明していた。また
Jehn（1995）では，タスクの種類，すなわちタスクがルーティンか非ルー
ティンかによって，曲線の形に違いが見られた。タスクがルーティンか非
ルーティンかは，タスクプロセスに繰り返しが多いこと（毎回同じプロセス

で行われる），方法の種類が多くないこと，確実であること（不確実性が低い）の 3 次元で判断している。非ルーティンタスクに取り組むグループでは，タスクコンフリクトで個人の業績評価を予測する場合，ある一定の点までは，両者は正の関係だが，そこを超えると，個人の業績が低下していた。

　つまり，タスクコンフリクトがある一定の点に達するまでは，タスクコンフリクトが強まるほど，個人の業績も高くなっていたが，タスクコンフリクトが強すぎると，個人の業績は低くなっていた。グループパフォーマンスについても同様に，非ルーティンタスクに取り組むグループにおいて，ある一定のレベルのタスクコンフリクトを境に，タスクコンフリクトが強まると，グループパフォーマンスが低下していた。Jehn（1995）は，観察の結果から，少ないコンフリクトは，既存の手続きを再調整することにつながるため有益だが，コンフリクトが強くなりすぎると，プロセスが混乱し，時間を取られ，グループパフォーマンスが妨げられると述べている。つまり，「最適なレベルのタスクコンフリクト」というものがあること，そして，タスクコンフリクトと成果の関係はタスクのタイプによって異なることを，先行研究は論じている。

　本書で扱う「看護職場」の仕事は，先述の Jehn（1995）で示されたタスクルーティン性の 3 次元からすると，非ルーティンタスクに該当する。なぜなら，患者ごと，症例ごとに求められる対応は異なり，日々同じような業務の繰り返しというわけではない。また，部署によっては急変や急患など，突発的な事態への対応も多く求められ，不確実性が高い。多岐にわたる器具や電子機器の使用方法，検査の進め方，ケアに関する最新の情報へのキャッチアップ，他職種との調整など，複雑性も高いのが，看護という仕事である。非ルーティンタスクである看護職場においては，一定の水準に達するまではタスクコンフリクトは職場成果に有益であるが，しかしながら，強すぎるタスクコンフリクトは，職場の情報処理能力を低下させ（De Dreu, 2006），職場成果に負の影響を与える。

　以上をまとめると，潜在的フォールトラインが強まると，顕現化サブグループが強まり，集団プロセスであるタスクコンフリクトが強まる。タスクコンフリクトの強さは，職場成果に曲線の影響を与える。すなわち，看護職

場の集団成果に負の影響が出ると考えられる。つまり，タスクコンフリクトが弱い時には職場成果は低くなる。タスクコンフリクトが中程度の時には職場成果が最も高くなる。そして，タスクコンフリクトが強すぎる時には職場成果は低くなる。

仮説9：タスクコンフリクトの強さは，職場成果に曲線の影響を与える。タスクコンフリクトが弱い時には職場成果は低く，タスクコンフリクトが中程度の時には職場成果が最も高く，タスクコンフリクトが強い時には職場成果は低くなる。

仮説10：顕現化サブグループの強さは，タスクコンフリクトを媒介して，職場成果に負の影響を与える。

　以上のプロセス・モデルを整理すると，次のような関係になる。まず潜在的フォールトラインが強まることで，顕現化サブグループが強まる。その影響を受け，サブグループ間で，タスクコンフリクトが強まる。その結果，看護職場の集団成果に負の影響が出るという，二つの媒介変数を経たプロセス・モデルが考えられる。つまり，関係性コンフリクトもタスクコンフリクトも，看護職場の集団成果にはマイナスの影響を及ぼすと考える。

仮説11：潜在的フォールトラインの強さは，顕現化サブグループとタスクコンフリクトを媒介して，職場成果に負の影響を与える。

　ここまでの仮説をまとめた本書のモデルは，図表7-1の通りである。

▌図表7-1　本書のモデル（仮説1–11）

フォールトラインの顕現化プロセス

　本章では，まず，フォールトラインがサブグループを顕現化させるプロセスを示す。先行研究を元に，属性の重なり合いから生まれるフォールトラインが，サブグループとして知覚されるようになるための条件を示す。その上で，サブグループが顕現化しないようにするための要因を探る。さらに，サブグループが顕現化した後に，関係性コンフリクト・タスクコンフリクトにつながるのを抑止する要因を検討する。なお本章は，内藤（2016）を加筆・修正したものである。

8.1 節　フォールトラインの活性化要因と抑制要因

　ここまで，潜在的フォールトラインが強いと，それがサブグループとして知覚され，コンフリクトを介して，集団成果に影響するプロセスを示した。それでは，具体的にどのようなことがきっかけで，サブグループが顕現化するのだろうか。

8.1.1　van der Kamp et al.（2012）のモデル

　van der Kamp et al.（2012）は，顕現化したサブグループ（原文ではactivated faultline）が，チームコンフリクトと正の関係があるというモデルを示している。van der Kamp et al.（2012）は，マネジメントにおいては，顕現化したサブグループと，コンフリクトの間にある負の関係を抑制すること，すなわち，「フォールトラインの抑制（faultline deactivation）」が必要だ

と述べている。ここで述べる「抑制」とは，<u>いったん活性化されたフォール
トラインを鎮める</u>，という意味合いに近い。van der Kamp et al.（2012）は，
フォールトラインの抑制を「チームにおいて活性化したフォールトラインの
顕現性を最小化するプロセス」（p.273）と定義している。そして，抑制プロ
セスは，フォールトライン抑制要因（潜在的および知覚されたサブグループ
から関心をそらすような，チームや職場内での出来事，行動あるいは状況）
によって引き起こされるとしている。つまり，フォールトラインが活性化し
たとして，その影響をどのようにすれば低く抑えることができるのか，要因
を考察している。このモデルでは，活性化されたフォールトラインが，チー
ム内のコンフリクトに結びつくと考える。

8.1.2　Rink & Jehn（2010）のモデル

　Rink & Jehn（2010）は，集団成員がサブグループに自己を同一視する
か，それともグループ全体に同一視するか（強いチームアイデンティティを
持っているか）の，バランスに着目したモデルを提示している。フォールト
ラインが活性化することで，サブグループが形成され，チームパフォーマン
スに影響が出るというモデルを示している点では，van der Kamp et al.
（2012）や Cramton & Hinds（2004）などと共通している。
　特徴的なのは，フォールトラインの活性化—サブグループの形成—チーム
パフォーマンス，というプロセスの中に，個人のアイデンティティと，チー
ムのアイデンティティというモデレータを組み込んでいる点，そして，サブ
グループ化を必ずしもネガティブにとらえていない点である。彼らは，以下
のように説明している。チームアイデンティティが強ければ，ステレオタイ
プ化やバイアスが生じることによる，サブグループ間でのコンフリクトは起
こりにくい。一方で，あまりにもチームアイデンティティが強いと，チーム
内のサブグループの独自性（弁別性）を脅かすことになりかねない。この場
合，メンバーによっては，より強いグループに包摂されることに抵抗するか
もしれない。つまり，サブグループメンバーにとって適度に包摂的なチーム
アイデンティティがあるときには，サブグループの形成によるマイナスの影
響は必ずしも起こらないと主張する。

　そこで彼らのモデルは，サブグループと，チームアイデンティティのバラ
ンスをどのように取るかに着目する。すなわち，ボトムアップによる「より
一般的な，アイデンティティに関連した目的や規範の形成過程（"*the
formation phase of more general identity–relevant aims and norms within the
team*"）」（Rink & Jehn, 2010, p.289）を通じて，バランスを取ることができ
るとしている。具体的には，以下のフェーズを提示している。具体的には，
マネジメントの介入により，ボトムアップでチーム内に規範を形成する。こ
のボトムアップ型の規範形成により，特定のマイノリティやサブグループを
チームから排除することを防ぐ。規範を作ることは，サブグループメンバー
の独自性（弁別性）を守ることにもなり，かつ，成員は，多様性に対してよ
り開放的なチームであるというチームアイデンティティを抱くことができ
る。もしここで，過度にチームレベルに偏った，トップダウン型の規範形成
をすると，既存のサブグループが脅威を感じてしまう。その結果，チームパ
フォーマンスにマイナスの影響が出るかもしれない。
　つまり，規範形成によって，第一段階として，個人のアイデンティティの
基盤が作られ，サブグループが形成される（そして，これは必ずしも悪いこ
とではない）。一方で，第二段階として，多様性に対して開放的なチームと
してのチームアイデンティティが作られる。その結果，サブグループが適度
に独自性を維持しつつ，チームとしてのまとまりが保たれるため，チームパ
フォーマンスは向上する。
　以上二つのモデルは，いずれも潜在的フォールトラインが，活性化し，コ
ンフリクトを引き起こすとしている点で共通している。そして，サブグルー
プが形成された後の段階にも着目し，何らかの要因によって，チームパ
フォーマンスへの悪影響を防ぐことができることを示している。

8.1.3　Chiu & Staples（2013）のモデル

　Chiu & Staple（2013）は，学生を対象とした実証研究を通じて，どのよう
な要因が，知覚されたフォールトラインを弱めるのかを検討している。成員
が地理的に分散したチームでは，顔を合わせて互いを知りあう機会を持つこ
とができない。そこで，ブログを通じて情報を開示すること（ブログを通じ

た外部への自己開示）に着目した。自己開示のみでは，知覚されたフォール
トラインは弱まらなかったが，自己開示に，他者と社会的に関わりたいとい
う欲求が合わさると，知覚されたフォールトラインが弱まることを示した。

　これは，外集団に対して個人的な情報が開示されることで，その成員が属
するカテゴリーに対する親しみや安全意識が高まるためだと，Chiu &
Staples（2013）は論じている。さらには，自己開示を通じて外集団成員に
ついて理解を深めることで，たとえ知覚されたフォールトラインが強い場合
でも，成員間の意見交換が可能であったことを示している。

　いずれのモデルも，顕現化サブグループが，集団プロセスに負の影響があ
ることを前提にしている。また，両モデルとも，フォールトラインの活性化
／抑制要因（faultline activator/deactivator）を組み込んでいる。フォールト
ライン活性化要因は，潜在的なフォールトラインが，顕現化サブグループに
なることを促進するような要因をいう。

　Cramton & Hinds（2005）は，客観指標であるフォールトライン（以下，
潜在的フォールトライン）が，顕現化サブグループになるプロセスについて
のモデルを提示している。Cramton & Hinds（2005）のモデルでは，顕現化
サブグループは，サブグループ間の自民族中心主義（負の成果），あるい
は，多国籍間の学習（正の成果）といった集団プロセスにつながる。その結
果，チームのパフォーマンスに影響するというモデルの中で，潜在的フォー
ルトラインと顕現化サブグループの間の関係を，「フォールトラインを活性
化させる出来事」が促進する（Cramton & Hinds, 2005）。つまり，フォール
トラインが，実際に成員たちに知覚されるようになる（すなわち，サブグ
ループが顕現化する）には，活性化要因が必要だと示している。具体的に
は，「潜在的フォールトラインが顕現化サブグループとしてメンバーによっ
て知覚される」（Cramton & Hinds, 2005）きっかけとなるような要素であ
る。つまり，潜在的フォールトラインが，何らかの出来事や風土の知覚を
きっかけに目覚め，あたかも断層線が動くようにして，サブグループがはっ
きりと表れる。（Cramton & Hinds, 2005 : Lau & Murnighan, 1998）。

　また，他の研究も，フォールトラインが何らかの要因によって活性化する
ことを示している（Lau & Murnighan, 1998; Jehn & Bezrukova, 2010）。客観

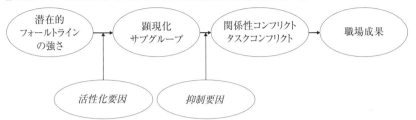

■ 図表 8-1　先行研究から導かれる活性化要因と抑制要因の位置づけ

的属性で構成されるフォールトラインを，「休止状態にあるフォールトライン（dormant faultline）」（Jehn & Bezrukova, 2010）ととらえ，このようなフォールトラインが活性化（faultline activation）し，サブグループが実際に成員に知覚される契機となる要因があると考えている。つまり，これまで意識されていなかったサブグループが，ある出来事を境に，メンバーによって知覚される。サブグループが実際に知覚されることで，集団プロセスと集団成果に影響を与える。

　一方，抑制要因とは，いったんフォールトラインが顕現化サブグループになってしまった場合でも，感情的なコンフリクトなどの集団プロセスに発展させないよう，鎮静化させる要因をいう。図表 8-1 に，活性化要因と抑制要因の位置づけを図示する。

　本節では，具体的に，どのようなことが活性化／抑制要因となるのかをレビューしていく。

8.2節　サブグループを顕現化させる活性化要因

8.2.1　活性化要因についての先行研究

　それでは，具体的には，どのようなことがきっかけとなって，潜在的フォールトラインが顕現化サブグループになるのだろうか。

　Chrobot-Mason et al.（2009）は，社会的アイデンティティに基づくサブグループにおいて，社会的アイデンティティが顕現化するのは，どのようなときか，インタビュー調査を元に分析した。彼らによれば，①アイデンティティがマイノリティのステータスに関係するとき，②社会的集団が特定の組

織や社会的コンテクストの中で意味を持つとき，③その人の属する集団への
ネガティブなステレオタイプやネガティブな取り扱いの結果としてアイデン
ティティが脅威にさらされるとき（Steele, Spencer, & Aronson, 2002）に，
社会的アイデンティティが活性化するとしている（Chrobot-Mason et al.,
2009）。その上で，社会的アイデンティティに基づくサブグループを活性化
させる五つの要因を，インタビュー調査を元に示している。彼らの研究で述
べられている五つとは，違いのある取り扱い，単純な接触，同化，侮辱的行
動，異なる価値観，である。

　違いのある取り扱いとは，支配的なグループと，被支配的なグループと
で，違いのある対応を取ることをいう。資源や懲罰が，グループによって異
なっていることで生じる。例えば，中国出身の中国人のほうが，シンガポー
ル出身の中国人より昇進が早い，福利厚生が既婚者優遇で，ゲイコミュニ
ティの反発を呼ぶ，パレスチナ人の上司はパレスチナ人従業員には時間外勤
務手当を支払うが，ヨルダン人には支払わない，といった違いである。

　単純な接触とは，社会的にニュースになっている出来事や，感情的な出来
事において特定のアイデンティティ・グループが，ただ単純に一緒に働くこ
とである。例えば，現地で教会への爆弾テロ事件があった時に，キリスト教
徒の従業員とイスラム教徒の従業員が口論になることをいう。

　同化とは，多数派の集団が，他の人々も自分たちと同じように行動するだ
ろうと予測してしまうことである。例えば，社外での会議が，宗教上の休日
に設定されることで，組織が，自分たちが宗教行事に参加できないようにし
ていると感じることなどである。

　侮辱的行動とは，あるグループを，低く評価するような言葉や行動であ
る。オランダからの移民である従業員が，アフリカ人の従業員に対し，ミル
クや砂糖を盗んだと糾弾すること，また，女性が男性の同僚がポルノグラ
フィを仕事中に見ていることで怒る，などが当てはまる。

　異なる価値観とは，社会的アイデンティティ集団が，顕著に違う価値観や
信念を持っていることである。例えば，ある従業員が，重婚しているアフリ
カ人の同僚と働くことを拒否するなど，価値観の違いを受け入れられないこ
とによる問題をいう。

　いずれも職場内のちょっとした態度や行動がきっかけとなり，属性の違い
によるものと結びつけられて，人々の属性に基づくサブグループが顕現化
（活性化）する例を示している。このようなプロセスが，フォールトライン
の活性化である。

　活性化要因に関する研究をまとめたのが，van der Kamp et al.（2012）で
ある。彼らは，先行研究のレビューを元に，活性化／抑制要因を図表8-2の
ようにまとめている。ただし，表中で示されている研究は，Jehn &
Bezrukova（2010）を除いては，顕現化サブグループとの関係を見ていない
点に注意が必要である（筆者確認）。関係性コンフリクトなどのグループプ
ロセス変数との関係を実証しているのみであった。あくまで，どのような要
因が研究の中で検討されてきたかを把握するために，引用している。

　van der Kamp et al.（2012）では，活性化／抑制要因を，分析レベルと，
集団のどのような側面に着目するかで分類している。

　まず，分析レベルについては，活性化／抑制要因には，個人レベル・集団
レベル・組織レベルの三つがあり，チームレベルの研究が非常に多い（van
der Kamp et al., 2012）。

　次に，集団のどのような側面に着目するかについては，構造的側面と，動
機付け的側面に分類している。例えば，活性化要因でいうと，構造的側面と
は，チームメンバー間の地理的な距離（Polzer et al.,2006）や，サブグルー
プのサイズ（Carton & Cummings, 2012）などである。動機付け的側面と
は，コンフリクト経験（Hart & Van Vugt, 2006）や，サブグループに分かれ
る前に行われる事前ディスカッション（Sawyer et al.,2006）などである。

　このほかの分類として，Jehn, Bezrukova, & Thatcher（2003）は，サブグ
ループを顕現化させるための活性化要因となり得るのは，①デモグラフィ特
性と，②コンテクストであると述べている。

　デモグラフィ属性とは，男性・女性などの性別や，年令などである。例え
ば，van der Kamp et al.（2012）は，メンバーのアイデンティティに関連し
た出来事によって，フォールトラインが活性化する可能性を示している。メ
ンバー同士のささいな対立（ルームシェアにおいて片付けを女性・男性どち
らが担当するか）が契機となって，性別のフォールトラインが活性化すると

▌図表 8-2　先行研究が示したフォールトライン活性化・抑制要因

要因	分類	活性化要因	抑制要因
個人	構造的側面	- 単純な接触（Chrobot-Mason et al., 2009） - 席順（Homan et al., 2007a, b）	- チームメンバーの目標（Thatcher & Patel, 2011）
	動機づけ	- 侮辱的行動（Chrobot-Mason et al., 2009） - 異なる価値観（Chrobot-Mason et al., 2009）	- 経験への開放性（Homan et al., 2008） - サブグループの違いの顕現性（Meyer, et al., 2011） - 知覚されたワークスタイルの類似性（Zellmer-Bruhn et al., 2008）
チーム	構造的側面	- サブグループの安定性とサイズ（Carton & Cummings, 2012） - 性格的要因（team entitlement configuration）（Jehn & Bezrukova, 2010） - フォールトラインの距離（Bezrukova et al., 2009; Zanutto et al., 2011） - タスク自律性（Molleman, 2005; Rico, Molleman, Sanchez-Manzanares, & Vegt, 2007） - 地理的距離（Polzer, Crisp, Jarvenpaa, & Kim, 2006） - 資源の分配（Carton & Cummings, 2012）	- チームでの経歴の重なり（Barkema & Shvyrkov, 2007） - 共有されたチーム目標（van Knippenberg et al., 2011） - チームリーダーの行動（Gratton, Voigt, & Erickson, 2007; Kunze & Bruch, 2010） - クロスカテゴリカルな情報の多様性（Homan et al., 2007b）
	動機づけ	- サブグループ行動（Gibson & Vermeulen, 2003） - コンフリクト経験（Hart & Van Vugt, 2006） - サブグループの事前ディスカッション（Sawyer, et al., 2006）	- チームの上位目標（Homan, et al., 2008） - 社会的情報交換（Jehn & Rupert, 2007） - ミーティングのインフォーマルさ（Tuggle, Schnatterly, & Johnson, 2010） - チームアイデンティティ（Jehn & Bezrukova, 2010） - 認知的統合（Cronin, Bezrukova, Weingart, & Tinsley, 2010）
組織	構造的側面	- 報酬の構造（Homan et al., 2008） - タスクの内容（Pearsall, Ellis, & Evans, 2008）	- 豊富なコミュニケーションメディア（Rockmann, Pratt, & Northcraft., 2007） - パフォーマンスマネジメント（Gibson & Vermeulen, 2003） - 組織のビジョンと使命（van Knippenberg et al., 2011）
	動機づけ	- 文化的ミスアラインメント（文化が組織レベルで共有されている程度）（Bezrukova et al., 2012）	- 文化的アラインメント（Bezrukova et al., 2012）

出所：van der Kamp et al.（2012）p.30 *"Table 2: Examples of Faultline Activators and Deactivators"* を筆者和訳。日本語斜体部分のみ，本文および出典文献を参照の上，筆者補足。

いう結果を示している（van der Kamp et al., 2012）。

　コンテクスト要因とは，具体的には，物理的な距離や，組織の成員性，職場風土などである。Cramton & Hinds（2004）は，多様な国籍の成員が所属するグローバル・チームにおいては，成員間に物理的な距離があることで，サブグループが顕現化すると提起している。Li & Hambrick（2005）は，実証研究を元に，2 社の合併がある場合に，どちらの会社側の人間であるかという派閥に基づいて，サブグループが作られると指摘している。このように，合併，制度の刷新，業務プロセスの変更などによって影響を受ける属性（アイデンティティグループ）があれば，活性化要因になると考えられる。また，Chung et al.（2015）は，コンテクスト要因の一つとして，職場の多様性風土（diversity climate）が低いことが，潜在的フォールトラインが活性化する要因になりうると指摘している。

8.2.2　活性化要因①：弱い心理的安全

　本書では，潜在的フォールトラインを活性化させる要因として，職場風土に着目する。職場風土は潜在的フォールトラインの作用に影響することが先行研究から示されている。Chung et al.（2011）と Chung et al.（2015）は，性別のフォールトラインと職能のフォールトラインという，種類の異なるフォールトラインで分析を行った。その結果，多様性風土によって，性別のフォールトラインによる忠誠的行動への負の効果が抑えられ，かつ，職能のフォールトラインのプラスの効果を強めていることを発見した。特に職場レベルで考えると，属性がその集団でどのような意味を持つのかは，職場風土によって規定される部分が大きい（Bezrukova et al., 2009; Chung et al., 2011; Chung et al., 2015）。

　本書は，職場風土の一つである，「心理的安全」に着目する。心理的安全とは，もともとは個人レベルの概念であった（Schein, 1985 梅津・横山訳 2012; Schein & Bennis, 1965 伊東訳 1969）。Schein は，心理的安全がある時には，学習不安を克服しやすくなり，保身よりも，協働目標や問題発生防止にフォーカスできるようになると論じた（Schein, 1985 梅津・横山訳 2012）。それを，Edmondson（1999）が，集団レベルの変数として論じた。Edmondson

によれば，心理的安全とは，集団が，対人リスクを冒すことなく安全でいられるという共有された信念，と定義される（Edmondson, 1999）。

　職場で率直に意見をいえる人は少ない。まして，職種や職位ごとに地位格差がある医療組織ではなおさらである（Edmondson, 2012 野津訳 2014）。対人リスクを冒すのではと不安に思うと，率直な意見交換ができず，協働も妨げられる（Nembhard & Edmondson, 2006）。Nembhard & Edmondson（2006）は，ICU での医師，看護師，呼吸療法士には職業間の地位の差があり，そのために心理的安全に重大な違いが生まれ，率直に話したり，質問したり，改善努力をしようという意欲に影響があることを示した。看護部長を長とした，厳格なヒエラルキーがある看護職場も例外ではない。心理的安全が低い場合には，なおさら，格差を超えて発言したり，属性の異なる看護職同士で関係を持ったりすることは難しいだろう。

　潜在的フォールトラインが，格差をもたらす属性から作られていた場合も同様である。例えば職位など，格差に直結する属性に基づく潜在的フォールトラインは，資源に基づくサブグループを形成しやすい（Carton & Cummings, 2012）。このような職場で，心理的安全が弱くなると，格差を超えた，すなわちサブグループを越えた発言や進言は難しくなる。特定の個人の意見が，サブグループ内に閉じ込められてしまう状況が予想される。逆に，心理的安全が強ければ，たとえ潜在的フォールトラインが強かったとしても，サブグループを越えた発言が可能になり，サブグループが顕現化せずに済むのではないだろうか。

　以上の点から，心理的安全が弱いことが，サブグループを顕現化させる活性化要因として機能すると考えられる。逆に，心理的安全が強い時には，看護職は格差を超えて発言できるため，サブグループがそれほど顕現化しないで済むと予測できる。

仮説 12（調整）：心理的安全が弱いときには，潜在的フォールトラインが顕現化サブグループに与える影響は強くなる。心理的安全が強いときには，潜在的フォールトラインが顕現化サブグループに与える影響は弱くなる。

8.2.3　活性化要因②：人的資源管理の取り組み

　フォールトラインの活性化に影響する要因として，構造的側面についても考えてみたい。特に，人的資源管理の視点から，潜在的フォールトラインが顕現化サブグループにつながる活性化プロセスを説明することができる。コミットメントベースの人的資源施策（以下，HR施策）があると，企業業績が向上するというメカニズムを示した研究がある（Collins & Smith, 2006）。Collins & Smith（2006）は，組織レベルの分析ではあるが，ハイテク企業のナレッジワーカーを対象とした調査で，HR施策が，どのように知識創造と企業成果向上につながるか，実証を元に次のように説明している。

　HR施策には，大きく分けて，トランザクションベース（交換ベース）のHR施策と，コミットメントベースのHR施策がある。前者は，従業員個人との短期的交換関係を強調する施策で，従業員が経営の意思決定に関して，影響力をほとんど持たないように設計されている。また，トランザクションベースのHR施策は，コミュニケーションが少なく，従業員を社会化させようとする努力が少なく，苦情申し立ての公式窓口もないなどの特徴がある（Arthur, 1992）。一方で，コミットメントベースのHR施策は，従業員と組織の，相互の長期的交換関係に焦点を当てる。従業員の参加・インボルブメントが高く，ビジネス・経済の情報を，従業員と組織が共有するといった特徴がある（Arthur, 1992）。コミットメントベースのHR施策には，所属部署以外で仕事を経験するクロストレーニング，内部昇格，メンタリングなどの内部開発機会が含まれる。従業員は，異なる職能領域や企業の異なるレベル（階層）で用いられる専門用語や，ものの見方に遭遇する。そのため，従業員間の共通言語が開発される（Noe, 1999）。

　また従業員は，企業が自分のためにトレーニングをしてくれていると感じると，従業員グループ間の理解を深め，企業特殊的スキル（MacDuffie, 1995）を身につけたいと思うようになる（Rousseau, 1995）。いわば，従業員のスキル開発が，コミットメントにおける「心理的契約」（Rousseau, 1995）のような役割をする，とCollins & Smith（2006）は述べている。

　このように，コミットメントベースのHR施策は，信頼・協働を深め，共通言語を開発するなど，「社会的風土」を強くする。社会的風土とは，業務

遂行に当たって，従業員相互のインタラクションを司る規範や価値観に関する共有された信念である。特に，信頼や協働，共有された言語といった社会的風土が，知識を交換し，また知識を再結合させるのに重要なメカニズムとなる。ハイテク企業においては，時に知識がパワーやジョブセキュリティの源であるため，知識交換が特に重要となる。つまり，HR施策が社会的風土の状態に影響し，社会的風土は知識交換と協働を促す。結果として企業のパフォーマンスを高めるというメカニズムである。

　看護職場も，ハイテク企業同様，知識が力となり，知識・情報の交換が非常に重要となる業種である。Collins & Smith（2006）のメカニズムを本書における分析に当てはめたときに，コミットメントベースのHR施策に該当するのが，「パートナーシップ・ナーシング・システム（以下，PNS）」である。PNSは，二人一組で複数の患者を受け持ち，知識や技術を共有することで，ミスを防ぎ，より質の高い看護を提供する取り組みである。調査対象の病院では，2013年から順次PNSを導入している。筆者が調査対象の人事・教育担当者に確認したところ，PNSは，必ずしも先輩後輩のパートナーシップを前提にしているわけではないが，結果的に年次の異なる者同士でパートナーを組むことが多いという。そのため，メンタリングの機能も副次的に併せ持つことになる。

　看護職は，PNSというコミットメントベースのHR施策を，病院が自分に提供してくれていると感じることで，たとえサブグループに分かれていたとしても，サブグループ間で理解を深めようと感じる。その結果，サブグループ間の信頼・協働が深まり，サブグループを越えた共通言語が増し，潜在的フォールトラインが顕現化サブグループに発展しにくくなると考えられる。逆に，PNSを実施していない部署では，社会的風土が育たないため，潜在的フォールトラインが強いと，顕現化サブグループにつながりやすくなる。

仮説13（調整）：潜在的フォールトラインが顕現化サブグループに与える影響は，パートナーシップ・ナーシング・システム（PNS）を実施している職場では低くなり，実施していない職場では弱くなる。

8.3節 フォールトラインの抑制要因の検討

先行研究では，一度顕現化してしまったサブグループが，関係性コンフリクトに発展してしまうのを抑止する要因が検討されている。これを，フォールトラインの抑制要因という。フォールトラインのマイナス面を抑えるため，すなわち，顕現化サブグループが，関係性コンフリクトなどの集団プロセスに影響を与えないようにするためには，どのような要素が必要なのか。本書では，抑制要因のうち，集団レベルの動機づけ要因，中でも「多様性への開放性」に着目する。

多様性に関する信念や，多様性に対する態度は，個人によって異なる（Homan, et al., 2007a）。また，個人が多様性を評価する程度によって，組織や集団の風土（climate）も異なる（Gonzalez & DeNisi, 2009）。多様性への開放性（openness to diversity）とは，「グループがどのように多様性について考え，多様性を支持するかに関する認知」である（Hartel & Fujimoto, 1999; Hobman, Bordia, & Gallois, 2004）。先行研究では，多様性への開放性が高い時には，多様な集団は意思決定の有効性が高い（Fujimoto, Härtel, & Härtel, 2004）。また，多様性への開放性が高いときは，多様な集団のパフォーマンスが優れている（Watson, Kumar, & Michaelsen, 1993）ことが示されている。

サブグループが顕現化したあとでも，もし，多様性に対してポジティブな認知を職場が共有していれば，関係性コンフリクトにつながりにくいのではないだろうか。一方，タスクコンフリクトに関しては，多様な意見を持つことが良いことだとされる風土なら，タスクに関する独自の視点を，率直に提供することができる。その結果として，タスクコンフリクトが高まるのではないだろうか。

看護職場を例に考えてみる。例えば，職位が上で，学歴の低いサブグループと，職位が低く学歴の高いサブグループができている職場を想定する。もし，後者のサブグループメンバーが何か業務上改善できることに気づいたとして，多様な意見を表明することが歓迎される風土ならば，臆することな

く，サブグループを超えて進言することができる。その結果，タスクコンフリクトが生まれるかもしれない。しかし，多様な意見を持つことをよく思わない風土の場合は，サブグループ内でしか共有できず，タスクコンフリクトには結びつかない。また，自身の多様性が発揮されない不満が，サブグループ内で共有されれば，関係性コンフリクトにつながってしまうと予測される。

仮説 14（調整）：多様性への開放性が強いときには，顕現化サブグループの強さが関係性コンフリクトに影響しない。多様性への開放性が弱いときには，顕現化サブグループが強いと関係性コンフリクトも強くなる。

仮説 15（調整）：多様性への開放性が強いときには，顕現化サブグループが強いとタスクコンフリクトも強くなる。多様性への開放性が弱いときには，顕現化サブグループの強さがタスクコンフリクトに影響しない。

　以上，活性化要因と抑制要因の影響について述べた。これらの要因を組み合わせた，本書のモデルを図表8-3に示す。

▌図表 8-3　本書のモデル（仮説 1−15）

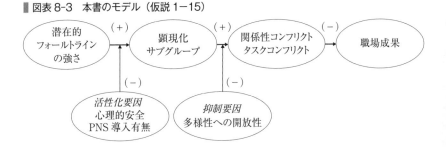

第9章

分析方法

　本章では，看護職場を対象に行った質問紙調査について，調査概要と分析方法を示す。最終的なサンプルサイズは，526名，部署数は27であった。各変数の信頼性・妥当性を検討した上で，各心理尺度の測定方法を示し，客観指標である潜在的フォールトラインの算出方法についても述べる。さらに，個人レベルの変数を集団レベルの変数として扱うために，合意指標 $r_{wg(j)}$，ICC(1)(2) を算出する。

9.1節　調査概要

9.1.1　サンプル・手続き

　A県大学病院看護部の協力を得て，同院看護職に対して，2015年9月に質問紙調査を実施した。調査にあたっては，看護部長の了承を得た上で，個人情報の保護と倫理的配慮について，書面にて十分に説明を行った。質問紙は厳封の上，看護部で回収した。

　なお，本調査に先駆けて，2部署20名に対しプリテストを実施した。この2部署は，2013年7月に，同院看護職に対して筆者が実施した質問紙調査で，関係性コンフリクトが平均よりも高かった部署と，低かった部署である。かつ，本調査時点でも，関係性コンフリクトが高いこと，低いことが看護部担当者の主観から示されたため，これら2部署を選定した。プリテストの結果を受けて質問項目の見直しを行った。

　本調査では，休職中を除く，34部署の全看護職員1,016名に質問紙を配布

した。その結果，687名から回答を得た。さらに部署名を未回答の6名を除外した有効回答数は，681であった。さらに，学歴・子どもの有無・職位の欠損値を含む回答者の回答は除外した。これは，これら3属性が潜在的フォールトラインを構成するためである。

　なお，集団レベルの分析のために，有効回答が3（名）以下の4部署と，30（名）を超える3部署は除外した。その結果，本調査の分析対象となったのは，27部署（人数6-30名），526名であった。回答者の平均勤続年数は9.24年（N=524，欠損値=2），看護職としての平均経験年数は10.59年（N=525，欠損値=1）であった。分析にはSPSS Statistics 25を使用した。

9.1.2　サンプルの母集団代表性

　9.1.1で示したように，本書では，全看護職に調査票を配布したが，全員から回答が得られたわけではない。そこで，公開データから得られた，同時点での当該病院における年令構成比率と学歴比率と，本調査の回答者526名の年令と学歴の構成比率を比較し，サンプルが母集団を代表しているかを確認した。結果は図表9-1に示す。

図表9-1　年令構成比率と学歴構成比率の比較

年齢構成比較　（公表データは2016年2月時点）

年代	調査対象		全職員（公表データ）	
	人数（名）	割合（%）	人数（名）	割合（%）
20代	260	49.4	463	42.4
30代	125	23.8	355	32.5
40代	86	16.3	173	15.8
50代	55	10.5	90	8.2
60代	0	0.0	11	1.0
合計	526	100.0	1,092	100.0

学歴構成比較　（公表データは2016年6月時点）

学歴	調査対象		全職員（公表データ）	
	人数（名）	割合（%）	人数（名）	割合（%）
専門	102	19.4	221	21.7
短大	90	17.1	170	16.7
大学	313	59.5	596	58.6
大学院	21	4.0	30	2.9
合計	526	100.0	1,017	100.0

　比較の結果，20 代，30 代の年令構成比率に若干の違いがあるものの，フォールトラインの属性にも含まれる学歴構成比率はほぼ一致していたため，サンプルの母集団代表性に問題はないと判断した。

9.2節　変数の測定・信頼性分析（個人レベル・部署レベル）

　本書では，個人レベルで測定した変数を元に，部署レベルの変数を作成し，部署レベルで仮説の検定を行う。そのため以下では，個人レベルと部署レベルの，二つのレベルに分けて，分析手続きについて説明する。また，後述するが，調整効果モデルの検討に際しては，潜在的フォールトラインの高い職場にいるか，低い職場にいるかといった職場レベルの要因を個人レベルに割り振り，かつ，従属変数を個人レベルの変数で分析している。これは，本書の部署サンプルサイズが $N=27$ と小さく，多重共線性が生じやすいためである。多重共線性の影響を回避するため，調整効果を検討する際には個人レベルで分析をしている。これらが個人レベルの変数であることを明確にするため，調整効果の分析で従属変数として用いる場合，顕現化サブグループの知覚，関係性コンフリクトの知覚，タスクコンフリクトの知覚と表記する。調整効果の分析で独立変数として用いる際の，潜在的フォールトライン，心理的安全，多様性への開放性，顕現化サブグループ，PNS 導入有無に関しては，強群・弱群のいずれに属するかを個人レベルに割り振っているため，変数名は集団レベルのままとする。これらの点は調整効果の分析の節で再度詳説する。

9.2.1　信頼性分析

　尺度の信頼性を確認するため，各測定尺度について，信頼性分析を行い，信頼性係数（クロンバック α）を求めた。結果は，以下 9.2.2 にて，変数（b-g）ごとに記載した。

9.2.2　独立変数・従属変数

　独立変数・従属変数に関しては，日本語訳して用いるものが多かったため，研究者一名が翻訳のチェックをした上で用いた。

（部署レベル）
a．潜在的フォールトライン

　各部署における潜在的フォールトラインは，質問紙で回答された属性情報を元に，学歴【大卒以上＝1（314名，59.7％），高卒・専門・短大卒＝2（212名，40.3％）】，職位【一般看護職員＝1（446名，84.8％），副看護師長＝2（52名，9.9％），看護師長＝3（23名，4.4％），副看護部長以上＝4（5名，1.0％）】，子どもの有無【子どもあり＝1（98名，18.6％），子どもなし＝0（428名，81.4％）】の三属性でフォールトラインを算出した。なお子どもの有無に関しては「15歳以下の子ども」の有無とした。

　また，補章2で述べるように，フォールトラインの計算方法には，いくつかの種類があり，それぞれ利点や限界がある。本書における分析では，30名以上のチームであっても算出可能であること，2以上のサブグループを想定していて，サブグループの数を固定していないこと，かつ多くの研究で用いられている *Fau*（Faultline strength）（Thatcher et al., 2003）と同じ考え方に基づくこと，という理由から，*ASW*（Average Silhouette Width faultline clustering）（Meyer & Glenz, 2013）を用いた。*ASW* では，フォールトラインは，0－1までの数値を取り，数値が大きくなるほど，潜在的フォールトラインが強いことを示す。*ASW* の算出には R を使用した。

　また，本調査では，Rupert（2010）を参考に，サブグループがどのような属性に基づいてできているかを把握するため，どのような属性に基づいてサブグループができていると思うかを，質問紙の中で尋ねた。回答は複数回答で自由記述式とした。その結果，年令，性別，勤続年数，部署勤続年数，専門性，思考，性格，家庭（子どもの有無など），学歴，同じグループ，能力，SNS，趣味，上司の好み，職位，他院経験，勤務形態，という属性が抽出された。

（個人レベル）

b. 顕現化サブグループ

　Rupert（2010）の，「知覚されたサブグループ」8 項目を日本語訳して用いた（$\alpha = 0.920$）。例：この職場には，いくつかのグループができている。

c. 関係性コンフリクト

　Jehn（1995）の 4 項目を，日本語訳して用いた（$\alpha = 0.876$）。
例：私の職場では看護職同士が性格的な面で対立することがある。

d. タスクコンフリクト

　Jehn &Mannix（2001）の 6 項目を日本語訳して用いた（$\alpha = 0.886$）。
例：私の職場では，仕事上のアイディアをめぐる衝突がある

e. 多様性への開放性

　Hobman et al.（2004）の 6 項目を，看護職の文脈に合わせて一部変更し，日本語訳して用いた（$\alpha = 0.930$）。
例：この職場では，職員は，性別，および／または，年令が異なる人々と一
　　緒に働くことを楽しんでいる。

f. 心理的安全

　Edmondson（1999）より 7 項目を日本語訳して用いた。うち一項目は，看護職場での実情に沿ったものである，Nembhard & Edmondson（2006）に変更した（$\alpha = 0.861$）。例：私の職場は，異なる経歴（学歴，職歴など）の看護職に対して寛容的でない。

g. PNS 導入ダミー

　部署において PNS が導入されているかを，導入あり（＝1），導入なし（＝0）のダミー変数にして用いた。

h. 職場成果：本書では，主観指標による職場成果を採用した。本来なら，

コモン・メソッド・バリアンスの恐れがあるため，客観指標で職場成果を測定するのが望ましい。しかしながら，看護職場の場合は部署によって業務内容が大きく異なるため，部署同士の比較が難しい。職場成果を測定する尺度として，他研究（例えば Cox, 2001 など）で看護職を対象に用いられている Weisman, Gordon, Cassard, Bergner, & Wong（1993）の 6 項目を，日本語訳して用いた（α = 0.781）。例：以下の項目について，他の部署と比べてどのようにお感じになりますか。看護職による患者ケアの質，部署の看護師の仕事の効率性　ほか。

9.2.3　回答者の属性

本調査の回答者の属性分布は，図表 9-2 の通りである。

▌図表 9-2　本調査の回答者の属性分布

年令

	人数（名）	割合（%）
20 代	260	49.4
30 代	125	23.8
40 代	86	16.3
50 代	55	10.5
60 代	0	0.0
	526	100.0

性別

	人数（名）	割合（%）
男性	14	2.7
女性	512	97.3
合計	526	100.0

子どもの有無

	人数（名）	割合（%）
いる	98	18.6
いない	428	81.4
合計	526	100.0

（図表9-2つづき）
看護以外の職務経験

	人数（名）	割合（%）
あり	36	6.8
なし	488	92.8
システム欠損値	2	0.4
	526	100.0

婚姻状況

	人数（名）	割合（%）
既婚	161	30.6
未婚	365	69.4
合計	526	100.0

職位

	人数（名）	割合（%）
一般看護職員	446	84.8
副看護師長	52	9.9
看護師長	23	4.4
副看護部長以上	5	1.0
	526	100.0

就業形態

	人数（名）	割合（%）
常勤	513	97.5
非常勤（パート）	13	2.5
合計	526	100.0

所属チーム有無

	人数（名）	割合（%）
1. 副師長をコアとするチームに所属している	274	52.1
2. 病室ごとのチームに所属している	70	13.3
3. 1にも2にも所属していない	163	31.0
システム欠損値	19	3.6
	526	100.0

（図表9-2つづき）

勤務形態

		人数（名）	割合（%）
1	三交代制（変則含む）	31	5.9
2	二交代制（変則含む）	379	72.1
3	日勤のみ	111	21.1
	システム欠損値	5	1.0
		526	100.0

看護師以外の看護系専門資格

		人数（名）	割合（%）
1	認定看護師	11	2.1
2	専門看護師	2	0.4
3	助産師	11	2.1
4	保健師	254	48.3
なし		248	47.1
		526	100.0

9.2.4　コントロール変数（部署レベル）

i. 部署人数

　集団過程や職場成果に影響があることが指摘されているため（Goodman, Ravlin, & Argote, 1986），部署人数をコントロールした。部署人数の最大は30名，最小は6名であった。

j. 多様性コントロール

　多くのフォールトライン研究と同様，単一属性による多様性の影響をコントロールするため，多様性指数を作成した。多様性指数には，Blau（1977）の異質性指数（Blau's heterogeneity index）を用いた。Blau（1977）の異質性指数は，0から1までの数値を取り，1に近いほど多様であり，0に近いほど均質（似ている）ことを表す。

　学歴多様性（高卒・短大・専門卒＝1，四年制大卒以上＝2），職位多様性（一般看護職員＝1，副看護師長＝2，看護師長＝3，副看護部長以上＝4），子ども（15歳以下）の有無多様性（こどもあり＝1，なし＝0）を元に以下の式で算出した。算出にはRを使用した。

Blau（1977）の異質性指数は，次の式で計算される。

$$heterogeneity = 1 - \sum_{i=1}^{n} pi^2$$

pi は，i カテゴリーにおける，成員の割合を表す。

次に，Jehn, Northcraft, & Neale（1999）や Bezrukova et al.（2010）同様，これら3種類の多様性の平均値を算出し，多様性コントロールとした。

このほかに，看護職の場合には残業時間の長短が関係性コンフリクトや職場成果に与える影響があると考え，部署平均残業時間と，各心理尺度の相関を確認した。しかしながら，いずれも有意な相関は見られなかったため，本書では，部署平均残業時間はコントロールしない。

9.2.5　多重共線性の検討

独立変数同士の多重共線性の有無を調べるため，共線性の診断を行った。多重共線性の有無を判断するための指標には，VIF，条件指数などがある。本書の分析に用いたデータは $N = 27$ であり，サンプルサイズが比較的小さい。そのため，VIF に加えて，条件指数と標準誤差を合わせて参考にし，多重共線性を判断した。

VIF がいくつまでなら共線性がないと判断するかは，文献によっても異なるが，一般的には VIF が10を超えると多重共線性が発生しているとされる。本書でも，VIF<10 を採用した。重回帰分析と同時に行った，共線性の診断の結果，いずれの変数も VIF は10を超えなかった。なお，各モデルの VIF の表は，分析結果の中で示す。条件指数は，一般的に15以上で共線性が生じている可能性があり，30以上で，重大な共線性が生じている恐れがある。サンプルサイズが小さい場合には，条件指数は高くなりやすいため，目安として用いる。

その他の指標として，標準誤差の大きさがある。具体的にいくつ以上という基準は無い。しかし，サンプルサイズが小さく，予測変数間の相関係数が高い場合，多重共線性が生じると，標準誤差が極端に大きくなることがある（秋山・大久保, 2012）。数式で標準誤差を表すと，分母が（予測変数 x_1 の平方

和）×（1－予測変数同士の相関係数），分子が（誤差の平方和）／（誤差の平方和の自由度）となる（秋山・大久保，2012, p.99）。このことから，分子が大きく予測変数 x_1 の平方和が小さいことで，標準誤差が大きな値になることが分かる（秋山・大久保，2012, p.104）。また，相関係数が低い場合でも，分子が大きく，分母の平方和が小さい値の場合は，標準誤差が大きくなりうる。

さらに，予測変数間の相関が高い場合，観測変数の増減次第で，偏回帰係数が激しく増減する，常識では考えられないくらいに重相関係数が高くなる，係数の符合が逆転する，などの現象が起こることがある（豊田，2008; 秋山・大久保，2012）。

本書では，上記の VIF，条件指数，そして，標準誤差，その他多重共線性によるとみられる各数値の変化がないかを目安として，多重共線性の有無を確認した。

9.3節 妥当性の検討（個人レベル）

9.3.1 因子分析

本書で用いる尺度の弁別妥当性を検証するため，因子分析を行った。なお，質問項目の数がサンプルサイズ（$N＝27$）を上回るため，職場レベルでの因子分析ではなく，個人レベルで因子分析を行う。

主因子法で 固有値 1.0 以上で 6 因子が抽出され，累積寄与率は 58.369% であった。斜交プロマックス回転の結果，一項目がどの因子にも 0.4 に満たなかった（部署成果の一項目「部署内の看護職個人間の人間関係」）。そこで，この 1 項目を除外して，再度，因子分析を行った。主因子法で 固有値 1.0 以上で 6 因子が抽出され，累積寄与率は 58.18% であった。結果は，図表 9-3 の通りとなった。第一因子が顕現化サブグループ，第二因子が多様性への開放性，第三因子がタスクコンフリクト，第四因子が心理的安全，第五因子が部署成果，第六因子が関係性コンフリクトで，いずれも 0.4 以上の高い因子負荷量を示した。

▌図表 9-3　質問項目の因子分析結果（プロマックス回転後の因子パターン）

	因子					
	I	II	III	IV	V	VI
PSBG3 この職場内にできた同じグループの人とは，より頻繁に交流する	**.81**	− .01	− .03	.28	− .02	.09
PSBG4 業務遂行中に，この職場内にいくつかのグループがあることに気づく	**.80**	.07	.02	− .19	− .01	− .09
PSBG2 業務遂行中に，職場は，いくつかのグループに分かれがちだ	**.80**	.05	.05	− .15	− .02	− .16
PSBG1 この職場には，いくつかのグループができている	**.78**	− .13	− .09	.15	− .01	.13
PSBG5 仕事中に，この職場にグループが出現する	**.78**	.03	.06	− .22	.00	− .14
PSBG6 この職場は，業務遂行中に，よくグループに分かれる	**.72**	.11	.08	− .26	− .02	− .07
PSBG7 昼食や懇親会では，同じグループの人と，よく話をする	**.70**	− .11	− .05	.22	.00	.18
PSBG8 会議中に，同じグループの人は，近くに座る	**.62**	− .03	− .03	.07	.04	.20
OPN4 この職場の看護職は，自分とは異なる仕事観や仕事へのモチベーションを持つ人たちから熱心に学ぼうとする	− .05	**.92**	− .05	− .15	.01	.04
OPN5 この職場の看護職は，自分とは異なる専門分野や職務経験を持つ人たちと，一緒に仕事をすることを楽しんでいる	.01	**.90**	− .09	− .02	.01	.17
OPN3 この職場の看護職は，自分とは異なる仕事観や仕事へのモチベーションを持つ人たちの意見を積極的に聞こうとする	− .05	**.88**	.02	− .05	− .05	− .07
OPN6 この職場の看護職は，自分とは異なる専門分野や職務経験を持つ人たちの意見を積極的に聞こうとする	− .02	**.82**	− .03	.09	.00	.11
OPN2 この職場の看護職は，性別や年令が異なる人々の意見を熱心に聞こうとする	− .01	**.66**	− .01	.25	− .04	.00
OPN1 この職場の看護職は，性別や年令が異なる人々と一緒に働くことを楽しんでいる	.07	**.64**	.08	.17	.03	− .06
TSKC4 この職場では，誰が何をすべきかについて，意見がまとまらないことがある	− .03	− .01	**.86**	− .07	− .02	− .10

（図表9-3つづき）

	Ⅰ	Ⅱ	Ⅲ	Ⅳ	Ⅴ	Ⅵ
						因子
TSKC3 この職場では，仕事の進め方について，意見がまとまらないことがある	.01	− .06	**.80**	.08	− .01	.01
TSKC5 この職場では，仕事における責任について，対立することがある	− .01	− .03	**.77**	− .02	− .01	.01
TSKC6 この職場では，資源（人員，資材，予算など）の配分について，意見がまとまらないことがある	− .09	.03	**.70**	− .14	− .10	.01
TSKC2 この職場では，仕事内容に関して，異なった意見がある	.05	− .01	**.58**	.18	.03	.27
TSKC1 この職場では，仕事上のアイディアをめぐる衝突がある	.04	− .06	**.52**	.12	.18	.35
PS5R. この職場では，他の看護職に助けを求めるのは難しい	− .03	.07	.00	**.67**	− .03	.04
PS3R. この職場の看護職は，時々，みんなと違っているという理由で，他者を拒絶する	− .06	.09	.02	**.60**	− .10	− .25
PS6 この職場では，私の仕事をわざと邪魔するような人はいない	.06	− .05	− .02	**.60**	.01	.00
PS1R. この職場は，異なる経歴（学歴，職歴など）の看護職に対して寛容的でない	.03	.21	.00	**.59**	− .11	.00
PS2R. もしこの職場でミスをすると，しばしば他の看護職から非難される	.04	.12	.05	**.59**	− .13	− .30
PS7 この職場は，私の独自のスキルと才能を評価し，活用してくれる	.09	.21	.02	**.43**	.08	− .08
PS4 この職場では，仕事の正しいやり方について疑問があれば，おたがいに気楽に確認し合える	− .04	.14	.08	**.42**	.16	− .07
UNTP3 部署の士気	.04	.03	.03	− .04	**.74**	− .14
UNTP2 部署の看護師の仕事の効率性	.00	− .07	− .06	− .15	**.71**	.07
UNTP1 部署の看護職による患者ケアの質	− .07	.03	.06	.00	**.55**	.04
UNTP4 部署のチームワークの精神	.01	.16	− .02	.15	**.49**	− .20
UNTP6 人員が足りない時に，部署の看護師がすすんで補充に入る	− .01	.17	− .01	.11	**.41**	.00
RLC1 この職場では，看護職同士が性格的な面で対立することがある	.11	.08	.22	.00	− .06	**.65**
RLC3 この職場では，メンバーが仕事中に怒りをあらわにすることがある	− .03	.01	.18	− .08	.00	**.64**

（図表9-3つづき）

	因子					
	I	II	III	IV	V	VI
RLC2 この職場では，メンバー間に対人的な緊張関係がある	.04	.04	.03	−.15	−.04	**.64**
RLC4 この職場では，看護職同士が，仕事そのものとは関係なく，感情的に対立することがある	.06	.09	.22	−.31	.03	**.46**

因子間相関	I	II	III	IV	V	VI
I						
II	−.29					
III	.44	−.41				
IV	−.60	.62	−.61			
V	−.18	.51	−.34	.44		
VI	.45	−.55	.56	−.60	−.25	

R：逆転項目。

9.3.2　コモン・メソッド・バリアンスへの対応

・Harman's single factor test

　本調査では，一つの質問紙で，すべての観測変数（独立変数・従属変数）を収集している。そのため，変数同士の相関が過度に高くなる，コモン・メソッド・バリアンス（Campbell & Fiske, 1959）が生じている可能性がある。そこで，コモン・メソッド・バリアンスの恐れがあるかを確認する方法として，二つのテストを実施した。

　一つ目は，すべての測定項目が一つの潜在因子によって影響を受けるとする，ハーマンの単一因子テスト（Harman's single factor test）である（Podsakoff, MacKenzie, Lee, & Podsakoff, 2003）。これは，すべての観測変数が一つの因子で説明されると仮定した因子分析を行って，どれくらいの分散があるかを確認するためのテストである。分析に使用したすべての心理尺度を投入し，第一因子が変数間の分散の過半数を説明しないこと（Podsakoff et al., 2003），を確認する。主因子法で無回転，一因子に設定し，因子分析を行った。その結果，一因子モデルで説明される分散は全体の

35.13％であった（抽出後の負荷量平方和）。よって，過半数を占めていないため，コモン・メソッド・バリアンスによるバイアスの恐れは低いと判断できる。

・確認的因子分析

　二つ目は，確認的因子分析[13] によって，一因子がすべての観測変数の分散を説明するというモデル（潜在的なコモンメソッドファクターを入れたモデル）と，本書の考える変数のモデルを比較し，適合度の比較を行うテストである。前者のモデルでは，潜在因子の分散は 1 に固定し，パスはすべて等しく，任意の係数で重み付けする。分析の結果，前者のモデルの検定結果は，$x^2 = 1801.256$, $p<.001$, $x^2/d.f. = 3.111$, RMSEA $= .063$, CFI $= .903$）となり，後者のモデルは，$x^2 = 3708.228$, $p<.001$, $x^2/d.f. = 6.405$, RMSEA $= .101$, CFI $= .751$ となった。適合度[14] を比較すると，本書の想定する変数のモデルのほうが，一因子のモデル（潜在的コモンメソッドファクターを入れたモデル）よりも当てはまりが良かったため，やはり，コモン・メソッド・バリアンスによるバイアスがかかっている恐れは少ないと判断した。

9.4節　部署レベルの分析

9.4.1　部署レベル変数作成に伴う分析（合意指標 $r_{wg(j)}$, ICC（1）（2））

　今回は，部署レベルでの変数を，看護職個人のレベルで質問紙調査によって測定した。個人レベルのデータを，部署の平均値を取って部署レベルの変数として使用するためには，部署内で合意性があり，かつ，部署間で違いがあるということを示さなくてはならない（北居, 2014）。本分析では代表的な

---

13 確認的因子分析には，IBM　Amos 26 を使用した。
14 HOELTER の CN（クリティカル N）という適合度指標を参照すると，それぞれのデータ件数が 94 以上なら，有意水準.01 で x^2 検定で帰無仮説が棄却されたであろう，と示していた。本書のデータ件数は 94 を超えていたので，データ件数が多かったために帰無仮説が棄却された可能性が考えられる。室橋（2007）は，ほかの適合度指標を併せて参照し，x^2 検定に基づくモデル適合の判断は，参考程度にするべきだとしている。

▌図表 9-4　各変数の IC(1)(2)および $r_{wg(j)}$

変数名	ICC(1)	ICC(2)	$r_{wg(j)}$
顕現化サブグループ	0.161	0.786	0.8724
関係性コンフリクト	0.337	0.908	0.780
タスクコンフリクト	0.198	0.827	0.922
多様性への開放性	0.250	0.866	0.931
心理的安全	0.228	0.850	0.891
職場成果	0.135	0.741	0.930

指標として，級内相関係数 ICC(1)および ICC(2)（Bliese, 2000），合意指標 $r_{wg(j)}$ 平均値（James, Demaree, & Wolf, 1984）の3指標を算出した。結果は図表9-4に示す。いずれも基準値[15]の範囲内であったため，各変数を部署レベルの変数に合成した。

9.4.2　変数の記述統計と相関

　各変数の平均，標準偏差，度数，相関について，個人レベルのものを図表9-5に，集団レベルのものを，図表9-6に示す。

▌図表 9-5　個人レベルの変数の記述統計と相関

	平均	標準偏差	度数	顕現化サブグループの知覚	関係性コンフリクトの知覚	タスクコンフリクトの知覚
顕現化サブグループの知覚	2.68	.86	517			
関係性コンフリクトの知覚	2.78	.87	524	.511**		
タスクコンフリクトの知覚	2.69	.69	525	.416**	.691**	

$**.\ p < 0.01$　　$N = 526$

---

　15 基準値は，鈴木・北居（2005）を参照し，次の通りとした。

　　$r_{wg(j)}$：客観的基準値はないが，経験的基準値 0.70（George, 1990; James, Demaree, & Wolf, 1984））。

　　ICC(1)：中央値は 0.12 で，0-0.5 の間の数値を取る（James, 1982）。

　　ICC(2)：0.7 以上あれば十分な集計に十分な合意あり。0.5-0.7 でも可（Bartel & Milliken, 2004; Klein et al., 2000; Ostroff, 1992）

■ 図表 9-6　部署レベルの変数の記述統計と相関

	平均	標準偏差	部署人数	多様性コントロール	PNS導入ダミー	潜在的フォールトライン	多様性への開放性	心理的安全	顕現化サブグループ	関係性コンフリクト	タスクコンフリクト	部署成果
部署人数	19.48	6.22										
多様性コントロール	.31	.07	-.375									
PNS導入ダミー	.67	.48	.648**	-.480*								
潜在的フォールトライン	.85	.09	.298	-.138	.228							
多様性への開放性	3.76	.41	.168	.109	.350	-.121						
心理的安全の風土	3.87	.40	.080	-.043	.341	-.018	.907**					
顕現化サブグループ	2.73	.39	-.370	.384*	-.483*	.066	-.516*	-.648**				
関係性コンフリクト	2.80	.53	-.158	.161	-.315	.077	-.840**	-.876**	.687**			
タスクコンフリクト	2.73	.35	-.325	.308	-.435*	-.091	-.659**	-.718**	.589**	.877**		
部署成果	3.49	.25	.343	-.247	.442*	-.144	.707**	.573**	-.408*	-.663**	-.688**	

**. P<0.01　*. P<0.05　N=27

第10章

仮説の検定

　本章では，第9章に示した分析方法にしたがって，仮説を検定する。階層的重回帰分析で，集団レベルの変数の因果関係を検討し，二要因の分散分析で，活性化要因と抑制要因の調整効果を分析する。結果を先取りすれば，潜在的フォールトラインは，顕現化サブグループに有意な影響を与えてはいなかった。ただし，活性化要因による調整効果を検討したところ，心理的安全が弱いときには，潜在的フォールトラインが強い方が，顕現化サブグループが強くなっていた。また，心理的安全が強い時には，潜在的フォールトラインの強弱は，顕現化サブグループの強さに影響を及ぼさなかった。

　また，顕現化サブグループは，集団プロセスである関係性コンフリクトとタスクコンフリクトを介して，集団成果に影響を与えていた。さらに，顕現化サブグループが集団プロセスに影響を与える影響を抑制する，抑制要因を検討したところ，多様性への開放性が，顕現化サブグループの強さが，関係性コンフリクトに与える影響を調整していた。

10.1節　モデルと仮説の検定

　本書における分析の仮説を検定するには，①潜在的フォールトラインが，顕現化サブグループを経て，グループプロセス（関係性コンフリクト／タスクコンフリクト）と職場成果に影響するというプロセス，さらに，②活性化要因・抑制要因の影響を見る必要がある。本書のモデルと仮説の対応は，図表10-1に示す。

▊ 図表 10-1　本書のモデルと仮説の対応

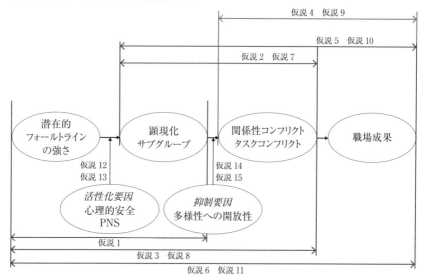

　本書の仮説を検定するために，以下の分析を実施した。

① プロセスの検討（媒介効果を含む）
　・一つ一つの変数を重回帰分析にかけ，一つ一つのプロセスを検討する
　・PROCESS による媒介モデルの検討

② 活性化要因，抑制要因の影響（調整効果）
　・活性化要因，抑制要因の影響を検討するため，二要因の分散分析を実施した。

　上記 2 種類の方法で仮説を検定した結果を，次に示す。なお，仮説番号は，仮説導出の流れに沿って付与されている。検定における読みやすさを優先した順番に結果を示しているため，仮説番号と検定順とが，必ずしも一致していない。その点をご容赦いただきたい。

10.1.1　フォールトラインのプロセス・モデル

仮説 1：潜在的フォールトラインの強さは，顕現化サブグループに正の影響を与える。

　潜在的フォールトラインが，顕現化サブグループに与える影響を検討するために，階層的重回帰分析を行った。結果を図表 10-2 に示す。階層的重回帰分析では，部署の人数（チームサイズ），学歴の多様性・子どもの有無の多様性・職位の多様性の平均値をコントロール変数として投入した。潜在的フォールトラインから顕現化サブグループへの標準編回帰係数は有意ではなかった。

　なお，コントロール変数を二つ入れたモデルでは，標準誤差が 1 を超え，多重共線性の目安となる条件指数が 30.4 となった。念のため，コントロール変数を一つ（部署人数）のみにしたモデルでの分析も行った。このモデルでは，条件指数が 25.00 と改善し，標準誤差は 0.089 となった。結果は図表 10-3 に示す。VIF はいずれも 2 以下であったため，多重共線性はないと判断した。両モデルでの分析結果とも，潜在的フォールトラインの顕現化サブグループへの標準偏回帰係数は非有意であった（$p = n.s.$）。よって，仮説 1 は棄却された。

▌図表 10-2　仮説 1　階層的重回帰分析

説明変数	モデル 1			モデル 2			VIF
	B（偏回帰係数）	$SE\ B$（偏回帰係数の標準誤差）	β（標準偏回帰係数）	B（偏回帰係数）	$SE\ B$（偏回帰係数の標準誤差）	β（標準偏回帰係数）	
部署人数	-.016	.012	-.263	-.020	.013	-.321	1.254
多様性コントロール	1.550	1.065	.285	1.583	1.062	.292	1.165
潜在的フォールトライン				.919	.864	.202 *n.s.*	1.098
R^2	.207			.244			
R^2 変化				.037			
調整済み R^2							

従属変数：顕現化サブグループ　　　　$N = 27$

† $p<.10$; $^{*}p<.05$; $^{**}p<.01$; $^{***}p<.001$

■ 図表 10-3　仮説 1　階層的重回帰分析（コントロール変数一つ）

説明変数	モデル1			モデル2			VIF
	B （偏回帰係数）	$SE\,B$ （偏回帰係数の標準誤差）	β （標準偏回帰係数）	B （偏回帰係数）	$SE\,B$ （偏回帰係数の標準誤差）	β （標準偏回帰係数）	
部署人数	-.023	.012	-.370	-.027	.012	-.428	1.097
潜在的フォールトライン				.881	.886	.193	1.097
R^2	.137			.171			
R^2 変化				.034			
調整済み R^2	.102			.103			

従属変数：顕現化サブグループ　　　　$N=27$
† $p<.10$; $^*p<.05$; $^{**}p<.01$; $^{***}p<.001$

仮説 3：潜在的フォールトラインの強さは，顕現化サブグループを媒介して，関係性コンフリクトに正の影響を与える。

仮説 6：潜在的フォールトラインの強さは，顕現化サブグループと関係性コンフリクトを媒介して，職場成果に負の影響を与える。

仮説 8：潜在的フォールトラインの強さは，顕現化サブグループを媒介して，タスクコンフリクトに正の影響を与える。

仮説 11：潜在的フォールトラインの強さは，顕現化サブグループとタスクコンフリクトを媒介して，職場成果に負の影響を与える。

　仮説 3，仮説 6，仮説 8，仮説 11 は，いずれも，潜在的フォールトラインが顕現化サブグループに影響することを前提とした仮説である。図表 10-4のように，すでに仮説 1 で，潜在的フォールトライン（X）が顕現化サブグループ（M）に非有意であることが示された。よって，仮説 3，仮説 6，仮説 8，仮説 11 は棄却された。

▌図表 10-4　仮説 1 の結果と他のモデルとの関係

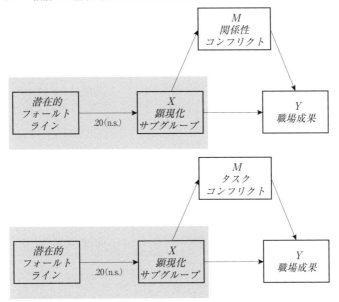

仮説 2：顕現化サブグループの強さは，関係性コンフリクトに正の影響を与える。

　顕現化サブグループが，関係性コンフリクトに与える影響を検討するために，階層的重回帰分析を行った。結果を図表 10-5 に示す。コントロール変数を二つ投入したモデルでは，多様性コントロールの標準誤差が 1 を超えた。条件指数は，24.58 であった。多重共線性の恐れがないか確認するため，念のため，部署人数のみをコントロールモデルでも分析をした。結果は図表 10-6 に示す。このモデルでは，条件指数は 21.107 に改善した。VIF はいずれも 2 以下であったため，多重共線性はないと判断した。両モデルでの分析結果とも，顕現化サブグループの，関係性コンフリクトへの標準偏回帰係数は，0.1％水準で有意であった。よって，仮説 2 は支持された。

▌図表 10-5　仮説 2　階層的重回帰分析結果

説明変数	モデル 1			モデル 2			VIF
	B （偏回帰係数）	$SE\,B$ （偏回帰係数の標準誤差）	β （標準偏回帰係数）	B （偏回帰係数）	$SE\,B$ （偏回帰係数の標準誤差）	β （標準偏回帰係数）	
部署人数	-.010	.019	-.113	.007	.014	.086	1.251
多様性コントロール	.890	1.618	.119	-.725	1.254	-.097	1.267
顕現化サブグループ				1.042	.231	.756 ***	1.261
R^2	.037			.490			
R^2 変化				.453			
調整済み R^2	-.043			.424			

従属変数：関係性コンフリクト　　　$N=27$
† $p<.10$; * $p<.05$; ** $p<.01$; *** $p<.001$

▌図表 10-6　仮説 2　階層的重回帰分析結果（コントロール変数一つ）

説明変数	モデル 1			モデル 2			VIF
	B （偏回帰係数）	$SE\,B$ （偏回帰係数の標準誤差）	β （標準偏回帰係数）	B （偏回帰係数）	$SE\,B$ （偏回帰係数の標準誤差）	β （標準偏回帰係数）	
部署人数	-.014	.017	-.158	.010	.014	.112	1.159
顕現化サブグループ				1.004	.218	.728 ***	1.159
R^2	.025			.483			
R^2 変化				.458			
調整済み R^2	-.014			.440			

従属変数：関係性コンフリクト　　　$N=27$
† $p<.10$; * $p<.05$; ** $p<.01$; *** $p<.001$

仮説 7：顕現化サブグループの強さは，タスクコンフリクトに正の影響を与える。

　顕現化サブグループが，タスクコンフリクトに与える影響を検討するために，階層的重回帰分析を行った。結果を図表 10-7 に示す。コントロール変数を二つ投入したモデルでは，多様性コントロールの標準誤差が 1 を超えた。条件指数は，24.58 であった。多重共線性の恐れがないか確認するた

め，念のため，部署人数のみをコントロールモデルでも分析をした。結果は図表 10-8 に示す。このモデルでは，条件指数は 21.107 に改善した。VIF はいずれも 2 以下であったため，多重共線性はないと判断した。両モデルでの分析結果とも，顕現化サブグループの，タスクコンフリクトへの標準偏回帰係数は，1 ％水準で有意であった。よって，仮説 7 は支持された。

図表 10-7　仮説 7　階層的重回帰分析結果

説明変数	モデル 1			モデル 2			VIF
	B（偏回帰係数）	SE B（偏回帰係数の標準誤差）	β（標準偏回帰係数）	B（偏回帰係数）	SE B（偏回帰係数の標準誤差）	β（標準偏回帰係数）	
部署人数	− .014	.011	− .243	− .006	.010	− .105	1.251
多様性コントロール	1.053	.988	.217	.326	.908	.067	1.267
顕現化サブグループ				.469	.167	.525 **	1.261
R^2	.146			.364			
R^2 変化				.218			
調整済み R^2	.075			.281			

従属変数：タスクコンフリクト　　　　　$N = 27$
† $p < .10$; * $p < .05$; ** $p < .01$; *** $p < .001$

図表 10-8　仮説 7　階層的重回帰分析結果（コントロール変数一つ）

説明変数	モデル 1			モデル 2			VIF
	B（偏回帰係数）	SE B（偏回帰係数の標準誤差）	β（標準偏回帰係数）	B（偏回帰係数）	SE B（偏回帰係数の標準誤差）	β（標準偏回帰係数）	
部署人数	− .018	.011	− .325	− .007	.010	− .123	1.159
顕現化サブグループ				.486	.157	.544 **	1.159
R^2	.105			.360			
R^2 変化				.255			
調整済み R^2	.070			.307			

従属変数：タスクコンフリクト　　　　　$N = 27$
† $p < .10$; * $p < .05$; ** $p < .01$; *** $p < .001$

仮説4：関係性コンフリクトの強さは，職場成果に負の影響を与える。

　関係性コンフリクトが，職場成果に与える影響を検討するために，階層的重回帰分析を行った。結果を図表10-9に示す。コントロール変数を二つ投入したモデルでは，条件指数は，19.88であった。さらに多重共線性の恐れがないか確認するため，念のため，部署人数のみをコントロールモデルでも分析をした。結果は図表10-10に示す。このモデルでは，条件指数は14.73に改善した。VIFはいずれも2以下であったため，多重共線性はないと判断

▌図表 10-9　仮説4　階層的重回帰分析結果（直線）

説明変数	モデル1			モデル2			VIF
	B（偏回帰係数）	$SE\,B$（偏回帰係数の標準誤差）	β（標準偏回帰係数）	B（偏回帰係数）	$SE\,B$（偏回帰係数の標準誤差）	β（標準偏回帰係数）	
部署人数	.012	.008	.292	.009	.007	.222	1.177
多様性コントロール	−.490	.732	−.137	−.227	.570	−.064	1.179
関係性コンフリクト				−.295	.072	−.618 ***	1.038
R^2	.134			.502			
R^2変化				.368			
調整済み R^2	.062			.437			

従属変数：職場成果　　　　　$N=27$
† $p<.10$; $^{*}p<.05$; $^{**}p<.01$; $^{***}p<.001$

▌図表 10-10　仮説4　階層的重回帰分析結果（直線）（コントロール変数一つ）

説明変数	モデル1			モデル2			VIF
	B（偏回帰係数）	$SE\,B$（偏回帰係数の標準誤差）	β（標準偏回帰係数）	B（偏回帰係数）	$SE\,B$（偏回帰係数の標準誤差）	β（標準偏回帰係数）	
部署人数	.014	.008	.343 †	.010	.006	.245	1.025
関係性コンフリクト				−.298	.070	−.625 **	1.025
R^2	.118			.498			
R^2変化				.380			
調整済み R^2	.083			.457			

従属変数：職場成果　　　　　$N=27$
† $p<.10$; $^{*}p<.05$; $^{**}p<.01$; $^{***}p<.001$

した。両モデルでの分析結果とも，関係性コンフリクトの，職場成果への標準偏回帰係数は，0.1％水準で有意であった。よって，仮説 4 は支持された。

・補足分析：関係性コンフリクト－職場成果間の曲線効果の検討

　本書では，タスクコンフリクトと職場成果の関係は，曲線の関係を予測しているが，関係性コンフリクトと職場成果の関係は直線の負の関係を予想した。図表 10-11 は直線の負の関係を支持しているが，本書のタスクコンフリクトと関係性コンフリクトは，相関が $r=.877$ と極めて高い。そこで，関係性コンフリクトについても，曲線の関係が見られるかを，補足的に検討した。先行研究に倣い，曲線の関係を検討するために，関係性コンフリクトを投入したモデルと，さらに関係性コンフリクトを二乗したものを投入したモデルを分析した（De Dreu, 2006; Jehn, 1995））。

　まず散布図を描くと，関係性コンフリクトと職場成果の間に，曲線の関係が見られた（図表 10-11）。そこで，階層的重回帰分析を行い，関係性コンフリクトが職場成果に曲線の影響を与えているかを検討した。結果は図表 10-12・図表 10-13 に示す。分析の結果，職場成果を従属変数としたときに，関係性コンフリクトの二乗を投入したモデル 3 で，関係性コンフリクトの二乗がマイナスに有意になった（$p<.01$，モデル 2 から 3 への有意確率 F 値変化量 $=.032$）。よって，関係性コンフリクトと職場成果の間には有意な曲線の関係が見られた。

　散布図では，関係性コンフリクトが 2.5 あたりのところを頂点に，いったん上方向に弧を描いてから，右下に向かっているようにも見える。逆 U 字カーブに近い形になっているが，弧の描き方（ふくらみ）はゆるい。そのため，中程度の関係性コンフリクトの時がもっとも職場成果が高い，という解釈は難しい。むしろ，一定の水準までは，関係性コンフリクトが強くても職場成果は高いままだが，そこを超えると，関係性コンフリクトが職場成果にネガティブな影響を及ぼすと考えるほうが，理解しやすい。

▌図表 10-11　散布図（関係性コンフリクトが職場成果に与える影響・曲線推定）

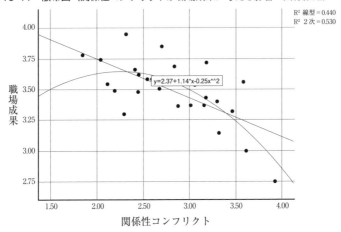

▌図表 10-12　仮説 4　階層的重回帰分析結果（曲線）

説明変数	モデル 1			モデル 2			モデル 3			
	B（偏回帰係数）	$SE\ B$（偏回帰係数の標準誤差）	β（標準偏回帰係数）	B（偏回帰係数）	$SE\ B$（偏回帰係数の標準誤差）	β（標準偏回帰係数）	B（偏回帰係数）	$SE\ B$（偏回帰係数の標準誤差）	β（標準偏回帰係数）	VIF
部署人数	.012	.008	.292	.009	.007	.222	.009	.006	.217	1.178
多様性コントロール	-.490	.732	-.137	-.227	.570	-.064	-.327	.526	-.092	1.187
関係性コンフリクト				-.295	.072	-.618 **	-.264	.067	-.554 ***	1.081
関係性コンフリクト二乗							-.263	.115	-.317 **	1.045
R^2	.134			.502			.598			
R^2 変化				.368			.096			
調整済み R^2	.062			.437			.525			

従属変数：職場成果　　　$N=27$
$\dagger\ p<.10;\ *p<.05;\ **p<.01;\ ***p<.001$

▌図表 10-13　仮説 4　階層的重回帰分析結果（曲線）（コントロール変数一つ）

説明変数	モデル 1			モデル 2			モデル 3			
	B（偏回帰係数）	$SE\ B$（偏回帰係数の標準誤差）	β（標準偏回帰係数）	B（偏回帰係数）	$SE\ B$（偏回帰係数の標準誤差）	β（標準偏回帰係数）	B（偏回帰係数）	$SE\ B$（偏回帰係数の標準誤差）	β（標準偏回帰係数）	VIF
部署人数	.014	.008	.343	.010	.006	.245	.010	.006	.250 †	1.026
関係性コンフリクト				-.298	.070	-.625 ***	-.269	.066	-.565 ***	1.064
関係性コンフリクト二乗							-.257	.113	-.310 **	1.038
R^2	.118			.498			.591			
R^2 変化				.380			.093			
調整済み R^2	.083			.457			.538			

従属変数：職場成果　　　$N=27$
$\dagger\ p<.10;\ *p<.05;\ **p<.01;\ ***p<.001$

仮説 9：タスクコンフリクトの強さは，職場成果に曲線の影響を与える。タ
　　　　スクコンフリクトが弱い時には職場成果は低く，タスクコンフリク
　　　　トが中程度の時には職場成果が最も高く，タスクコンフリクトが強
　　　　い時には職場成果は低くなる。

　本書では，タスクコンフリクトと職場成果の間に曲線の関係があるかを分
析した。まず，タスクコンフリクトを独立変数に，職場成果を従属変数にし
たモデルで散布図を描くと，図表 10-14 のように右下がりの線形の関係が見
られた。タスクコンフリクトが弱い時には，職場成果が高く，タスクコンフ
リクトが強い時には，職場成果が低い，という傾向が見られた。しかし，
3.0 の周辺から傾く曲線のようにも見えたため，仮説の通り二次曲線での分
析に進んだ。先行研究同様，逆 U 字の関係を検討するために，De Dreu
(2006) や Jehn (1995) などの先行研究と同様，タスクコンフリクトを二乗
したものを投入したモデルで分析し，R^2 や F 値の変化を見た。
　タスクコンフリクトが，職場成果に与える曲線の影響を検討するために，
階層的重回帰分析を行った。なお，曲線の関係を分析するため，タスクコン
フリクトを中心化し，二乗したものを投入した。結果を図表 10-15 に示す。
コントロール変数を二つ投入したモデルでは，条件指数は，28.436 であっ
た。さらに多重共線性の恐れがないか確認するため，念のため，部署人数の
みをコントロールモデルでも分析をした。結果は図表 10-16 に示す。このモ
デルでは，条件指数は 24.728 に改善した。VIF はいずれも 2 以下であった
ため，多重共線性はないと判断した。両分析結果とも，タスクコンフリクト
の直線の効果から職場成果への標準偏回帰係数は，0.1％水準でマイナスに
有意であった。しかしながら，モデル 3 でタスクコンフリクト二乗を投入す
ると，タスクコンフリクト二乗は非有意であった（$p=.145$, モデル 2 から 3
への有意確率 F 値変化量 $=.145$）であった。つまり，タスクコンフリクトと
職場成果との関係は，曲線の関係は有意でなく，負の直線の関係が有意で
あった。よって，仮説 9 は棄却された。

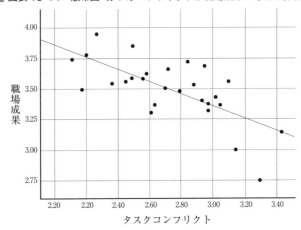

▌図表 10-14　散布図（タスクコンフリクトが職場成果に与える影響）

▌図表 10-15　仮説 9　階層的重回帰分析結果（直線・曲線）

説明変数	モデル1			モデル2			モデル3			
	B（偏回帰係数）	SE B（偏回帰係数の標準誤差）	β（標準偏回帰係数）	B（偏回帰係数）	SE B（偏回帰係数の標準誤差）	β（標準偏回帰係数）	B（偏回帰係数）	SE B（偏回帰係数の標準誤差）	β（標準偏回帰係数）	VIF
部署人数	.012	.008	.292	.006	.007	.135	.004	.007	.095	1.267
多様性コントロール	-.490	.732	-.137	.010	.587	.003	-.067	.574	-.019	1.229
タスクコンフリクト				-.474	.119	-.645 **	-.481	.116	-.654 ***	1.173
タスクコンフリクト二乗							-.430	.284	-.222	1.029
R^2	.134			.489			.537			
R^2 変化				.355			.048			
調整済み R^2	.062			.422			.453			

従属変数：職場成果　　　　$N = 27$
† $p < .10$; * $p < .05$; ** $p < .01$; *** $p < .001$

▌図表 10-16　仮説 9　階層的重回帰分析結果（直線・曲線）（コントロール変数一つ）

説明変数	モデル1			モデル2			モデル3			
	B（偏回帰係数）	SE B（偏回帰係数の標準誤差）	β（標準偏回帰係数）	B（偏回帰係数）	SE B（偏回帰係数の標準誤差）	β（標準偏回帰係数）	B（偏回帰係数）	SE B（偏回帰係数の標準誤差）	β（標準偏回帰係数）	VIF
部署人数	.014	.008	.343	.005	.006	.134	.004	.006	.101	1.225
タスクコンフリクト				-.474	.113	-.644 ***	-.484	.111	-.658 ***	1.125
タスクコンフリクト二乗							-.427	.277	-.221	1.029
R^2	.118			.489			.537			
R^2 変化				.371			.048			
調整済み R^2	.083			.446			.476			

従属変数：職場成果　　　　$N = 27$
† $p < .10$; * $p < .05$; ** $p < .01$; *** $p < .001$

10.1.2　PROCESS による媒介モデルの検討

　本書は，潜在的フォールトラインが，顕現化サブグループと関係性コンフ
リクトを媒介して，職場成果に影響を与える，というモデルと，潜在的
フォールトラインが，顕現化サブグループとタスクコンフリクトを媒介し
て，職場成果に影響を与えるというモデルを想定している（図表 10-17）。
このように，一つのモデルの中に，複数の媒介変数がある場合には，従来
の，一つの媒介変数を含むモデルとは別の分析が必要であると，Preacher &
Hayes（2008）は指摘している。本書の仮説でも，二重媒介モデルを分析す
るべきだが，すでに，仮説 1 の検定で，潜在的フォールトライン（X）から
顕現化サブグループ（M_1）の標準偏回帰係数が非有意であることが示され
ている。

▌図表 10-17　二つの媒介変数を含むモデル

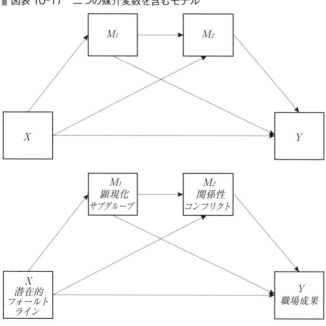

　そこで，本書では，モデルを一部修正し，図表 10-18，および，図表
10-19 のような，二つの媒介モデルを検討する。

▌図表 10-18　本書のモデル（修正）①

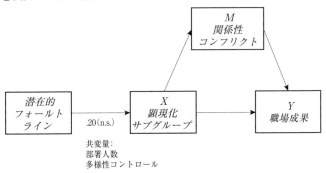

▌図表 10-19　本書のモデル（修正）②

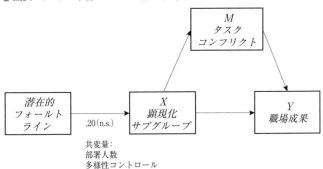

　モデルを検討するために，Andrew Hayes 氏が開発した SPSS 用マクロ
「PROCESS」（http://www.processmacro.org/index.html）を用いた。PROCESS
は，Hayes の公式ウェブサイトから誰でもダウンロードが可能である。
PROCESS では，複数媒介モデルにおけるパス係数を推定し，複数の媒介変
数を通じて，独立変数が従属変数に与える間接効果・総合効果のためのブー
トストラップ信頼区間を求める（Hayes, 2017）。
　PROCESS は，シミュレーションを用いてバイアス修正済みブートスト
ラップ信頼区間（Bias Corrected Confidence Intervals：BCCI）を求め，BCCI

が上限（LCCI）と下限（UCCI）の間で 0 を含まない場合に，媒介効果がある（5% 水準で有意）と解釈される。今回は，5000 標本抽出で分析した。

　媒介効果があるといえるための条件は，次のような場合である（図表 10-20）。

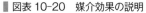

▌図表 10-20　媒介効果の説明

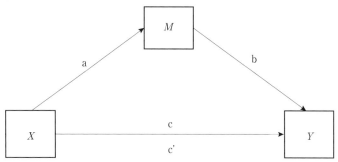

　各変数間のパスを，それぞれ a, b, c, そして，間接効果を c' で表す。間接効果とは，直接効果の減少分であり，媒介変数を入れる前の X から Y のパスと，媒介変数を入れた後の X から Y のパスの差が，間接効果である。すなわち，

$$c' - c = a \times b$$

となる。この間接効果が有意であることで，媒介効果があるといえる。媒介効果には，完全媒介と，部分媒介がある。完全媒介とは，間接効果が有意であり，X から Y への直接効果が非有意であることをいう。部分媒介とは，間接効果が有意であり，かつ，媒介変数を投入した後も，直接効果も有意であることをいう。

仮説 5 ：顕現化サブグループの強さは，関係性コンフリクトを媒介して，職場成果に負の影響を与える。

　顕現化サブグループと職場成果の関係における，関係性コンフリクトの媒

介効果を確認す。重回帰分析での分析同様，部署人数と，多様性コントロールを共変量として投入した。また，多重共線性の確認のため，顕現化サブグループ，関係性コンフリクト，および共変量が，職場成果を予測する重回帰分析を行った。条件指数が 27.59，VIF はいずれも 2 以下，標準誤差もすべて 0.15 以下であり，多重共線性の影響と思われる数値は見られなかったため，PROCESS での分析に進んだ。モデルと結果は図表 10-21 に示す。なお，VIF の数値は，図表 10-22 の通りである。

▌図表 10-21　関係性コンフリクトの媒介モデル（仮説 5）

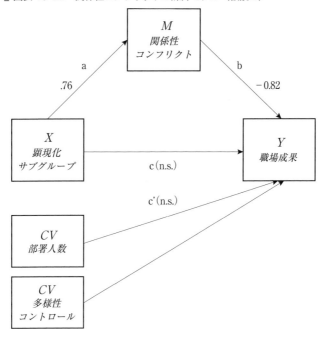

▌図表 10-22　仮説 5 および仮説 10 の媒介分析における VIF

	VIF	VIF
部署人数	1.27	1.27
多様性コントロール	1.29	1.27
顕現化サブグループ	2.38	1.69
関係性コンフリクト	1.96	
タスクコンフリクト		1.57

PROCESS（モデル 4）による媒介分析の結果は，以下の通りとなった。

$X => M$（パス a）
b $= .76, t(23) = 4.52, p < .001$
共変量
部署人数 b $= 0.08, t(23) = .52, p = .611$
多様性コントロール b $= -.10, t(23) = -.58, p = .569$

$M => Y$（パス b）
b $= -.80, t(22) = -3.94, p < .001$

X の Y への総合効果（Total effect）（パス c）
b $= -.30, t(23) = -1.45, p = .161$
共変量
部署人数 b $= .22, t(23) = 1.07, p = .296$
多様性コントロール b $= -.05, t(23) = -.24, p = .816$

$X => Y$（パス c'）
b $= .32, t(22) = 1.43\ p = .166$

$M => Y$（パス b）
b $= -.82, t(22) = -4.08, p < .001$
共変量
部署人数 b $= 0.29, t(22) = 1.82, p = .082$
多様性コントロール b $= -0.13, t(22) = -.79, p = .437$

間接効果（Indirect）$= -.40, SE = .15, 95\%\ CI\ [-.75, -.14]$

　この結果のように，c' が有意でないのに，媒介モデルは成立しているといえるかは，立場が分かれているが，MacKinnon, Lockwood, Hoffman, West,

& Sheets（2002）は，この場合でも，媒介モデルを主張してよいとしている。なぜなら，c' が有意であることを要件にすると，媒介変数の効果（ab）と直接効果（c'）が逆のサインを出していて，相殺するようなモデルの一貫性を欠く効果（inconsistent effect）を除外してしまうことになる（MacKinnon et al., 2002）。しかしながら，直接パスと間接パスの各つながりがランダム化された実験によってマニピュレートされれば，強い因果の推定が可能であることが，Sheets & Braver（1999）の研究でも示されている。よって，本書ではこの立場にのっとり，仮説5は支持されたと解釈する。

仮説10：顕現化サブグループの強さは，タスクコンフリクトを媒介して，職場成果に負の影響を与える。

　重回帰分析で，部署人数と，多様性コントロールを共変量として投入した。また，多重共線性の確認のため，顕現化サブグループ，関係性コンフリクト，および共変量が，職場成果を予測する重回帰分析を行った。結果を図20に示す。条件指数，VIF，標準誤差とも，多重共線性の影響と思われる数値は見られなかったため，PROCESSでの分析に進んだ。VIFの数値は，前掲図表10-22の通りである。PROCESSでの分析結果を以下に示す。（図表10-23）

　間接効果（Indirect）= − 0.361, SE = 0.14, 95% CI [− .67, − .10]

　X predicting M（パス a）
　b = .52, $t(23)$ = 2.79, p <.05
　共変量
　部署人数 b = − .12, $t(23)$ = − .63, p = .533
　多様性コントロール b = .06, $t(23)$ = − .32, p = .749

　X predicting Y（パス c'）
　b = .06, $t(22)$ = .31p = . 760

█ 図表 10-23　仮説 10　タスクコンフリクトの媒介効果モデル

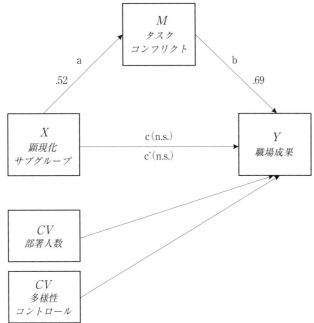

M predicting Y（パス b）

b = − .69, $t(22)$ = − .3.73, p < .01

共変量

部署人数 b = .14, $t(22)$ = .84, p = .411

多様性コントロール b = − .01, $t(22)$ = − .04, p = .966

Total effect of X on Y（パス c）

b = − 0.30, $t(23)$ = 8.35, p = 161.

共変量

部署人数 b = 0.22, $t(23)$ = 1.07, p = .230

多様性コントロール b = − 0.05, $t(23)$ = − 0.236, p = .816

　以上のように，仮説 10 でも，c' が非有意となった。MacKinnon et al.
（2002）と同じ立場を取り，媒介効果があったと判断する（MacKinnon et
al., 2002）。よって，仮説 10 は支持された。

10.1.3　調整効果モデルの検討

**仮説 12（調整）：心理的安全が弱いときには，潜在的フォールトラインが顕
　　　　　　　　　現化サブグループに与える影響は強くなる。心理的安全が
　　　　　　　　　強いときには，潜在的フォールトラインが顕現化サブグ
　　　　　　　　　ループに与える影響は弱くなる。**

・潜在的フォールトラインと心理的安全の調整効果

　本書では，部署が $N=27$ であり，N が小さいために，交互作用項を含む
独立変数が増えることで，多重共線性が生じる恐れが高い。また，本書では
部署の個人の数値を，部署レベルで平均化した変数を用いている。小さいサ
ンプルサイズで，部署レベルの重回帰分析で交互作用を検討すると，その部
署の個人がどのようにサブグループを知覚しているのかという，情報量が失
われてしまう。そこで，個人レベルのデータを用いて，二要因の分散分析で
交互作用を検討した。従属変数が部署レベルではなく，個人レベルになると
いう欠点はあるものの，サンプルサイズの問題はなくなる。

　9.2 節でも述べたように，調整効果の分析において，従属変数として用い
る場合には，部署レベルの変数との区別のために，顕現化サブグループの知
覚，関係性コンフリクトの知覚，タスクコンフリクトの知覚，と表記する。
調整効果の分析で独立変数として用いる際の，潜在的フォールトライン，心
理的安全，多様性への開放性，顕現化サブグループ，心理的安全，PNS 導
入有無，多様性への開放性に関しては，強群・弱群のいずれに属するかを個
人レベルに割り振っているため，変数名は集団レベルのままとする。

　まず，部署レベルの変数である潜在的フォールトラインを，中央値
（0.858）を基準として，強群と弱群に分類した。部署レベルの心理的安全
も，全部署の中央値（3.93）を基準として，強群と弱群に分類した。そして
それぞれ，個人レベルのデータに，個人が強群部署にいるのか，弱群部署に

▌図表 10-24　仮説 12　二要因分散分析結果

潜在的フォールト ライン	強		弱		主効果		
心理的安全	強	弱	強	弱	潜在的フォー ルトライン	心理的安全	交互作用
顕現化サブグループ の知覚	2.49 (0.89)	3.01 (0.82)	2.48 (0.80)	2.64 (0.82)	.6.87 **	20.56 ***	5.97 *

上段：平均値，下段：標準偏差
$*p<.05; **p<.01; ***p<.001$
主効果：潜在的フォールトライン　$F(1,513)=6.87, p<.01$
　　　　心理的安全　$F(1,513)=20.56, p<.001$

いるのかを割り振った（弱群＝1，強群＝2）。そして，潜在的フォールトライン強弱と心理的安全強弱を独立変数，個人レベルの顕現化サブグループの知覚を従属変数とした，2×2 の分散分析を行った。結果は，図表 10-24 に示す。

　なお，6 名は，顕現化サブグループの知覚の回答に欠損値があったため，分析から除外された。潜在的フォールトライン強・心理的安全強群は 98 名，潜在的フォールトライン強・心理的安全弱群は 161 名，潜在的フォールトライン弱・心理的安全強群は 141 名，潜在的フォールトライン弱・心理的安全弱群は 117 名であった。

　分散分析の結果，顕現化サブグループの知覚について有意な交互作用が見られた（$F(1, 513), p<0.5$）。交互作用が有意であったことから，単純主効果の検定を行った。その結果，心理的安全が弱い群における，潜在的フォールトラインの単純主効果が有意であり（$F(1,513)=13.93\ p<.000$），潜在的フォールトラインが弱い群よりも，潜在的フォールトラインが強い群のほうが，顕現化サブグループの知覚の得点が高かった。心理的安全が強い群における，潜在的フォールトラインの単純主効果は非有意であった（$F(1,513)=0.014\ p=n.s.$）。

　また，潜在的フォールトラインが強い群における，心理的安全の単純主効果は非有意であった（$F(1,513)=2.24, n.s.$）。一方，潜在的フォールトラインが弱い群における，心理的安全の単純主効果は有意であり（$F(1,513)=23.774, p<.001$），心理的安全が強い群よりも，心理的安全が弱い群のほう

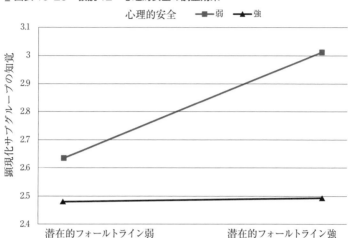

■図表 10-25　仮説 12　心理的安全の調整効果

が，顕現化サブグループの知覚の得点が高かった。

　以上の結果（図表 10-25）から，心理的安全が弱い場合には，潜在的フォールトラインが弱いよりも強いほうが，顕現化サブグループの知覚につながりやすいといえる。逆に，心理的安全が強い場合には，潜在的フォールトラインの強弱は，顕現化サブグループの知覚に影響しないといえる。よって，仮説 12 は支持されたが，あくまで個人レベルの顕現化サブグループの知覚を従属変数としているため，条件付き支持とする。

仮説 13（調整）：潜在的フォールトラインが顕現化サブグループに与える影響は，パートナーシップ・ナーシング・システム（PNS）を実施している職場では低くなり，実施していない職場では弱くなる。

　仮説 12 同様，部署レベルの変数である潜在的フォールトラインを，中央値（0.8577）を基準として，強群と弱群に分類した。そして個人レベルのデータに，個人が PNS を導入している群（導入群）にいるのか，導入していない群（非導入群）にいるのか，という PNS 導入有無を割り振った（導

■ 図表 10-26　仮説 13　二要因分散分析結果

潜在的フォールトライン	強		弱		主効果		
PNS	導入	非導入	導入	非導入	潜在的フォールトライン	PNS 導入有無	交互作用
顕現化サブグループの知覚	2.73 (0.89)	3.13 (0.76)	2.45 (0.80)	2.85 (0.79)	10.07**	21.44***	0.00 n.s.

上段：平均値，下段：標準偏差
**$p<.01$; ***$p<.001$
主効果：潜在的フォールトライン　$F(1,513)=10.07, p<.01$
　　　　PNS 導入有無　$F(1,513)=21.44, p<.001$

入群＝1，非導入群＝0）。そして，潜在的フォールトライン強弱と PNS 導入有無を独立変数，個人レベルの顕現化サブグループを従属変数とした，2×2の分散分析を行った。結果は，図表 10-26 に示す。6 名は，顕現化サブグループの知覚の回答に欠損値があったため，分析から除外された。潜在的フォールトライン強・PNS 導入群は 195 名，潜在的フォールトライン強・PNS 非導入群は 63 名，潜在的フォールトライン弱・PNS 導入群は 201 名，潜在的フォールトライン弱・PNS 非導入群は 58 名であった。

　分析の結果，潜在的フォールトライン強弱と PNS 導入有無の，交互作用は非有意であった（$F(1, 513) = .002$, （$p = .968$））。よって，仮説 13 は棄却された。

仮説 14（調整）：多様性への開放性が強いときには，顕現化サブグループの強さが関係性コンフリクトに影響しない。多様性への開放性が弱いときには，顕現化サブグループが強いと関係性コンフリクトも強くなる。

　部署レベルの変数である顕現化サブグループを，中央値（2.68）を基準として，強群と弱群に分類した。そして，個人レベルのデータで，個人が顕現化サブグループの強い群にいるのか，弱い群にいるのかを割り振った（弱群＝1，強群＝2）。さらに，部署レベルの変数である，多様性への開放性を，中央値（3.81）を基準として，強群と弱群に分類した。そして，個人レベ

▌図表 10-27　仮説 14, 15　二要因分散分析結果

潜在的フォールトライン	強		弱		主効果		
多様性への開放性	強	弱	強	弱	顕現化サブグループ	多様性への開放性	交互作用
関係性コンフリクトの知覚	2.82 (0.81)	3.28 (0.83)	2.27 (0.69)	2.97 (0.78)	38.23***	70.45***	2.92 †
タスクコンフリクトの知覚	2.69 (0.07)	3.00 (0.06)	2.43 (0.05)	2.77 (0.06)	17.04***	30.00***	0.04 n.s.

上段：平均値，下段：標準偏差
† $p<.10$; * $p<.05$; ** $p<.01$; *** $p<.001$
上　　　主効果：　顕現化サブグループ　$F(1, 520)=38.23, p<.001$
　　　　　　　　　多様性への開放性　$F(1, 520)=70.45, p<.001$
下　　　主効果：　顕現化サブグループ　$F(1, 521)=17.04, p<.001$
　　　　　　　　　多様性への開放性　$F(1, 521)=30.00, p<.001$

のデータで，個人が多様性への開放性の強い群にいるのか，弱い群にいるのかを割り振った（弱群＝1，強群＝2）。そして，顕現化サブグループの強弱と多様性への開放性強弱を独立変数，個人レベルの関係性コンフリクトの知覚を従属変数とした，2×2 の分散分析を行った。結果は，図表 10-27 に示す。

　2 名は，関係性コンフリクトの知覚の回答に欠損値があったため，分析から除外された。顕現化サブグループ強・多様性への開放性強群は 89 名，顕現化サブグループ強・多様性への開放性弱群は 126 名，顕現化サブグループ弱・多様性への開放性強群は 180 名，顕現化サブグループ弱・多様性への開放性弱群は 129 名であった。

　分析の結果，顕現化サブグループ強弱と多様性への開放性強弱の，交互作用は 10％水準で，有意であった（$F(1, 524)=2.91, p<.10$）。分散分析の結果，10％水準ではあるが，関係性コンフリクトの知覚について有意な交互作用が見られたことから，念のため単純主効果の検定を行った。その結果，多様性への開放性が弱い群における，顕現化サブグループの単純主効果が有意であり（$F(1, 520)=10.37 p<.01$），顕現化サブグループが弱い群よりも，顕現化サブグループが強い群のほうが，関係性コンフリクトの知覚の得点が高かった。多様性への開放性が強い群における，顕現化サブグループの単純主

▌図表 10-28　仮説 14　多様性への開放性の調整効果

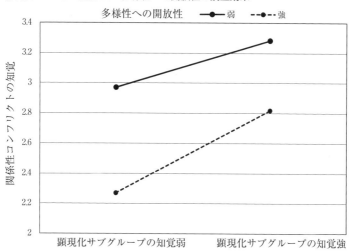

効果も有意であり（$F(1, 520) = 30.11 \ p < .001$），顕現化サブグループが弱い群よりも，顕現化サブグループが強い群のほうが，関係性コンフリクトの知覚の得点が高かった。

　また，顕現化サブグループが強い群における，多様性への開放性の単純主効果は有意であった（$F(1, 520) = 62.26, p < .001$。）。一方，顕現化サブグループが弱い群における，多様性への開放性の単純主効果も有意であり（$F(1, 520) = 18.93, p < .001$），多様性への開放性が強い群よりも，多様性への開放性が弱い群のほうが，関係性コンフリクトの知覚の得点が高かった。結果を図表 10-28 に示す。以上の結果は，仮説とは逆の結果であり，かつ，交互作用の有意水準が 10％水準であったため，積極的な解釈はしない。よって仮説 14 は棄却された。

仮説 15（調整）：多様性への開放性が強いときには，顕現化サブグループが強いとタスクコンフリクトも強くなる。多様性への開放性が弱いときには，顕現化サブグループの強さがタスクコンフリクトに影響しない。

　仮説14同様，部署レベルの変数である顕現化サブグループを，中央値（2.68）を基準として，強群と弱群に分類した。そして，個人レベルのデータで，個人が顕現化サブグループの強い群にいるのか，弱い群にいるのかを割り振った（弱群＝1，強群＝2）。さらに，部署レベルの変数である，多様性への開放性を，中央値（3.81）を基準として，強群と弱群に分類した。そして，個人レベルのデータで，個人が多様性への開放性の強い群にいるのか，弱い群にいるのかを割り振った（弱群＝1，強群＝2）。そして，顕現化サブグループの強弱と多様性への開放性強弱を独立変数，個人レベルのタスクコンフリクトの知覚を従属変数とした，2×2の分散分析を行った。結果は，図表10-27に示す。

　1名は，タスクコンフリクトの知覚の回答に欠損値があったため，分析から除外された。顕現化サブグループ強・多様性への開放性強群は90名，顕現化サブグループ強・多様性への開放性弱群は126名，顕現化サブグループ弱・多様性への開放性強群は181名，顕現化サブグループ弱・多様性への開放性弱群は128名であった。

▎図表 10-29　仮説の検定結果まとめ

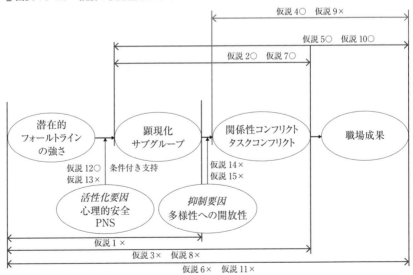

　分析の結果，顕現化サブグループ強弱と多様性への開放性強弱の，交互作用は非有意であった $F(1,524)=0.04$ $p=.834$ （n.s.）。よって，仮説 15 は棄却された。

　以上の仮説の検定結果を，図表 10-29 にまとめた。

10.2節　解釈

（1）潜在的フォールトラインと顕現化サブグループの関係

　分析の結果，予測とは異なり，潜在的フォールトラインが顕現化サブグループに与える有意な影響は見られなかった。客観指標である潜在的フォールトラインは顕現化サブグループとの間の有意な相関もなかった。本書のサンプルでは，両者の直接的な関係が見られなかったが，後述するように，心理的安全の活性化効果を検討したモデルでは，心理的安全が弱い時には，潜在的フォールトラインが強いと，顕現化サブグループも強くなっていた。この点から，潜在的フォールトラインからサブグループが顕現化するためには，何らかの活性化要因が影響するという可能性がある。

（2）顕現化サブグループが関係性コンフリクト・タスクコンフリクトに与える影響

　顕現化サブグループは，関係性コンフリクト，タスクコンフリクトの両方に，有意にプラスの影響を与えていた。予測した通り，サブグループが顕現化することで，タスクと関係のない感情的なコンフリクトも，タスクに関連した意見交換であるタスクコンフリクトも，活性化していた。

（3）関係性コンフリクト・タスクコンフリクトが職場成果に与える影響

　予測した通り，関係性コンフリクトは，職場成果に有意な直線の負の影響を与えていた。さらに，曲線の関係を補足的に分析した結果，関係性コンフリクトは逆Ｕ字に近い，有意な負の「曲線の」影響を与えていた。また，曲線の関係を予測した仮説に反して，タスクコンフリクトは職場成果に有意

な「直線の」負の影響を与えていた。看護職場の職場成果の場合，タスクに関連したタスクコンフリクトは直線の影響，関係性コンフリクトは直線と曲線の影響を与えていた。

（4）関係性コンフリクト，タスクコンフリクトを介して，顕現化サブグループが集団成果に与える影響

　顕現化サブグループは，関係性コンフリクトを媒介して，職場成果に有意な負の影響を与えていた。ただし，顕現化サブグループの職場成果に対する直接効果は非有意であった。同様に，顕現化サブグループは，タスクコンフリクトを媒介して，職場成果に有意な負の影響を与えていた。ここでも，顕現化サブグループの職場成果に対する直接効果は非有意であった。このように，独立変数から従属変数への直接効果が非有意である場合，媒介効果があったと見なさない立場もあるが（Baron & Kenny, 1986），少なくとも間接効果があることは示された。

（5）活性化要因が潜在的フォールトラインと顕現化サブグループの関係に与える影響

　潜在的フォールトラインを活性化させる要因について検討した結果，心理的安全が弱い時には，潜在的フォールトラインが強いと，顕現化サブグループの知覚（個人レベル）が強くなることが示された。一方，心理的安全が強い時には，潜在的フォールトラインが強くても，顕現化サブグループの知覚（個人レベル）に有意な影響は見られなかった。

　また，パートナーシップ・ナーシング・システム（PNS）の導入有無によって，潜在化フォールトラインが顕現化サブグループの知覚に与える影響に差があるかを検討したが，有意な影響は見られなかった。

（6）抑制要因が，顕現化サブグループと関係性コンフリクトの関係に与える影響

　いったん活性化したサブグループが，コンフリクトの知覚（個人レベル）につながるのを抑止する要因を検討した。多様性への開放性の強弱は，顕現

化サブグループと，関係性コンフリクトの知覚の関係に影響を与えていな
かった。また，多様性への開放性の強弱は，顕現化サブグループの強弱と，
タスクコンフリクトの知覚の関係には影響していなかった。

第Ⅲ部

考察と展望

第11章

発見事実

　本章では，本書における分析の発見事実について述べる。本書では，以下の二つのリサーチクエスチョンを提示した。

RQ1） フォールトラインの元になる属性が，属性エレメントごとに，どのようにサブグループ化に影響するか

RQ2） フォールトラインによるサブグループは，どのような過程を経て，成果に影響するのか

　RQ1 に対しては文献レビューを行った。RQ2 に対しては，定量調査（質問紙調査）で得られたデータを元にした分析を行ったほか，補章 1 においてインタビュー調査をもとに分析を行っている。本章では，これら結果に対する考察とリサーチクエスチョンへの解のまとめ，インプリケーション，本書における分析の限界と今後の課題について述べる。

11.1 節 発見事実

11.1.1　形成プロセスに関する発見事実

　第一のリサーチクエスチョン，「フォールトラインの元になる属性が，属性エレメントごとに，サブグループ化にどのように影響するか」に対し，本書では，文献調査を行った。フォールトラインの先行研究（実証研究）に対

するレビューの結果，以下の知見を得た。

　まず，フォールトラインの元になる属性には，大きく分けて，3 種類があることが示された。性別，年令，人種民族などの人口統計学的属性と，勤続年数，職務機能，経歴，教育など，特定のタスクに関連した知識や見解を形成するタスク関連属性（Jackson et al., 1995），そして，どちらにも分類できないその他属性（性格，座席，地理，能力など）の 3 種類である。

　次に，年令・勤続年数・性別・民族や，性別と教育専攻などのように，人口統計学的属性とタスク関連の属性の両方を混ぜて，フォールトラインを測定する，「混合型」の先行研究が最も多いことが示された。多様性研究では，属性の種類と成果の関係を論じる場合，人口統計学的属性とタスク関連属性で，理論ベースと成果指標が異なることが指摘されてきた（van Knippenberg et al., 2004; 谷口, 2005; 谷口, 2011）。性別，年令，人種民族などの人口統計学的属性は，個人の社会的アイデンティティ（Tajfel & Turner, 1979; Tajfel & Turner, 2004）と密接な関係を持つ。人は，自分を自分の属する内集団と，それ以外の外集団に分類する。そして，自己を高く評価するために，内集団よりも外集団を低く評価する（Tajfel, 1982）。その結果，サブグループ間での関係性コンフリクトが起こり，集団成果や個人の満足にマイナスの影響がある。

　一方で，勤続年数，職務機能，経歴，教育など，タスク関連の属性に基づいてもサブグループ化は起こるが，このサブグループは，性別や人種民族などの社会的アイデンティティに基づいて生じているわけではない。そのため，関係性コンフリクトなどのネガティブな集団プロセスには結びつかない。むしろ，サブグループ間で情報交換が進めば，タスクコンフリクトが促され（Pelled et al., 1999），情報の精緻化（情報交換・統合）を行うことが出来る（Ellis, Mai, & Christian, 2013; van Knippenberg et al., 2004）。このように，人口統計学的属性とタスク関連属性では，集団プロセスと集団成果に与える影響が異なる，というのが，単一属性の多様性研究における理論である。しかしながら，複数の属性からなるフォールトラインの場合，この理論ベースをそのまま適用するのが難しくなる。

　人口統計学的属性のみ，あるいは，タスク関連属性のみで，フォールトラ

インを検討する研究もあるが，多くの先行研究では，属性の種類は混合されていた。具体的には，混合型が最も多く（13本），次に，人口統計学的属性のみ（14本），タスク関連の属性のみ（8本），その他（6本）であった。以上の結果と，理論的背景を論じた文献調査の結果から，フォールトラインの場合には，どのような種類の属性であっても，複数属性に基づく限り，サブグループ化の元になりうると考えられる。つまり，どのような属性に基づくサブグループであっても，サブグループ間の分断は分断にすぎず，集団内の関係性コンフリクトにつながる。その結果，集団成果にマイナスの影響があると予測される。

　第二のリサーチクエスチョン，「フォールトラインによるサブグループは，どのような過程を経て，成果に影響するのか」については，フォールトラインの顕現化プロセスと影響プロセスの二つに分けて検討した。

11.1.2　顕現化プロセスに関する発見事実

　まず，本書では，潜在的フォールトラインが，サブグループ化につながるという「顕現化プロセス」を検討した。そのために，顕現化サブグループという変数を投入し分析した。分析の結果，仮説で予測したのとは異なり，フォールトラインと顕現化サブグループの間に有意な相関は見られなかった。また，重回帰分析の結果（仮説1）でも，フォールトラインと顕現化サブグループの間の有意な関係が見られなかった。この点は，次節で詳述する。なお，看護職場内でサブグループ化を引き起こすと推測される属性を検討し，学歴・職位・子どもの有無，の3属性に基づいて，潜在的フォールトラインを計算した。潜在的フォールトラインの計算手法としては，現時点で有用な計算方法と考えられる，*ASW*を採用した。

　一方で，心理的安全が，潜在的フォールトラインを顕現化させる活性化要因として機能することが分析結果から示された。具体的には，心理的安全が弱い場合には，潜在的フォールトラインが弱いよりも強いほうが，顕現化サブグループの知覚につながりやすかった。逆に，心理的安全が強い場合には，潜在的フォールトラインの強弱は，顕現化サブグループに影響していなかった。この結果は，潜在的フォールトラインが，実際にサブグループとし

て知覚されるかには，職場風土が影響するという先行研究とも一致する。本
書における分析の結果では，心理的安全という職場風土の弱さが活性化要因
として機能し，潜在的フォールトラインと顕現化サブグループの知覚の正の
関係に影響を与えていた。なお，個人レベル変数を用いて検証したため，条
件付き仮説支持とした。

　また HR 施策の一つであるパートナーシップナーシング（PNS）の実施有
無が，潜在的フォールトラインの強さと顕現化サブグループの知覚の関係に
影響するかという調整効果も分析した。その結果，PNS による影響は見ら
れなかった。

11.1.3　影響プロセスに関する発見事実

　潜在的フォールトラインが，顕現化サブグループを強め，コンフリクトを
介して，職場成果に影響するという，「影響プロセス」を検討した。分析の
結果，以下の発見事実が示された。

　第一に，顕現化サブグループは，関係性コンフリクトを介して，職場成果
に負の影響を与えていた。また，顕現化サブグループは，タスクコンフリク
トを介して，職場成果に負の影響を与えていた。このように，二つのコンフ
リクトが，同じように，職場成果に影響することが示された。リサーチクエ
スチョンと仮説の導出過程で，すでに述べたように，多様性に関する既存研
究では，多様性の元になる属性種類によって発生するコンフリクトが異な
る，といわれてきた。すなわち，社会的アイデンティティ関連の属性は，関
係性コンフリクトを引き起こし，タスク関連の属性は，タスクコンフリクト
を引き起こすというものである。しかしながら，本書では，顕現化サブグ
ループは，関係性コンフリクトにも，タスクコンフリクトにも正の影響を与
えていた。

　さらに，関係性コンフリクトも，タスクコンフリクトも，職場成果に影響
を与えていたが，その形状は異なっていた。予測した通り，関係性コンフリ
クトは，職場成果に有意な直線の負の影響を与えていた。関係性コンフリク
トが強まるほど，職場成果が低下することを示した。さらに，曲線の関係を
補足的に分析した結果，意外なことに，関係性コンフリクトは逆 U 字に近

い，有意な負の「曲線の」影響を与えていた。

　また，仮説では曲線の関係を予測していたが，それに反して，タスクコンフリクトは職場成果に有意な「直線の」負の影響を与えていた。タスクコンフリクトが少ないと職場成果が低く，中程度の時に最も職場成果が高く，その水準を超えると職場成果が低下するのではなく，タスクコンフリクトが低いと職場成果は高く，コンフリクトが高いと職場成果は低くなっていた。この点は次章で考察する。

　なお，顕現化サブグループが関係性コンフリクトおよびタスクコンフリクトに与える正の影響には，多様性への開放性は有意な影響を与えていなかった。本書のデータでは，職場が多様性に対してポジティブな認知を共有しているかは，顕現化サブグループと関係性コンフリクト／タスクコンフリクトの関係にとって，重要ではなかったことになる。

第12章

考察

　本章では，第11章までの分析結果を元に，理論的背景を踏まえた考察を行い，二つの研究課題への解を導く。まず，フォールトラインの形成プロセスについて，文献調査から示された点を示す。次にフォールトラインの影響プロセスについて，看護職を対象としたサーベイの分析結果を解釈しながら考察する。

12.1節 フォールトラインの形成プロセスに関する考察

12.1.1　フォールトラインの属性とサブグループ化

　本書では，フォールトラインの形成プロセスに関して，フォールトラインの元になる属性が，サブグループ化にどのように影響するかを論じた。

　先行研究では，フォールトラインに沿って，どのような種類のサブグループが生まれるのかに関する議論が進んでいなかった（Carton & Cummings, 2012）。Carton & Cummings（2012）は，属性によって，距離のフォールトライン，格差のフォールトライン，種類のフォールトライン，の三つができることを示した。さらに，フォールトラインによって作られるサブグループを，アイデンティティに基づくサブグループ，資源に基づくサブグループ，知識に基づくサブグループの3種類に分類した。さらに，この3種類が，どのような属性のフォールトラインから作られやすいのかを論じた。

　しかしながら，フォールトラインは，様々な属性の束であり，このような属性だからこのようなサブグループができる，とするには，コンテクストの

影響（Joshi & Roh, 2009）が，あまりに大きいと考えられる。また，サブグ
ループの種類を限定してしまうことで，様々な種類の属性を扱うことのでき
る「フォールトライン」の特性が損なわれてしまう。

　本書では，どのような属性であっても，複数の属性から作られるフォール
トラインは，「分断線」に他ならないという可能性を示した。補章1の定性
調査の結果も，この点を支持していた。第5章で述べたように，フォールト
ラインの特色は，似た者同士が引き合い作られるサブグループだけでなく，
形成契機が人工的なカテゴリーでもサブグループ化が起こることである。補
章1で示すように，Aチーム，Bチームといった，単純なチーム所属であっ
ても，カテゴリーとして機能し，サブグループ化の元になりうる。本書は，
サブグループがグループプロセスに与える負の影響を前提に，どうすれば負
の影響を低減し，多様性が本来持つプラスの力を発揮できるのかを検討し
た。

12.1.2　フォールトラインの強弱の意味

　本書では，フォールトライン算出に*ASW*という計算方法を用いている。本
節では，フォールトライン（*ASW*の値）が強い部署と弱い部署には，どの
ような特徴があるのかを考察する。質問紙調査で得られたデータを元に，
フォールトラインの強弱の特質を定性的に明らかにしていく。まず，フォー
ルトラインの強い部署と弱い部署のデータを比較し，それぞれの特徴を検討
する。図表12-1では，全27部署の*ASW*を中央値で折半し，フォールトラ
インが強い群と弱い群に分けたときの，記述統計量を示した。

（1）*ASW*強弱ごとの比較

　*ASW*算出に当たっては，サブグループの数も同時に算出されるため，各
部署にどれくらいの数のサブグループが形成されると想定しているのかを，
情報として得ることができる。図表12-1を見ると，サブグループの数は，
強い群と弱い群ともに，2－6グループとなっていた。部署全体の人数平均
は，強い群20.39名，弱い群18.64名であった。また，本書では学歴・職
位・子どもの有無という三つの属性を元に，*ASW*を算出した。比較のため

▌図表 12-1　*ASW* 強弱の記述統計

		ASW 弱い群 （14 部署）	*ASW* 強い群 （13 部署）
サブグループの数	最小値	2	2
	最大値	6	6
	平均値	4.21	4.85
	標準偏差	1.53	1.21
部署人数	最小値	6	7
	最大値	30	26
	平均値	20.39	18.64
	標準偏差	6.58	6.00
大卒割合	最小値	.12	.50
	最大値	.91	.85
	平均値	.55	.68
	標準偏差	.24	.10
子どもあり割合	最小値	.00	.05
	最大値	.69	.80
	平均値	.25	.20
	標準偏差	.19	.22

に，大卒以上の割合が高いか低いか，また，子どものいる看護職の割合が高いか低いかと，併せてデータを示した。また，本書では，子どものいる看護職は，夜勤をしない日勤のみの勤務をすることが多いと仮定しているため，日勤のみの看護職の割合が高いか低いかも併せて記載した。職位は，職場ごとに師長は 1 名・副師長は 1-2 名と，あまり数に違いはないため，ここでは表していない。

（2）サブグループの数

　次に，フォールトラインの強い職場は，どのような形でサブグループに分かれるのかを検討する。具体的には，サブグループ数が少なく，わかりやすくいえば「真っ二つ」に分かれるような職場が，フォールトラインが強いの

▌図表 12-2　サブグループの数と大卒以上割合のクロス集計

		大卒		合計
		少ない	多い	
潜在的フォールトライン サブグループ数	2	2	2	4
	3	1	2	3
	4	0	2	2
	5	4	7	11
	6	6	1	7
合計		13	14	27

▌図表 12-3　サブグループの数と子どものいる割合のクロス集計

		子どもあり		合計
		少ない	多い	
潜在的フォールトライン サブグループ数	2	3	1	4
	3	1	2	3
	4	1	1	2
	5	7	4	11
	6	1	6	7
合計		13	14	27

か，それとも，サブグループの数が多い職場のほうが，フォールトラインが強くなるのか，という点を確認する。図表12-1では，フォールトラインが弱い群も，強い群も，サブグループの数は2-6と同じであった。サブグループの数の平均値は，前者が4.21，後者が4.85と，フォールトラインが強い群のほうが，高くなっていた。

　また，各属性の多少との関係を見るため，次の分析を行った。本書における分析で得られたデータでは，サブグループの数が2-6と比較的レンジが狭かったため，サブグループの数ごとに，大卒以上の割合，子どもありの割合と，クロス集計を行った。図表12-2と図表12-3は，サブグループの数と，各属性の多少の，クロス集計表である。図表12-2を見ると，サブグ

ループの数が 6 と最も多い時には，大卒以上の割合が少ない部署が六つ，大
卒以上の割合が多い部署では一つとなっていた。

（3）サブグループの大きさ

　次に，サブグループの大きさと，フォールトラインの値の関係を考察す
る。すなわち，サブグループの大きさがアンバランスで，多数派と少数派の
差が大きいほうが，フォールトラインが強いのか，それとも，同じような大
きさのサブグループが均等に存在する方が，フォールトラインが強いのかを
見ていく。顕著な例として，最もフォールトラインが強かった部署（図表
12-4）と，最も低かった部署（図表 12-5）を比較した。最もフォールトラ
インが強かった部署では，サブグループの数は三つで，サブグループの人数
はすべて 2 名であった。また，すべてのサブグループで，サブグループメン
バーの属性は完全に同じであった。一方，最もフォールトラインが低かった
部署では，サブグループの数は五つあり，サブグループの人数は 1-3 名で
あった。Lau & Murnighan（1998）が示したフォールトラインの概念によれ
ば，フォールトラインの強さは，サブグループ内でどれくらい属性が並ぶの
か（alignment）と，サブグループ間でどれくらい属性が異なっているかの
2 点で決まる。そのため，サブグループの人数も均等で，サブグループ内で
属性がきれいにそろっていた部署（図表 12-4）では，フォールトラインの
値が高くなっていたものと推察される。他方，最もフォールトラインが弱
かった部署（図表 12-5）では，サブグループの人数にばらつきがあった。

▌図表 12-4　最もフォールトラインが強かった部署のサブグループの大きさ

部署	学歴	子どもの有無	職位	部署人数	所属サブグループ	サブグループ数	サブグループ人数
2	1	1	1	6	1	3	2
2	1	1	1	6	1	3	2
2	2	2	1	6	2	3	2
2	2	2	1	6	2	3	2
2	1	2	2	6	3	3	2
2	1	2	2	6	3	3	2

▌図表12-5　最もフォールトラインが弱かった部署のサブグループの大きさ

部署	学歴	子どもの有無	職位	部署人数	所属サブグループ	サブグループ数	サブグループ人数
7	2	2	1	9	1	5	2
7	2	2	1	9	1	5	2
7	1	1	1	9	2	5	1
7	2	1	1	9	3	5	3
7	2	1	1	9	3	5	3
7	2	1	1	9	3	5	3
7	1	2	1	9	4	5	2
7	1	2	2	9	4	5	2
7	2	2	3	9	5	5	1

　また，サブグループ内での属性も，図表12-4に比べるとそろっていない。例えば，サブグループ4では，学歴と子どもの有無という二つの属性はそろっているが，職位は異なっている。

　また，サブグループ人数が1名だけのサブグループを含むほうが，フォールトラインの値が強く，あるいは弱くなるという点も検討したが，特有の傾向は見られなかった。本書のサンプルでは，サブグループ人数が1名だけのサブグループを含む部署が25部署存在した。

　以上の分析から分かったのは，以下の点である。まず，サブグループの数については，フォールトラインの強弱と，サブグループの数との間に顕著な関係は見られなかった。フォールトラインの強い群も，弱い群も，サブグループの数はいずれも2-6グループであった。また，フォールトラインの強い群は，弱い群よりも，サブグループ数の平均値が若干高かったものの，あくまで定性分析であるため，統計的有意差があるかまでは検証できない。また，サブグループの大きさに関しては，サブグループの人数も均等で，サブグループ内で属性が類似しているほうが，フォールトラインが強くなっていた。これは，Lau & Murnighan（1998）が示したフォールトラインの基本的な概念とも一致している。

12.1.3　学歴・子どもの有無・職位の重なり合いに関する考察

　本書で，フォールトラインの計算方法として用いた *ASW* は，算出時の
データから，個人がどのサブグループに属するのかが分かる。この算出デー
タと，属性データ（元データ）を照らし合わせて，より詳細に，看護職場に
おける事例を検討してみたい（図表 12-6，図表 12-7）。同じサブグループに
リーダーがいる場合に，どのような影響があるかという点に注目すると，以
下の部署では，子どもなしの看護師長（職位 3）・副師長（職位 2）が同じサ
ブグループに属している。この 2 名以外は，子どもありの 2 名が同じサブグ
ループであり，師長とは違うサブグループに分類されている。あとは全員子
どもがおらず，学歴ごとにサブグループに分かれている。

　次は，看護師長に子どもがいるケースである。子どもがいる師長と，子ど
もがいる副師長，子どもがいる一般看護職員 1 名が，同じサブグループにい
る。それ以外は全員が子どもなしで，それぞれ学歴を元に別のサブグループ
に分かれている。このようなケースでは，リーダーである看護師長にも子ど
もがいるため，同じサブグループの副師長と一般看護職員は，例えば子ども
のお迎えなどで早く帰らなくてはならないといった家族役割を理由とする業
務の調整も，比較的，申し出やすいかもしれない。

　組織のリーダーは，組織の中で重要な情報を得ることができる立場にい
る。そのため，リーダーと同じサブグループにいることの，サブグループ内
関係への影響は大きい（Meyer, Shemla, Li, & Wegge, 2015）。なぜなら，
リーダーと同じサブグループに属する成員は，リーダーと別のサブグループ
に属する成員に比べて，より多くの資源や情報を共有できるからである。類
似性アトラクションパラダイム（Byrne, 1971）の見地から考えると，この
点が説明できる。類似性アトラクションパラダイムでは，人は自分と似た属
性，態度，行動の人に，強く魅力を感じる。リーダーは，自分と属性が似て
いて，同じサブグループにいる成員は，リーダーの持つ資源を多く分け与え
るかもしれない。

　Meyer et al. (2015) は，ドイツのコンサルティングチームを対象にした
研究で，サブグループレベルの影響を考慮した分析を行った。リーダーが同
じサブグループにいると，潜在的なアイデンティティに基づくフォールトラ

▌図表 12-6　どの属性の個人がどのサブグループに所属しているか（事例 1）

職場 ID	学歴	子どもの 有無	職位	どのサブグループ に属しているか	サブグループの数
17	1	2	1	1	4
17	2	2	1	2	4
17	1	2	1	1	4
17	2	2	1	2	4
17	2	2	1	2	4
17	2	2	1	2	4
17	2	2	1	2	4
17	1	2	1	1	4
17	2	2	1	2	4
17	2	2	1	2	4
17	1	1	1	3	4
17	1	1	1	3	4
17	1	2	3	4	4
17	2	2	1	2	4
17	1	2	2	4	4
17	1	2	1	1	4
17	2	2	1	2	4
17	2	2	1	2	4
17	2	2	1	2	4
17	2	2	1	2	4
17	1	2	1	1	4
17	2	2	1	2	4
17	1	2	1	1	4
17	2	2	1	2	4
17	2	2	1	2	4

■ 図表 12-7　どの属性の個人がどのサブグループに所属しているか（事例 2）

職場 ID	学歴	子どもの有無	職位	どのサブグループに属しているか	サブグループの数
23	2	2	1	1	4
23	2	2	1	1	4
23	2	2	1	1	4
23	2	2	1	1	4
23	2	2	1	1	4
23	2	2	1	1	4
23	1	1	1	2	4
23	2	2	2	3	4
23	2	2	1	1	4
23	2	2	1	1	4
23	2	2	1	1	4
23	1	1	3	2	4
23	1	2	1	4	4
23	2	2	1	1	4
23	1	2	1	4	4
23	1	2	1	4	4
23	2	2	1	1	4
23	2	2	1	1	4
23	2	2	1	1	4
23	2	2	1	1	4
23	1	2	2	3	4
23	2	2	1	1	4
23	1	2	1	4	4
23	1	1	2	2	4
23	2	2	1	1	4
23	2	2	1	1	4

イン（年令，勤続年数，性別）の強さが，コンサルタント個人のパフォーマ
ンスに与える負の影響が強くなっていた。この関係は，経済危機の年には，
弱まっていた。しかしながら，経済危機でない年には，フォールトラインが
強いチームの方が，弱いチームに比べて個人のパフォーマンスが優れてい
た。つまり，リーダーと同じサブグループにいるから，フォールトラインが
強いことで「利益」を得ていた，と，彼らは論じている。そして，リーダー
が同じサブグループにいないメンバーは，リーダーが同じサブグループにい
るメンバーよりも，わずかにパフォーマンスが優れていた。

　Tsui, Porter, & Egan（2002）によれば，リーダーと年令が似通っているこ
とが，チームメンバーのパフォーマンスにプラスの影響を与えていたが，性
別と勤続年数の多様性は影響を与えていなかった。Meyer et al.（2015）
は，フォールトライン研究の利点を次のように述べている。フォールトライ
ン研究では，各属性の多様性をコントロールしながら，リーダー－メンバー
間の類似性と，サブグループレベルの類似性，そして，サブグループプロセ
スを同時に分析できる。リーダーとフォロワーという二者間の関係を超えた
分析が可能になる。

12.2節　フォールトラインの顕現化プロセスに関する考察

12.2.1　活性化要因としての心理的安全

　フォールトラインの活性化要因に関しては，様々な要因が検討されてきた
（van der Kamp et al., 2015）。しかしながら，すでに述べたように，実際に活
性化要因によってサブグループが顕現化しているか，というところまで実証
している研究はほとんどない（Jehn & Bezrukova, 2010）。本書では，活性化
要因についての定量調査を行った。その結果，心理的安全が弱い時には，潜
在的フォールトラインが強いと，顕現化サブグループの知覚（個人レベル）
が強くなることが示された。一方，心理的安全が強い時には，潜在的フォー
ルトラインが強くても，顕現化サブグループの知覚（個人レベル）に有意な
影響は見られなかった。

　既存研究では，部署の風土が多様性とコンフリクトの関係に影響を与えることが示されている。Nishii（2013）はインクルージョンの風土を，公正な雇用慣行，違いの統合，意思決定への包摂の3次元から構成されることを示した。このうち心理的安全と類似しているのが公正な雇用慣行である。Nishii（2013）はバイオ医療企業100部署1,324名への実証研究を通じて，インクルージョンの風土が，性別の多様性と関係性コンフリクトの関係を調整することを示した。インクルージョンの風土が高い時には，性別の多様性が低いと関係性コンフリクトが強くなり，性別の多様性が高いと関係性コンフリクトは弱くなっていた。

　しかしながら，Nishii（2013）ではあくまで多様性と関係性コンフリクトの関係を見ており，インクルージョンの風土によってサブグループが顕現化するかという心理的プロセスについては検討していない。本書における分析の結果からは，既存研究では扱われてこなかった，潜在的フォールトラインから顕現化サブグループへの風土の影響が示された。つまり本書における分析の結果は，心理的安全や公正な雇用慣行といった風土が多様性（本書では潜在的フォールトライン）と心理的プロセスの関係に影響を与えるという点では既存研究の流れと一致しているが，多様性とコンフリクトの関係性ではなく，潜在的フォールトラインと顕現化サブグループとの関係性に，風土が影響しているという点で異なっている。

　また，インクルージョンと心理的安全の概念的な違いも，本書における分析の結果に影響している可能性がある。Nishii（2013）では，心理的安全が公正な雇用慣行の類似概念であるとしながらも，単にタスク遂行上リスクを冒さなくて済むかどうかではなく，よりアイデンティティにフォーカスする点で心理的安全とは異なると説明している。本書では，このようにアイデンティティにフォーカスしないという特性を持つ心理的安全の強弱が，潜在的フォールトラインの活性化要因として機能することが示された。なぜ心理的安全が活性化要因となっていたかという点は，本書における属性種類の議論から説明できる。

　本書では，子どもの有無，職位，学歴という三つの属性の重なり合いによって生まれるサブグループ化の影響を実証した。既存研究でアイデンティ

ティ関連またはタスク関連属性とされてきたもの以外の属性からも，潜在的フォールトラインが作られ，サブグループ化が生じる可能性を指摘した。本書で扱った3属性は，必ずしもすべてがアイデンティティに関連するわけではない。つまり，Ren et al.（2015）の分類である，態度の距離，ステータスの格差，情報の種類というサブグループのいずれにも影響しうるのが，心理的安全であったと考えられる。そのため，これら3属性の潜在的フォールトラインでは，アイデンティティにフォーカスしない風土変数である心理的安全が，活性化要因として機能した可能性がある。

　本書における分析の結果は，心理的安全を高めるアクションによって，潜在的フォールトラインがサブグループに発展するのを防ぐ可能性を示している。また，本書における分析では，潜在的フォールトラインと顕現化サブグループの知覚の間に関係は見られなかった。しかしながら，心理的安全という活性化要因を含めて分析すると，潜在的フォールトラインが，顕現化サブグループの知覚に正の影響を与えていた。この結果は，潜在的フォールトラインが，顕現化サブグループになるためには，活性化要因が前提条件となるのか，それとも，活性化要因はあくまでモデレータであり，潜在的フォールトラインだけでも顕現化サブグループに影響するのか，というフォールトライン活性化の議論（Jehn & Bezrukova, 2010）を進める上での材料になる。

12.2.2　PNS についての考察

　また，今回有意な結果が出なかったパートナーシップ・ナーシング（PNS）についても，少し考察を加えておく。PNS に関しては，潜在的フォールトラインと顕現化サブグループの知覚の間の関係に影響を与える「活性化要因」としての効果は認められなかった。しかしながら，本書の分析には用いていないが，集団レベルの PNS 導入有無と，集団レベルの顕現化サブグループの相関係数は.194 で，1％水準でプラスに有意であった。活性化要因ではないものの，PNS の導入がサブグループ化に影響を与える可能性はある。PNS の導入という，HR 施策の導入によって，コミュニケーションが改善し，サブグループが顕現化しにくくなる可能性がある。この点は，今後さらに研究の余地がある。

12.2.3　フォールトラインの倫理的側面についての考察

　最後に，職場におけるサブグループの意味について，考えてみたい。既存研究は，社会的アイデンティティ理論に基づき，属性同士の重なり合い（フォールトライン）によって，サブグループが知覚され，成果にマイナスの影響が出ることを示している。本書における分析の結果も，それを支持していた。それでは，フォールトラインは，そもそも無いことが望ましいのだろうか。人間社会で，サブグループができるのは自然なことである。また，個人はサブグループに所属していることで，職場の中で安心感を得られることもある（Bezrukova et al., 2010）。

　重要なのは，過度にサブグループを顕現化させないこと，職場内でフォールトラインをネガティブなコンフリクトにつなげないこと，そして，対立ではないにしろ仲間外れのような状況を作り出さないことである。また，職場内にあえて強いフォールトラインを作り出したり，特定の誰かに有利な派閥形成の道具にしたりということがあってはならない。そのためにも，フォールトラインが成果につながるプロセスを知り，マイナスの影響を減じる工夫が必要である。

12.3節　フォールトラインの影響プロセスに関する考察

12.3.1　フォールトラインが顕現化サブグループに影響を与えるプロセス

　本書では，フォールトラインと集団プロセス，集団成果の関係を分析した。まず，仮説に反して，潜在的フォールトラインと顕現化サブグループの間には，直接の関係が見られなかった。この結果から考えられるのは，実際の職場において，フォールトラインの強弱だけでは，サブグループ化やコンフリクトに影響するとは限らないということである。つまり，フォールトラインが顕現化するかは，リーダーシップや，職場風土などによって規定される部分が大きい可能性がある。このことを示すように，分析の結果，潜在的フォールトラインは，心理的安全が弱いときにだけ，顕現化サブグループにプラスの影響を与えていた。潜在的フォールトラインは，あくまでサブグ

ループ間の分断の程度を示す指標である。実際にサブグループが知覚されるようになるためには，活性化要因が必要である（Jehn & Bezrukova, 2010）。前項でも述べたように，本書における分析の結果は，心理的安全が弱い場合には，サブグループが顕現化しやすいこと，つまり，「弱い心理的安全」が，活性化要因としての役割を果たしていることを示している。

12.3.2　顕現化サブグループがコンフリクトに影響を与えるプロセス

（1）関係性コンフリクトとタスクコンフリクトの効果の違い

　本書の分析では，顕現化サブグループが関係性コンフリクト，および，タスクコンフリクトの両方にプラスの影響を与えていた。顕現化サブグループが強まると，関係性コンフリクトも，タスクコンフリクトも強まるという関係が示された。ただし，重回帰分析の結果を比較すると，わずかに有意水準が異なっていた（関係性コンフリクトは0.1%水準，タスクコンフリクトは1%水準）。そこで，顕現化サブグループが与える影響の形（線形か曲線か）に，関係性コンフリクトとタスクコンフリクトとで違いがあるかを検討するため，追加的に曲線推定分析[16]を行った。分析にはSPSS Statistics 25を用いた。

　顕現化サブグループを独立変数に，関係性コンフリクトを従属変数にしたモデルで，散布図を見ると，線形に近い形であった。線形，2次曲線，S字のそれぞれのモデルを指定して分析すると，調整済みR二乗の値は，線形一次が0.451，2次曲線が0.428，S字曲線が0.445と，線形一次のモデルがもっとも決定係数が高かった。

　次に，顕現化サブグループを独立変数に，タスクコンフリクトを従属変数にしたモデルで，散布図を見ると，わずかにS字に近い形であった。次に，線形，2次曲線，S字のそれぞれのモデルを指定して分析すると，調整済みR二乗の値は，線形（一次）が0.321，2次曲線が0.302，S字曲線が0.336と，S字曲線のモデルが，もっとも決定係数が高かった。上記の結果

---

16 曲線推定は、線形か曲線か、関係性のおおよその形状を把握するために行った。曲線推定ではコントロール変数を投入しないため、階層的重回帰分析の結果とは異なる。

▌図表 12-8 散布図（顕現化サブグループがタスクコンフリクトに与える影
　響・曲線推定）

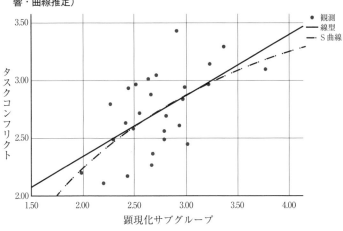

をまとめると，顕現化サブグループとコンフリクトとの関係を見たときに，
関係性コンフリクトでは直線モデルがもっとも決定係数が高かったのに対
し，タスクコンフリクトはS字曲線モデルがもっとも決定係数が高かっ
た。しかしながら，タスクコンフリクトにおいてS字曲線と直線の決定係
数の差は0.015と僅差であった。また，図表12-8の散布図を参照しなが
ら，S字曲線の意味を考えると，顕現化サブグループが高くなるにつれ，タ
スクコンフリクトが低→高→低→高と波を打つ形状になるということであ
る。決定係数の差がわずかである点と，理論的にS字の意味を説明するこ
とが困難である点から，積極的な解釈は難しいと判断し，曲線効果を検証す
る重回帰分析には進まなかった。

（2）関係性コンフリクトとタスクコンフリクトの共起関係
　本書における分析では，顕現化サブグループが関係性コンフリクトにも，
タスクコンフリクトにも，プラスの影響を与えていた。それでは，なぜ，サ
ブグループ間では，タスクコンフリクトと関係性コンフリクトの両方が生じ
るのか。
　タスクコンフリクトと関係性コンフリクトの関係について，Simons &
Peterson（2000）は，米国ホテル70社のトップマネジメントチームへの調

査を元に，タスクコンフリクトと関係性コンフリクトの関係が，集団内の信頼によって調整されることを示した。信頼が低いTMTではタスクコンフリクトが関係性コンフリクトを高めていたが，信頼が高いTMTでは，関係性コンフリクトを発生させることなく，タスクコンフリクトを経験できていた。つまり，信頼が高ければ，関係性コンフリクトを引き起こさずに，タスクコンフリクトだけを引き起こすことができる。Simons & Peterson（2000）は，タスクコンフリクトと関係性コンフリクトの関係について，次のように説明している。彼らは，既存研究のレビューから，タスクコンフリクトと関係性コンフリクトの両方を扱った研究では，おしなべて，両者の相関が高かったことを報告している（$N=11$ 範囲 $-.17\sim.88$, 相関の平均値 $r=.47$）。つまり，本来であれば有益なタスクコンフリクトを刺激することで，有害な関係性コンフリクトが引き起こされてしまうのである。

　また，両方のコンフリクトが引き起こされる理由について，彼らは，次の三つの説明を試みている。1）タスクコンフリクトを関係性コンフリクトだと誤解する。タスクコンフリクトの過程で，人は，他のグループメンバーの意図を図ったり，その議論が正確か，完全かを評価したりしながら，行動を解釈する。この過程で，自己の属するグループが期待するようなバイアスがかかった情報処理（予言の自己成就）をされると，タスクコンフリクトが関係性コンフリクトと誤解される。分かりやすくいうと，信頼していない相手の行動は，たとえタスクコンフリクトであっても，自分を攻撃する意地悪な行動に見えてしまう。2）タスクコンフリクトの間に，メンバーは感情的に強い言葉を使ったり，威嚇したりする。つまり，タスクコンフリクトの表現が適切でないことで，関係性コンフリクトが引き起こされる。3）関係性コンフリクトをタスクコンフリクトだと誤解する。あるメンバーが「誰かが困るように問題を引き起こしてやろう」という意図で関係性コンフリクトが起こされた場合に，（その過程で）タスクコンフリクトも生じる（Simons & Peterson, 2000）。

　実際の職場を考えると，少なくとも，1）および2）の説明は，充分説得力がある。Simons & Peterson（2000）の実証研究でも，1）と2）が支持されていた。1）は，タスクコンフリクトと関係性コンフリクトが混同されて

いる状態である。特に看護職場では，看護職同士が共に過ごす時間が少ない
こともあり，誤解が生まれやすいかもしれない。また，2）は，タスクコン
フリクトによって副次的に関係性コンフリクトも起こってしまう状態であ
る。これらの状態に陥らないようにする要素があれば（例えば，グループ内
の「信頼」），純粋にタスクコンフリクトだけを引き起こし，タスクコンフリ
クトの持つプラスの影響を享受できると，Simons & Peterson（2000）は論
じている。タスクに関する建設的な意見を述べるつもりが，つい強い言葉や
感情的表現になってしまうことはある。この点には，その時の繁忙度（スト
レスを感じている時には表現が強くなることがある），個人の対人能力や，
その人が部署に配属されてからの期間なども影響するかもしれない。このよ
うに，1）および2）の理由から，看護職場では関係性コンフリクトとタス
クコンフリクトの両方が生じる可能性がある。

12.3.3　コンフリクトと職場成果の関係
　本書における分析では，顕現化サブグループは，関係性コンフリクトとタ
スクコンフリクトを介して，集団成果にマイナスの影響を与えていたが，そ
の形状がコンフリクト間で異なっていた。

（1）タスクコンフリクトから職場成果への「直線」関係
　まず，タスクコンフリクトと職場成果の間の関係は，曲線ではなく，負の
直線の関係であった。既存研究は，タスクコンフリクトが少ないと職場成果
が低く，中程度の時に最も職場成果が高く，タスクコンフリクトが多くなる
と，職場成果が低下することを示していた（De Dreu, 2006; Jehn, 1995）。し
かし本書における分析では，タスクコンフリクトと職場成果の間の関係は負
の直線，つまりタスクコンフリクトが低いと職場成果は高く，コンフリクト
が高いと職場成果は低くなっていた。Shaw et al.（2011）は，関係性コンフ
リクトがモデレータとして機能するとき，タスクコンフリクトと職場成果の
間に直線の関係が見られることを示した。彼らは，台湾の7組織87チーム
への調査（Study1）と，インドネシアの14組織127チームへの調査
（Study2）を元に，関係性コンフリクトが低い時には，タスクコンフリクト

がチームの有効性（管理者評価）に，直線の負の影響を与えることを示した。彼らの分析の結果，Study1 と 2 ともに，関係性コンフリクトが強い時には，タスクコンフリクトとチームパフォーマンスは負の直線の関係であった。関係性コンフリクトが弱い時には，タスクコンフリクトとチームパフォーマンスは逆 U 字の関係にあった。彼らによれば，関係性コンフリクトが顕在化した職場では，タスクに関連の無い問題を扱うことに「注意資源（attentional resource）」（Ellis & Ashbrook, 1989）を割くことになり，タスクに関連した問題について考え，処理し，解決することに資源を割くことができない。こうした，注意資源の干渉は，ネガティブな感情的コンフリクトが起こる状況で最も起こりやすい。関係性コンフリクトが高まると，タスクに対するやる気をなくし，タスクに関連した不合意を分析したり，解釈したりすることができなくなる（Porath & Erez, 2007）。そのため，関係性コンフリクトが高すぎる職場では，タスクコンフリクトが中程度の時に得られる「恩恵」を受けられなくなると，彼らは説明している。本書では，フォールトラインがサブグループ化を通じて職場成果につながるプロセスを主眼にしており，このような関係性コンフリクトのモデレータ効果は検証していない。少なくとも，「タスクに関連したことに十分な注意資源を向けられない状態」の時には，タスクコンフリクトが職場成果に対して負の直線の関係になることが，Shaw et al. (2011) らの先行研究から示された。

　「注意資源」の観点から，看護職場のタスク処理を見ると，次のようなことがいえる。看護職場の業務は，コミュニケーションチャネルと業務種類が，非常に複雑である。看護職場では，専門職である看護職が個別に患者に対応するが，交代制を取っているため，看護職間で調整・確認を緊密に行う必要がある（田尾, 1995）。自分が今日受け持つ患者が，前の勤務シフト時間帯までにどのような状態であったのか，変調はなかったか，既往歴から気を付けるべき点は無いか，医師から指示は出ていないか，場合によっては，性格的にどのような配慮が必要な相手なのかまで含めた，きめ細やかな情報共有プロセスが重要になる。こうした，看護職間のコミュニケーションチャンネルに加えて，職種間のコミュニケーションチャンネルも発達している（田尾, 1995）。医師，薬剤師，ソーシャルワーカー，理学療法士など，他の職種

■ 図表 12-9　ダイバーシティに対する企業行動

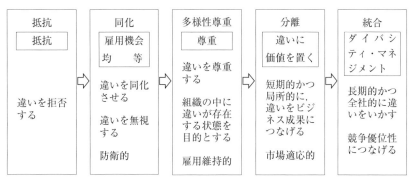

出所：谷口（2017），p.257，「図表 4 − 12　ダイバシティに対する企業行動」を元に筆者作成。

との連絡調整も，看護職の仕事である。こうした，複雑なコミュニケーションを，実際の看護ケアや検査業務と同時にこなす。これに加えて，大学病院では研修の受け入れや，新人教育，人材育成計画の策定・実施という業務も加わることがある。

　このように看護職には，多岐にわたる仕事を，効率よく，ミスなく，高い水準でこなすことが求められる。そのためこれらタスクに関連したことだけでも，実に多くの注意資源を割くことになる。基本的に注意資源の余剰がなく，円滑な業務遂行を求める中で，タスクコンフリクトが増えると，どうなるのだろうか。タスクに関する議論や再調整が増える，すなわちタスクコンフリクトが活性化することは，その分だけ，業務に「支障が出る」と感じるだろう。田尾・久保（1996）でも，看護職場は感性重視であるため，対人関係の葛藤が生じた際に，理屈を押し通すような解決法や，話し合って調整することが奏功しない場合があるとしている。そのため，タスクコンフリクトが強まると，その分，職場成果も低下すると考えられる。

　これらの点に加え，本書が扱った「看護職場の特質」からの説明が可能である。看護職場は，図表 12-9 における，「多様性尊重」の段階にあると考えられる。多様性尊重の段階にある組織は，互いの違いを尊重しながら，多様性の良さをいかすことで，組織の中に違いを持つ個人がとどまることを目的とする，すなわち，雇用維持的性格を持つ。本来は，タスクコンフリクトは

イノベーションに有効である。しかしながら，多様性尊重の職場では，関係性コンフリクトも，タスクコンフリクトも，「対立」として，ネガティブなものととらえられてしまうかもしれない。本書では，組織の多様性に対する企業行動が，どの段階にあるかによって，コンフリクトの種類に与える影響が異なる可能性が示された。

（2）関係性コンフリクトから職場成果への直線・曲線関係

　分析の結果，関係性コンフリクトは職場成果に負の直線の影響を与えていた。この結果は，関係性コンフリクトが高いほど職場成果が損なわれるという先行研究とも合致する。さらに補足的に曲線の関係を分析した結果，意外なことに，関係性コンフリクトは逆U字に近い，有意な負の「曲線の」影響を与えていた。これは，ヒューマンサービスである看護職の特性が影響していると考えられる。

　看護職をはじめとするヒューマンサービスは，感情労働である（Hochschild, 1983 石川・室伏訳 2000; Smith, 1992 武井・前田訳 2000）。感情労働とは，クライアントの精神的安定のために，自分の感情を誘発・抑圧しながら，自分の外見を維持する「感情管理」を伴う労働のことである（Hochschild, 1983 石川・室伏訳 2000; 三井, 2006）。看護師の他には，銀行員，ウエイトレス，航空会社の客室乗務員が感情労働の代表的なものである（Hochschild, 1983 石川・室伏訳 2000）。武井（2002）は，感情労働を「人々と面と向かって，あるいは声を通しての接触があり，職務内容の中で感情が重要な要素となっているもの」とした上で，看護職の感情労働を次のように説明している。「どんなにひどい傷口を見ても動揺をみせてはならず，どんなに腹が立っても患者に対して怒りや憎しみを示すことは差し控えなければならない。死に直面しても絶望感を抱いてはならない」（武井, 2002, p.10）。

　このように，患者の安全，安心のために（三井, 2006），自分の感情を管理することが，看護における重要な要素となっている。つまり，看護職にとっては，感情をコントロールすることが日常茶飯事である。そのため，ある程度の関係性コンフリクトを感じていたとしても，我慢するか，気に留めないよう努める可能性がある。ただし，感情コントロールの限界を超えると，関

係性コンフリクトの影響が出始め，関係性コンフリクトが職場成果を低下さ
せる。本書のデータでは，関係性コンフリクトは，一定水準（2.5）に達す
るまでは，職場成果にあまり影響しないが，そこを上回る関係性コンフリク
トが知覚されると，職場成果を大きく低下させていた。ここまでは持ちこた
えていたものが，一気に崩れていくというイメージである。これは，2.5の
ところで，徐々に関係性コンフリクトの存在に気づきだす人たちが出てくる
状態だと考えられる。関係性コンフリクトが知覚され始めると，職場成果が
下がりはじめる。関係性コンフリクトが顕在化して職場で共有されるように
なると，マイナスの影響が出ると解釈できる。Hochshield（1983 石川・室
伏訳 2000）でも，客室乗務員への研究の中で，客室乗務員同士の団結があ
る場合には（チームとしての意識が生まれると），客室乗務員間で感情が
「伝染」し，ネガティブな感情が共有されやすくなることを示している。こ
のように，感情労働は集合レベルにも発展しうる。

　感情労働としての業務特性が，関係性コンフリクトと職場成果の間に与え
る影響については，今後，ソーシャルワーカー，客室乗務員，コールセン
タースタッフなど，感情労働に携わる労働者を対象にした調査をして，確認
する必要がある。本書のデータで，関係性コンフリクトから職場成果に対し
て曲線の関係が見られた点は，こうした，感情労働としての看護職の特性が
影響している可能性がある。

12.3.4　顕現化サブグループとコンフリクトの媒介関係

　また，顕現化サブグループは，関係性コンフリクトを媒介して，職場成果
に有意な負の影響を与えていたが，顕現化サブグループの職場成果に対する
直接効果は非有意であった。また，顕現化サブグループは，タスクコンフリ
クトを媒介して，職場成果に有意な負の影響を与えていた。顕現化サブグ
ループの職場成果に対する直接効果は非有意であった。この結果から考えら
れるのは，顕現化サブグループそれ自体は，集団プロセスに負の影響を与え
るわけではない，ということである。あくまで，関係性コンフリクト，タス
クコンフリクトを通じて，集団成果に影響を与えるものと考えられる。

第13章

フォールトラインの負の効果を乗り越え プラスにつなげるアクション

　最終章となる本章では，本書から得られる理論的・実践的示唆について述べる。これらの示唆は，看護職場だけでなく，一般の職場にも向けられる。フォールトラインが顕在化することで生じるネガティブな影響を乗り越え，多様な人材を生かすには何が必要なのかを検討する。また最後に，本書の限界と今後の研究課題について述べる。

13.1 節　理論的インプリケーション

　第一に，本書は，これまで議論されなかった，個人の属性の種類とフォールトラインの関係に着目した。その結果，タスク関連の属性であっても，社会的アイデンティティ関連属性と同様にカテゴリー化を引き起こすという可能性を示した点で，理論的インプリケーションがある。「どのような属性に基づいてフォールトラインが作られるのか」という点は，研究の前提となる重要な部分である。特に，文献調査とインタビュー調査（補章１）で示されたように，チーム所属等の形成契機が人工的な属性に基づいても，サブグループ化がなされる可能性を示した点で理論的インプリケーションがある。

　第二に，潜在的フォールトラインが実際にサブグループとして知覚されるプロセスを示した点で，理論的インプリケーションがある。多くの先行研究は，本当にサブグループが成員によって知覚されているのかを検証してこなかった（Jehn & Bezrukova, 2010）。これまで，サブグループの形成プロセスについての研究が少なかった理由としては，潜在的フォールトラインがどの

ようなサブグループ化に結びつくのか，理論構築が進んでいなかった
(Carton & Cummings, 2012)，という点が挙げられる。複数の，異なる種類
の属性に基づき，なぜ，どのようにサブグループ化が生じるのかという点が
見過ごされてきたことが大きかった。

　なぜ，どのようにサブグループ化が生じるかを明らかにするためには，本
当にサブグループが顕現化しているのか，そして，きっかけは何だったのか
を知る必要がある。つまり，サブグループの知覚と，活性化要因は，セット
で論じなければならない。本書で示したように，フォールトラインを扱う研
究は，増加しているものの，劇的に増えているというわけではない。Lau &
Murnighan（1998）による概念提起から20年を過ぎ，フォールトライン研
究の行き詰まりがあるのではないだろうか。その原因の一つが，先行研究
が，フォールトラインのマネジメントについて，実践的な示唆を与えられて
いないことにあると筆者は考える。サブグループができること自体は，人間
社会では自然なことかもしれない。それを知り，なるべくサブグループの顕
現化の程度を抑えること，さらに，顕現化したサブグループがネガティブな
コンフリクトにつながらないようにすることが重要である。

　本書では，看護職場において，サブグループが知覚されているかという，
顕現化サブグループを測定した。その結果，潜在的フォールトラインと顕現
化サブグループの間に関係は見られなかった。しかしながら，心理的安全と
いう活性化要因を含めて分析すると，潜在的フォールトラインが顕現化サブ
グループに正の影響を与えていた。潜在的フォールトラインと，それが活性
化してサブグループとして知覚されるプロセスを示した研究はまだ少ない。
心理的安全という新たな活性化要因を提示しながら，潜在的フォールトライ
ンと顕現化サブグループの関係を論じた点で，理論的貢献がある。

　第三に，本書はコンフリクト研究にも貢献がある。まず，関係性コンフリ
クトとタスクコンフリクトのどちらも，職場成果に影響を与えていたことを
示した点で，理論的インプリケーションがある。コンフリクト研究では，関
係性コンフリクトが集団成果にマイナスの影響を与えることは合意されてい
るが，タスクコンフリクトが集団成果にプラスなのかマイナスなのかはさま
ざまな議論がある（De Dreu & Weingart, 2003）。本書における分析のフィー

ルドである看護職場で，関係性コンフリクトもタスクコンフリクトも，基本
的にはマイナスの影響を与えるという結果は，既存研究とも符合する。

　また，本書の分析では，タスクコンフリクトと職場成果の関係は，曲線で
はなく，直線の関係であった。既存研究では，特に非ルーティンタスクの場
合には，タスクコンフリクトが中程度の時に最も職場成果が高くなるといわ
れてきた（Jehn, 1995）。しかしながら，看護職場のように，専門職が基本
的には個別に業務（患者のケア）に取り組みながらも，部署としての異業種
間の連絡調整，その他多岐にわたるタスクに取り組む職場では，それだけで
注意資源を限界まで使ってしまう。そのような状況では，タスクコンフリク
トは歓迎されず，円滑さを妨げ，職場成果を低下させる可能性がある。この
ように，ルーティンか非ルーティンかだけではない業務特性が，タスクコン
フリクトと職場成果の関係性に影響を与えるという可能性を示した。

　さらに本書は，関係性コンフリクトと職場成果の間に「曲線」の関係を示
した。既存研究では，両者は直線の関係にあることが合意されてきた。しか
しながら，看護職のようなヒューマンサービス職では，高いレベルでの感情
のコントロールが常であることが多く，一定の水準までは，関係性コンフリ
クトがあっても職場成果に影響しにくい可能性がある。このように本書で
は，職種の特性によって，関係性コンフリクトと職場成果の関係が影響を受
ける点を示した。

　なお，本書はフォールトラインに関する本邦初の経験的研究である。
フォールトラインに関する実証研究は，主に欧米で積み重ねられてきた。本
書では，人種・民族・性別という，サブグループ化が起こりやすい属性をコ
ントロールできる日本の看護職場を対象に，学歴・子どもの有無・職位とい
う属性がフォールトラインとサブグループ化に影響するプロセスを示した。
欧米では扱われてこなかったこれらの属性でも，フォールトラインが形成さ
れ，集団プロセスと集団成果に影響を与えることを示した。

13.2節　実践的インプリケーション

13.2.1　人事担当者が取りうるアプローチ

　本書が性別・人種民族以外の，潜在的フォールトラインの具体的な属性を検討した点は，女性が多い職場一般の人事担当者にとっての，実践的貢献となりうる。フォールトラインの既存研究は，多くが欧米で行われており，性別，人種・民族など表層的で目につきやすい属性がフォールトラインの構成属性となることが多かった。しかし，本書で扱った「日本の看護職場」は，人種・民族と性別の多様性があらかじめコントロールされたリサーチサイトである。外資企業などとは異なり，人種・民族の多様性が低い。性別に関しては，そもそも日本で働く看護職の9割以上が女性であるため，看護職場では男性の割合が極端に低い。

　同じように，例えば，業種でいうと，保育所・託児所などの福祉サービス業，金融業，販売業，コールセンター業などが，比較的女性の比率が高い。また，職種でいうと，事務職，客室乗務員などの専門職なども，女性が伝統的に多い。その他，派遣社員が多い職場や，配偶者の扶養の範囲内で働くパートタイマーが多い職場など，女性が多い職場が存在する。性別が同じである分，子どもの有無や，学歴など，他の属性の違いが顕著になる。本書における分析でも，勤続年数や能力の高低によってサブグループ化が生じることが示された。こうした状況に対処する一つの方法は，勤続年数など他の属性においてサブグループ間に共通項（クロスカッティングな属性）を作ることである。これにより，フォールトラインを弱めることができる（Rico et al., 2012）。

　人事担当者は，現場マネージャーの意見を元に，属性がフォールトラインとして機能するかを認識することで，潜在的フォールトラインが強くならないように，部署成員の構成を工夫することができる。このように，ダイバーシティ・マネジメントにおいて，フォールトラインを考慮することで，潜在的なサブグループ化とコミュニケーションの問題を回避することが期待できる。言い換えれば，フォールトラインの理解は，多様性の強みを生かすため

の一つの材料になるだろう。

　また本書は，補章2においてフォールトラインの計算方法の比較を行った点で実践的貢献がある。先行研究では，統計学的な見地からの，フォールトラインの計算方法の優劣比較に力点が置かれてきた。技術的に優れた計算方法の開発は，もちろん重要であるが，どの計算方法が，どのような場合に利用しやすいのかといった，研究者・実務家のニーズに即した計算方法を選択することは重要である。その意味で，計算方法の選択に着目した本書には，実践的な面での貢献がある。

13.2.2　マネージャーが取りうるアプローチ

　本書は，看護職場における関係性コンフリクトを防ぐ方法の一つを示した。職場内でいったん関係性コンフリクトが起きてしまうと，コミュニケーションプロセスにマイナスの影響が出る。いったん生じたコンフリクト，特に，性格に基づくコンフリクトや，重要な意思決定に関するコンフリクトを解消することは，非常に困難である（Jehn, 1997）。看護職場をはじめ，患者に関する情報の共有，連携が極めて重要となる職場では，ネガティブなコンフリクトがいったん起こってしまうと，影響が大きい。本書では，心理的安全が強いと，潜在的フォールトラインが強くても，顕現化サブグループに発展しにくいことが示された。現場レベルで人材の構成を変えることは難しくても，マネージャーが率先して職場風土を変えることはできる。潜在的フォールトラインが強くても，心理的安全を作り出すことで，フォールトラインを活性化させないといった対処が可能になる。

　また，現場レベルでは，心理的安全に限らず，子どものいる看護職が引け目を感じることなく，ワーク・ライフ・バランス制度を利用できるような職場風土づくりが重要である。看護職に限らず，働く女性にとっては，人生のステージで，育児や介護という役割が生じる可能性は誰しもある。長い目で見て，人生の中で看護という職業に時間がかけられないフェーズもある。職場の誰かがそのフェーズにある時に，自分もしてもらったようにカバーする，つまり心から「おたがいさま」と思えるような職場風土が重要である（中島, 2010）。短時間勤務の看護師にとっては，職場が子育てしながらの働

き方への理解を示してくれることが，支えになる。同僚から勤務時間に関する気遣いや，短時間でも帰りやすい雰囲気があることで，短時間で帰ることへの引け目，後ろめたさが軽減するという（榊・深堀, 2014）。本書における分析の対象である大学病院も，ワーク・ライフ・バランスのための制度は標準以上のレベルで整っているといえる。それだけに，短時間勤務や夜勤免除などの制度利用に伴い，他の同僚看護職には負荷がかかる。代替要員の配置などの措置が講じられない限り，物理的な負荷は減らないため，子どものいない看護職への負担がかかり続ける状況が続く。そうした状況を乗り切るために，制度の整備と並行して，職場風土づくりが重要になる。

　また，職場内で，子どものいない従業員から，ワーク・ライフ・バランス制度へのネガティブな態度や行動が見られた場合に，それをコンフリクトに発展させないようにするためには，マネージャーの対応が鍵となる（Perrigino, Dunford, & Wilson, 2018）。ワーク・ライフ・バランス制度は組織の方針であること，それと矛盾する行動や言動を避けるよう，職場内に周知する必要がある（Perrigino et al., 2018）。

13.2.3　経営者が取りうるアプローチ

　子どもを持つ女性従業員と，子どもを持たない従業員の双方への配慮が重要である点を示した点で，企業経営者へのインプリケーションがある。本書は，子どもを持つ働く女性が多い職場の筆頭である看護職場を対象に，子どもの有無という属性が，他の属性と重なり合って，フォールトラインを形成することを示した。日本では，少子高齢化を背景に，労働力人口に占める女性の割合が高まっている。総務省の「労働力調査」の結果を元に，厚生労働省が示した統計分析では，2011年以降，労働力人口総数に占める女性の割合は増加し続けており，2017年時点の女性雇用者数は2,590万人と過去最高を記録した（厚生労働省, 2017b）。また，そのうち52.4％が有配偶者であり，有配偶者率は2006年から増加し続けている。それに伴い，当然ながら，子どもを持つ働く女性も多い。2015年国勢調査の結果を見ると，夫が就業していて，妻が就業している夫婦世帯のうち，子どものいる割合は67.57％であった（総務省統計局, 2017）。

　子どもを持ちながら働く女性従業員が増加する中で，企業経営者は，子どもを持つ女性従業員と，持たない女性従業員，両方へのメッセージを発信し続けることが必要である。経営トップがワーク・ライフ・バランスへのコミットメントを示すことで，従業員は自分が組織の一員として，公式に大切にされている，受け入れられているという意識を持つことができる。その結果，優れた人材を確保し，企業の競争力を高めることにつながる。また，職場単位では難しいような対応が，経営トップには求められる。例えば，ワーク・ライフ・バランス制度を作ることとの両輪として，人員を補充し特定の従業員への負荷がかからないようにする，子どものいる人・いない人の間で不公平感が生じないよう，公平な人事制度・評価制度を作るなどの取り組みが必要である。

　また経営者としては，各職場の風土や，コンフリクトおよびサブグループ間の分断の状況について，適切に把握することが重要である。例えば，本書で，サブグループが知覚されるのを抑制する要因として示された，心理的安全をはじめとした，職場風土に関するサーベイを定期的に実施することで，「危ない職場」を事前に察知し，離職や部署内の対立など致命的な結果になる前に，対処することができるだろう。また，働き方の異なる（短時間勤務者とフルタイム勤務者など）従業員間の不満や不公平感が生まれにくくするような，職場風土醸成のための取り組みを促すこともできる。例えば，日本生産性本部の報告によれば，浜松市にある病院では，看護職の中で，育児短時間勤務等の制度利用者が多くなったことで，特に夕方の時間帯に業務過多となった。そのため，自発的に「短時間制度利用者と準夜勤務者のつなぎ目を考える会」が発足し，業務の見直し改善がなされた。その結果，互いのワーク・ライフ・バランスを認め合う職場風土が醸成されたという（日本生産性本部, 2014）。

　今後，日本では人口減少が予想されており，女性の労働参加率を高めることが，政府の目標として掲げられている。看護は，従来から女性の労働参加率が高まっている職場の代表格である。本書は，先行ケースとして，女性の割合が高まる職場で，これから起こりうる事象を示した。本書における分析の結果からは，職場内でサブグループが顕在化し職場成果を損なわないよう

にするには，政策レベルの実効的な支援が必要だといえる。特に，子どもの有無による業務量の不公平感を，是正するための支援が不可欠である。政府は，民間企業に対して，ワーク・ライフ・バランスの表彰制度を実施しているが（内閣府, 2010b），表彰だけでは企業にとってワーク・ライフ・バランスを推進するインセンティブとはなりにくい。自治体レベルでは，中小企業に対してワーク・ライフ・バランスを支援する助成金制度がある。例えば，兵庫県，連合兵庫，兵庫県経営者協会の協働で運営される「ひょうご仕事と生活センター」では，ワーク・ライフ・バランス推進を宣言した企業に対して，「育児・介護休業などによる代替要員の雇用を支援する助成金」育児・介護休業，時短勤務による代替要員の雇用を支援する助成金（短時間勤務コース）などを助成している。また，金融機関による，ワーク・ライフ・バランス推進企業向けの融資も利用可能である（ひょうご仕事と生活センター, n.d.）。

　女性の出産・育児に伴って生じた欠員を充分に補充することは，限られた人員でやりくりする企業の努力のみでは困難である。自治体レベルだけではなく，国の政策レベルで，一定要件を満たす企業への補助金支給，税率優遇など，企業や組織のワーク・ライフ・バランスを支援するための，実効的な支援が必要である。

13.2.4　看護職場が取りうるアプローチ

　本書は，看護職の働き方の多様化がサブグループ化につながる可能性を示した。働き方の多様化は，子どもの有無という属性と密接に関連している。今後も，看護職場で働く看護師が多様化することが予想される。厚生労働省は，国内の潜在看護師数を減らし，離職を抑制することで，看護師不足を解消しようとしている。潜在化していた看護職が看護職場に戻れば，今後ますます，多様な働き方の看護職のマネジメントが必要になる。

　看護分野でも，近年，勤務形態が多様化している。2007 - 2009 年度にかけて，看護職の多様な勤務形態による就業促進事業が行われた。これは，医療施設に勤務する看護職の「多様な勤務形態促進」を図るためのものであった（日本看護協会, 2010）。多様な勤務形態を導入・運営していると判断され

▌図表 13-1 2010 年日本看護協会調査 33 施設にお
ける多様な勤務形態整備状況

事由	勤務形態	導入施設数 （%）
育児を理由とし たもの	育児を理由とした 短時間勤務制度	31 93.9
	日勤専従制度	30 90.9
	夜勤軽減	32 97.0
育児以外の事由 も含むもの	短時間勤務制度	22 66.7
	日勤専従制度	25 75.8
	夜勤軽減制度	31 93.9
	夜勤専従	15 51.5
その他	フレックスタイム	14 42.2
	同一病棟で二交 代・三交代の選択	13 39.4
	看護職の都合によ る時差出勤	19 57.6
	在宅勤務	0
	所定外労働の制限	17 51.5

出所：日本看護協会（2010）p.69 を元に筆者作成。

た 33 施設を対象にした調査（うち，職員数を正しく回答したのは 29 施設）
では，育児支援のための多様な勤務形態は，ほとんどの施設で整備済みで
あった。一方，育児以外についても，育児以外の事由も含む短時間勤務制
度，日勤専従制度，夜勤軽減制度が整備されていた。図表 13-1 に，同調査
における整備状況をまとめた。
　同調査では，常勤勤務者のうち，フルタイム勤務者が 97.3%，短時間勤務
者が 2.7% であった。非常勤勤務者では，短時間勤務者が 59.5%，フルタイ

ム勤務者が40.5％であった。また，夜勤に従事している看護職員数は5,959名で約70.0％，そのほとんどがフルタイム常勤看護職であった。

　同調査では，多様な勤務形態導入に伴い，看護職の定着率の向上や，時間外勤務の減少，モチベーションの向上などが挙げられていた。一方，発生した問題点としては，人事担当部門の負担増，賃金等の処遇について不公平感，役割分担・業務分担が複雑化，人員配置・シフト管理が複雑化，一部の職員の夜勤負担増，夜勤者の確保困難などが挙げられた。多様な背景の看護職が働くということは，働き方の多様化に直結する。その結果として，部署内での役割分担・業務分担が複雑化したり，人員配置が困難になったり，また，一部の職員に負担が集中したりする。本書でも考察したように，ワーク・ライフ・バランスを実現するための制度を導入した結果，不公平感や不満感が高まり，サブグループ化の引き金になることが考えられる。

　病院で働く看護職には，夜勤と交代制勤務がついてまわる。2008年10月には，2名の看護師が過労死認定を受けた。同調査によれば，いずれも，24歳，25歳という若さであった。これを受けて行われた，看護職の時間外労働や交代制勤務に関する調査では，交代制勤務をする23名のうち1名が，月60時間以上の時間外勤務を行っていると推計された（日本看護協会，2008）。また，20代と中間管理者の超過勤務時間が特に長くなっており，三交代勤務の4名のうち1名が月10回以上の夜勤を行っていた。

　参考に，日本看護協会による，病院勤務看護師の三交代勤務（日勤－深夜勤シフト）の事例を示す。三交代勤務とは，日勤（8：30－17：00），準夜勤（16：30－1：00），深夜勤（深夜0：30から朝9：00）の三つの勤務を交代で行うシステムである。二交代勤務よりも勤務時間が短く，看護職の身体的負担が少ないとされている。それでも，時間外勤務が入ることで，次の勤務までの間隔はわずか4時間となり，そのまま深夜勤に入ることもある。家族の面倒を見たりしていると，仮眠をとる時間もほぼない。

　職場の中に，多様な働き方の看護職がいるということは，勤務時間の長短，すなわち，負荷の大きさも多様になるということである。ある看護職は時短勤務で，ある看護職は三交代勤務，二交代勤務という場合，部署があまりに忙しくなったときなど，ふとしたことがきっかけで，対立が起きてしま

うかもしれない。普段は普通に働いていた者同士でも，何らかの活性化要因によって，潜在的フォールトラインが顕現化サブグループへと発展してしまう可能性がある。

　本書における分析でも，潜在的フォールトラインを構成する属性の一つとして，子どもの有無を組み入れている。子どもの有無は，働き方の違いに直結する。職場の管理者は，子どもの有無という属性が，サブグループ化につながる可能性があることを把握していれば，サブグループが顕現化しないようなアクション，本書でいえば，心理的安全を生むようなリーダー行動を取ることができる。サブグループ化による負の影響を低減する，具体的な対策の手がかりを本書は示した。

　最後に，本書では，インタビュー調査（補章1）によって，サブグループ化がどのように解消したのかを示した。インタビュー調査の結果を先取りすると，繁忙感の中，ふとした誤解が活性化要因となって生まれたサブグループは，看護管理者らがローテーションと情報共有の見直しをしたことで，解消したことが示された。外集団の業務を体験し，理解することで，サブグループが解消し，対立もなくなった。一方で，一人の新規メンバーの外集団に対する態度によって引き起こされたサブグループ化は，異動によって解消されていた。その間に，耐えきれず退職した看護職もいたことを考えると，早期の対応が必要かもしれない。サブグループ化の先行要因についての研究は多いが，どのようにサブグループが解消されるのかを検証した先行研究はほとんどない。その意味で，本書は新たな知見を提供できたと思われる。

13.3節　本書における分析の限界と今後の課題

13.3.1　本書における分析の限界

　本書では，すべての変数を同時点の質問紙調査で収集している。分析手続きの中で，コモン・メソッド・バイアスの影響がないことを確認してはいるが，この点で限界がある。看護職場は慢性的に繁忙感が強いこと，そして倫理的制約も強いことから，複数時点の調査は実施できなかった。しかしなが

ら，フォールトライン研究において，知覚されたサブグループを確認する研究はまだ非常に少ない。本書における分析を一つのステップとして，2時点データによる分析，あるいは，客観的な成果指標との関連を示すような，更なる研究につなげたい。

　また本書では，関係性コンフリクトとタスクコンフリクトは，個人レベルの因子分析によって，弁別妥当性が確認されているが，両者の相関は高かった。Simons & Peterson（2000）は，既存研究においてもタスクコンフリクトと関係性コンフリクトは，相関が高かったと報告している（$N=11$ 範囲 $-.17 \sim .88$, 相関の平均値 $r=.47$）。本書で見られた相関もこの範囲内ではあるが，サンプルサイズの限界で，個人レベルの回答を集団レベルに統合した際にも，明確に両コンフリクトが別の概念として捉えられているかを検証することはできない。さらに，考察で示されたような，関係性コンフリクトがタスクコンフリクトと職場成果の関係に与えるモデレータ効果を検証する上でも，今後の研究では，集団レベルの検証が十分可能なサンプルサイズを確保する必要がある。

　さらに本書は，フォールトラインの影響プロセスと活性化要因を探索するためにインタビュー調査を実施したが，調査対象者は部署の師長・副師長に限られていた。これは，多くの看護職が働く部署全体を把握できるリーダーの視点から，サブグループ化のプロセスを知るためであった。しかしながら，本来は，サブグループに分かれていた一般看護職からもインタビューをすることが望ましい。この点も，今後の研究では改善していきたい。

　なお，リーダーシップが職場のパフォーマンスに与える影響について，本書では考慮しなかった。多くの研究で，集団プロセスや個人の成果にリーダーシップの影響があることが示されている（Yukl, 2002）。特に，本書で調整要因として論じた，心理的安全を生むには，リーダーの行動が鍵となる（Edmondson, 2012 野津訳 2014）。今後は，リーダーが具体的にどのような行動を取れば，フォールトラインによるマイナスの影響を抑制することができるのか，といった具体的な方策を検討したい。

13.3.2　今後の課題

　最後に，今後の課題を挙げる。

（1）フォールトラインの形成プロセスに関する今後の課題

　まず一つは，日本企業と欧米企業の文脈の違いである。フォールトライン
は，欧米のダイバーシティ研究から派生した概念であり，人種・民族といっ
た属性に基づくフォールトラインを扱う研究が多い。そもそも，人種・民族
が比較的均質な日本とは文脈が大きく異なるのである。そのため，社会的カ
テゴリー化が，どのような属性に基づいて起こるのかも，日本と欧米の組織
では異なる可能性が大きい。

　例えば，日本企業で社会的カテゴリー化を生む属性と考えられるのが，正
規社員・非正規社員といった「雇用形態」である。雇用形態の違いは，処遇
や権限の違いに直結する。近年では，正規社員の職が得られないため，不本
意ながら非正規社員として働く従業員も少なからずいる（山本, 2011）。しか
し，労働者が非正規社員から正規社員になるのは，容易ではなく，正規社員
と類似した仕事をする非正規社員は，正社員との賃金格差を意識せざるを得
ない（島貫, 2010）。そのため，雇用形態は，「後から変えにくい属性」
（Pelled et al., 1999）となり，社会的カテゴリー化を引き起こす可能性があ
る。また，従業員が，「この会社には学閥が存在する」と認識している場合
には，出身校に基づくカテゴリー化が起こる場合が想定される。日本企業の
雇用システムや労働市場などのマクロ要因を踏まえた上で，どのような属性
が潜在的フォールトラインの要素となるのか，検討する必要がある。

　次に，本書では，リーダーシップの影響を検討していない。潜在的フォー
ルトラインの属性が，サブグループ化に与える影響を考えると，リーダーと
同じサブグループにいる成員と，そうでないサブグループの成員とでは，明
確な違いがある。組織の中で，重要な知識や情報にアクセスできるリーダー
と同じサブグループにいる成員は，より多くの利益を享受できる（Meyer et
al., 2015）。また，リーダーと共通する属性が多ければ，互いに親近感を感じ
（Byrne, 1971），職務上のいい出しにくいことであっても，切り出しやすく
なる。このように，リーダーがサブグループに与える影響を見ることで，さ

らに新しい知見が得らえるだろう。本書が，定量調査でフォールトラインの
計算方法として用いた *ASW* は，算出時のデータから，個人がどのサブグ
ループに属するのかが一覧できる。この算出データを活用することで，より
詳細に，看護職場におけるダイナミクスを検証することが可能になると期待
される。

（2）フォールトラインの顕現化プロセスに関する今後の課題
　　フォールトラインの顕現化プロセスについて HR 施策がサブグループ化に
与える影響をさらに検討する必要がある。本書では，潜在的フォールトライ
ンと顕現化サブグループの間を調整する要因（活性化要因）として，コミッ
トメントベースの HR 施策である PNS の影響を分析した。分析の結果，活
性化要因としての効果は認められなかったが，PNS の導入がサブグループ
化そのものに影響を与えている可能性はある。HR 施策の導入によって，サ
ブグループ間のコミュニケーションが改善し，サブグループが顕現化しにく
くなる可能性がある。さらに別の施策も検討しながら，HR 研究の視点を追
加することで，さらに研究を進めたい。
　　また，活性化要因の時間軸についても研究を進める余地がある。これま
で，フォールトラインの活性化要因の先行研究では，単発的な出来事や，制
度的要因，職場風土などの動機付け要因が検討されてきた。しかし，これら
の要因は時間軸が異なる。補章1で示されたような，何年もの時間をかけて
アイデンティティが繰り返し再認識されることで，強く分断されたサブグ
ループが生まれるケースと，一時的な繁忙感による偶発的な誤解とは顕現化
のプロセスが異なる。時間をかけて顕現化したサブグループを解消するには
どうすればよいのかを検討する上で，活性化要因の時間軸の違いを検討する
必要がある。

（3）フォールトラインの影響プロセスに関する今後の課題
　　最後に，フォールトラインの影響プロセスについて，本書では，国ごと，
あるいは，組織の多様性の段階ごとに，コンフリクトの影響が異なるのかを
比較検討していない。本書が行った定量調査では，関係性コンフリクトとタ

スクコンフリクトが，同一ではないものの，かなり近いものとして認識され
ていた可能性がある。これが，国の違いによる影響なのか，あるいは，看護
職場の特質なのかは，本書ではいずれの比較研究でもないため，明らかに
なっていない。前者の視点に立てば，日本は他国に比べ，コンフリクトを回
避する傾向があることが先行研究で示されている（Ohbuchi & Takahashi,
1994）。日本の組織で，関係性コンフリクトやタスクコンフリクトが表出し
にくいという文脈を踏まえると，両コンフリクトとも，対立として，同じよ
うにとらえられる可能性がある。また，後者の視点に立てば，看護職場が
「多様性尊重」の段階（谷口, 2017）にあったことによると考えられる。多様
性尊重の段階にある組織は，互いの違いを尊重しながら，多様性の良さを生
かすことで，組織の中に違いを持つ個人が留まることを目的とする。すなわ
ち，雇用維持的性格を持つ。本来は，タスクコンフリクト（タスクをめぐる
対立）はイノベーションに有効である。しかしながら，多様性尊重の職場で
は，タスクコンフリクトも，関係性コンフリクトも，どちらも「対立」とし
て，ネガティブなものととらえられてしまうのかもしれない。今後，国別，
あるいは，多様性の段階ごとの比較研究を通じて，明らかにしていきたい。

フォールトラインの
プロセス・モデルに
関する補足

補章 1

フォールトラインの顕現化プロセス：
インタビュー調査

　本章では，定量調査を補完する形で，サブグループ化がどのように生じ，どのような対立が生じていたのかというプロセスについて，インタビュー調査で得られた結果を元に論じる。すでに述べたように，潜在的フォールトラインは，無条件に顕現化サブグループになるわけではない。本書のモデルでは，何かの要因（活性化要因）がきっかけとなって潜在的フォールトラインが活性化したときに，成員はサブグループを知覚するようになると想定している。本章では，定量調査の調査対象部署から，特にサブグループとしてフォールトラインが顕現化していた部署を特定し，当該部署の看護師長・副看護師長（当時）にインタビュー調査を行った。具体的にどのような属性に基づき，どのようなきっかけで，どのようなサブグループ化が生じていたのか，何をめぐってどのような対立が生じていたのかをインタビュー調査を元に示し（図表補 1-1），定量調査を補足した。

▌図表補 1-1　補章 1 で扱う範囲

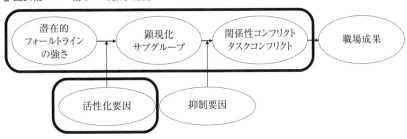

補章 1.1 節　インタビュー調査の内容

補章 1.1.1　手続き

　2015 年の質問紙調査で，「顕現化サブグループ」の数値が高かった 5 部署を抽出した。これら 5 部署で，当時，看護師長・副看護師長を務めていた方を対象に，同院看護部を通じてインタビュー調査を依頼した。そのうち，同意の得られた 3 部署の看護師長 3 名および副看護師長 1 名に対して，事前に質問項目を送り，半構造化面接を行った。質問紙調査時点での出来事を振り返る形でのインタビューとなった。

　　　日時：2018 年 12 月 14 日（金）　14 時 − 18 時（1 名 45 − 60 分）
　　　場所：A 県大学病院　病棟内個室
　　　対象：(1)部署 A　　　　　看護師長 1 名・副看護師長 1 名
　　　　　　(2)部署 B　　　　　看護師長 1 名
　　　　　　(3)部署 C　　　　　看護師長 1 名
　　　（役職はすべて 2015 年 9 月当時）

補章 1.1.2　ケース

a.　部署 A のケース 1（年次が上の看護職　対　若い看護職）

> 部署 A の特色・看護職の業務内容
> 潜在的フォールトラインの値を，全体中央値以上の群（強群）と中央値よりも低い群（弱群）に分類したところ，部署 A の潜在的フォールトライン値は，強群に分類された。
>
> ・「放射線」に関するものをほぼ引き受けているため，部門が多岐にわたっている。そのうちの一つの部門では，放射線を使って治療をする。心筋梗塞，くも膜下出血の患者などを治療したり，診断したりする。

急性期の患者が多い。そのほか，CT，MRI，放射線治療室，撮影室などの部門がある。日によって，1人の看護職が，いろいろな部門を行き来して，様々な業務を担当する。

・治療や検査に用いる，手技や道具の種類が非常に多い。放射線科，循環器内科，脳外科，小児循環器，消化管，心臓外科等，様々な診療科から患者が来る。急患もいる。

・患者の急変に対応するスキルが必要になる。

・チーム制（A，B，C 2チームに分かれる）を取っている。うち2チームは，PNS（パートナーシップ・ナーシング・システム）という，2名の看護師がパートナーになって業務に当たる方法を取り入れている。

・オンコール制（緊急の患者があれば，土日・夜間でも出勤する）。看護職はオンコールの時には基本的に一人なので，新人がオンコールを取れるようになる（ひとり立ちできる）までには，1年半程度かかる。異動者の場合は，半年から1年。

・夜勤あり。

・残業時間は，部署平均では，他部署と比べて平均以下。ただし，部署Aは子育て中の看護職が多いので，残業時間には個人差がある。常勤でも夜勤・残業ができない人もいる。

　部署Aでは，2015年9月時点であったサブグループ化の状況について，二つのケースについて，エピソードをお話しいただいた。

① サブグループ化の元になった属性ときっかけ（活性化要因）

　年次が上の，経験豊かな看護職と，若くてまだ経験の浅い看護職と，それ以外の中堅とで，サブグループに分かれていたという。経験豊かな看護職が，若い看護職に対して不満をあらわにし，攻撃的に接することがあった。「攻撃された方」は，された方（若い人）同士で仲良くなる，という傾向があった。また，当時チーム制を取っていたため，AチームはAチームで結束するということもあった。

　何に不満を抱いていたのか，年次が上の看護職に問うと，「態度」が悪

い，「若い子が（なっていない）」ということだったという。お互いに言い分はあったと思うが，「どうしても年上のほうが強くなってしまう」と，看護師長は語る。

② サブグループ化の影響

　年次が上の看護職が，若い看護職の指示に従わないことがあった。この部署では，サブグループ化が知覚されてから，若い看護職に不満を持つ，年次が上の看護職達と，若い看護職達との間で，対立があったという。例えば，若い看護職がリーダーを担当するときに，指示に従ってくれない，いうことを聞いてくれないということがあった。年次が上の看護職が，「なぜこの人がリーダーになるのか」と，看護師長に不満をぶつけてきたりした。単に関係性が悪くなるだけでなく，業務に支障が出ていた。また，この部署ではPNS（パートナーシップ・ナーシング・システム）を採用していたため，二人一組のパートナーを決める際にも，「この人とは絶対に一緒にやりたくない」など，難航したという。

　さらに，サブグループ化によって，若い看護職の中には，一部の年次が上の看護職と一緒に業務をすることに恐怖心を抱き，仕事に行くこと自体を嫌がることもあったという。その訴えは，看護師長の元にも届いていた。対策として，看護師長が見ている前では，若い人にきつく当たることがないため，一緒に作業をするときにはなるべく看護師長が立ち会ったりしていたという。

③ サブグループの解消

　このサブグループは，年長者グループメンバーの部署異動によって解消したという。部署Aに異動してきてからわずか1年で，別の部署に異動になった。

一番（影響が）大きい人がいなくなったから。たぶん1年しかいなかったですね。
1人いなかったら，だいぶ変わりました。今度は，若い子が強くなるんで

す。パワーバランスが。こっちよりも。上は上で，4人くらいいたんです。
若い子は若い子でいて。中堅34-35（歳）くらいの子がいて。やられてて。
1人いなくなるとこっちも強くなって。
やられてたことで不満がたまってたから。やっぱり今までいわれてることも
納得はしてなかったんだと思う。上の人が1人いなくなったことが大きかっ
*た。上の人はこっちのグループに属していて，**その人がいたから，そこ全体***
***が強くなっていたけど。**年令同じくらいだったし。*（看護師長）

　たった1人の異動によって，驚くほど雰囲気が変わったと，看護師長と副
看護師長は語っていた。そして，その1人がいなくなることで，全体のパ
ワーバランスが大きく変わった。これまで強い勢力を持っていた年次が上の
看護職たちが，急に力を失い，逆にこれまで攻撃されていた中堅や若い看護
職達が，力を持つようになった。

④　ケースの考察

　本ケースでは，年次が上の看護職1名の異動が活性化要因となっていた。
若い看護職に不満を持つ，どちらかというと攻撃性の強い看護職が加わった
ことで，これまで意識されていなかった，「若い＝経験が浅い，未熟である」
という紐づけがなされた。これまで潜在的であったカテゴリー化が，顕在化
したものといえよう。

　これまで，自分は経験が浅いとは認識していなかった看護職のアイデン
ティティが呼び起こされてしまった事例だと考えられる。一方で，年次が高
い看護職は，「自分たちは経験ある看護職だ」というアイデンティティが呼
び覚まされ，自己の属する集団を，それ以外の他者よりも，高く評価してい
た。リーダーを若い看護職にさせないよう求めたり，パートナーとして業務
をするときに若い看護職にきつく当たったりしていた。その基盤には，年次
が高い看護職に業務負荷がかかっているという不満があったのだろうと，副
看護師長は振り返っていた。

　本ケースは，1人の異動によって，あたかも地震が引き起こされるかのよ
うに（Lau & Murnighan, 1998），サブグループに分かれてしまった事例であ

る。このことからも、職場内の属性の構成が、集団プロセスに大きく影響することが分かる。結局、活性化要因となった1人を別の部署に異動させることで、サブグループ化も対立も解消した。「この人を異動させてほしい」という希望を叶えるのは、実務的には、簡単ではない。しかしながら、対立を短期間で解消するためには、最終手段ではあるが、有効かもしれない。

b. 部署 A のケース 2（チーム間対立）

　部署 A では、上記「一つ目のケース」のほかに、チーム制に基づくチーム間の対立があったという。具体的には、A・B チーム対 C チームという構図の対立であった。サブグループは本来、規定された集団ではなく、自然発生的に生まれるグループを指すが、以下のケースでは、所属チーム（A・B・C）を「属性」とみなして考える。

① サブグループ化の元になった属性ときっかけ（活性化要因）

　きっかけは、慢性化する繁忙感の中で生じた、「ちょっとした誤解」だったという。部署 A には、様々な部門があり、看護職はその部門間を行ったり来たりしながらケアに当たる。当然、必要な知識や手技は多岐にわたる。現在は、部門間でローテーションを組んでいるが、3 年前は、あまり、ローテーションを回していなかった。A・B・C チームごとに、担当部門を割り振っていた。各部門は部屋も別々であるため、他の部門の看護職が何をしているか、把握していない看護職が多かった。

　そんな中で、ふとしたときに、他の部門の看護職が「座っていた」のが目に入った。「自分のチーム（部門）はこんなに忙しいのに、向こうは余裕がありそう」と、あるチームの看護職が不公平感を感じたことから、サブグループ化が鮮明になったという。

　また、たまにローテーションを回して、担当以外の部門へ応援に行くと、たまたま余裕があるい時間帯だったりする。そうすると、「こんなに暇そうなら応援に来るのではなかった」と、また不満を抱く。

　「お互いがお互いのことを分からない」ことが、サブグループ化につながっていたという。

　すごくローテーションを回していないころがあって，同じ部署なんだけど，場所があまりにも違いすぎていて，**お互いの忙しさが目に見えないとき**が。私たちは，すごい忙しい，向こうの部署は忙しくないように見える，だけど，「忙しかった後のちょっと時間が，ふわっと，空いた時の話だったんだよ」，なんていうことが。（副看護師長）

私こんなにバタバタしてるのに，こっちをたまたま通ったら座って，座り仕事してたとか。そういうちょっとしたことです。こっちも，ご飯を食べずにバタバタしてたら，全然暇で，こんなんだったら来なくてよかったとか。本当にちょっとしたことです。（看護師長）

② サブグループ化の影響
　看護師長・副看護師長の元には，不公平感を感じる看護職から不満を訴えられていた。あちらのチームは暇そうなのに，こちらはなぜ忙しいのか。「時間」という資源をめぐる対立が起きていた。看護職場に共通することだが，相手が患者という人間である以上，予定外のことが生じることも多い。すぐに終わるはずのケアに時間を取られることもあるし，急変に対応しなくてはならないこともある。限られた診療時間内に，終わらせなければならないことも多いので，時間との戦いになる。

③ サブグループの解消
　看護師長・副看護師長は，不満を持つ看護職の間に入って，対立する双方のチームの話を聞いた。すると，他のチームの繁忙度が分からないために，チーム間で誤解が生まれ，対立していることが分かった。そこで，解消に向けて対策を講じた。
　一つ目は，ローテーションの実施である。ローテーションによって，他のチームが具体的にどのような仕事をしているのかを体感することで，どれだけ時間がかかるのか，どれだけ複雑な作業なのか，といったことが分かるようになる。それまでは他部門の行う業務のほんの一面しか知らなかった看護職も，自分がローテーションでその部門の業務をすることで，「こんな風に

皆（看護職）が動いている」というのが分かったという。このように，看護師長らは，話して説得するのではなく，体感して納得させる方法を取った。

　また，日頃の業務のローテーションだけではなく，新人教育も部門間で分担したという。それまでは，新人教育は，看護技術的なことから教えるために，特定の部門のみが担当していたが，ＣＴやＭＲＩといった部門を担うチームにも新人教育を担当してもらった。決して「座っているだけ」ではなくて，新人教育のチェックリストを作っていたり，教育計画を立てたりという作業があることを分かってもらえたと，看護師長は語る。

　二つ目は，「繁忙度の可視化と情報共有」である。朝のカンファレンス時に，各部署の本日の予定を，具体的に「数値で」発表してもらうようにした。例えば，「今日は，撮影部門で造影の患者さんが80件います」と，発表する。それが，どれくらい忙しいことを意味するのか，ローテーション前には分からなかった看護職も，ローテーションを経て「それは多い」と瞬時に分かるようになる。

　また，数値以外にも「治療室ではこういう患者さんが来るので，麻酔科も兼ねるので，ちょっとセッティングが大変です」という具体的な説明をするようになった。繁忙度が可視化されると，すでにローテーションを通じて他部署の仕事を知っている看護職は，それがどれくらい大変なことなのかをイメージすることができたという。

　さらに，人繰りがしやすくなるという効果もあった。他部門の業務内容が分かること，そして，繁忙度が分かることで，「自分たちの部門も忙しいけれど，1人，そちらの部門に行きましょうか？」という申し出ができる。逆に，「今日はとても忙しいので，1人他部門から欲しい」ということが「いい出せる」ようになったという。

④　ケースの考察
　まずは，サブグループ形成の元になる属性エレメントについて考察する。このケースでは，年令や習熟度の高低ではなく，Ａチーム・Ｂチーム・Ｃチームといった所属チームがサブグループ化の属性となっていた。これは，第5章で述べた，「形成契機が人工的な社会的カテゴリー」といえよう。す

でに述べたが，こうした形成契機が人工的なサブグループも，自然発生的サブグループと同列に扱えるのがフォールトライン概念の特長と考えられる。

　チーム制は便宜的なものにすぎないが，あるチームの一員であること自体にアイデンティティを持つ看護職がいるという話は，別の部署へのインタビューでも聞くことができた。別の部署では，新人歓迎の席で，「Aチームの●●です」という自己紹介をする人もいたという。

　先行研究でも，単にグループ分けをするだけでも，内集団ひいきが起こることが示されている（Tajfel et al., 1971）。人は，自分を含む内集団を高く評価し，自己高揚をはかる（Tajfel et al., 1971）。看護職たちは，自分のチームを高く評価することで，自己高揚を図っていたのかもしれない。

　このケースで，サブグループが顕現化する活性化要因となったのは，繁忙度である。繁忙の中で，自分たちのチームだけが忙しくて，他のチームは暇であるという，「ちょっとした誤解」が生まれた。繁忙度と，他部門（ほかのサブグループ）への無理解によって，サブグループ化が顕著になった事例である。

　現場の看護師長・副看護師長は，原因を把握し，サブグループ化解消のために，ローテーションと情報共有の在り方を見直した。これらの複合的な効果として，サブグループ間の相互理解が進んだという。いわば，一度はサブグループが顕現化したものの，深刻な対立になる前に，サブグループ化を解消させた例である。注目したいのは，看護師長・副看護師長の取ったリーダー行動である。ローテーションと情報共有によって，繁忙度を可視化し，客観化することで，職場の看護職達は，具体的に繁忙度と部門業務を理解することができた。Edmondson（2012，野津訳 2014）は，心理的安全を生むためのリーダー行動の一つに，「具体的なものや言葉を使う」ことを挙げている。職場で働く従業員は，上司や同僚を怒らせたりしないように，不明瞭な言い回しや，率直でない言葉を使って，意見のぶつかり合いを避けようとすることがある。これにより，物事の解決は後回しになる。本ケースでは，リーダー行動により，他のサブグループの看護職に対して，「こうしてほしい」と「いい出せる」状況になった。心理的安全を高めるリーダー行動により，潜在的フォールトラインが顕現化サブグループに与える影響が弱まった

事例である。

c. 部署 B のケース

部署 B の特色・看護職の業務内容
・潜在的フォールトラインの値を，全体中央値以上の群（強群）と中央値
　よりも低い群（弱群）に分類したところ，部署 B の潜在的フォールト
　ライン値は，強群に分類された。

・検査部門。
・部署 B という一つの部門の中に，内視鏡で光学医療に携わる看護職と，
　血液浄化医療に携わる看護職がいる。内視鏡は，診療の介助が中心で，
　血液浄化は治療中の観察や看護ケアが中心となる。後者は，主に患者と
　は透析中だけのかかわりとなる。
・チーム制は採用していない
・夜勤なし
・子育て中や，育児休暇などが終わり復帰する場所として配属される看護
　職が多い。30 - 40 代が多く，その他は，子育てが終わり，介護をして
　いる 50 代の看護職が多かった。新人看護職はいなかった。また心身の
　理由から夜勤ができない看護職もいたという。

① サブグループ化の元になった属性ときっかけ（活性化要因）
　この部署には，「価値観」や，「仕事のスタイルの違い」に基づくサブグ
ループがあった。そもそも価値観が異なると感じていたところに，仕事のス
タイルの違いが重なって，サブグループができたのではないかと，看護師長
は話す。
　サブグループ化のカギとなる人物は，2 人（A さん・B さん）いた。A さ
んは，自分と違う対処方法（業務への）を取る同僚に対して，強い違和感を
抱き，かつ，その違和感をはっきりと表に出すタイプだったという。また，
A さんは，物事を強くはっきりというタイプで，発言力があったという。自
分と同じ対処方法を取る人と，そうでない人を明確に区別し，かつ，他の人

にも違いについて同意を求めた。同意をしてくれる人は，さほど多くなかったが，そのような中で，サブグループ同士の対立関係は，かなり明確になっていった。「ギクシャクした」雰囲気があったという。

　また，Ｂさんは，看護師長によると，「キャラクターが濃い」人で，他の人とうまくやるのが少し苦手なタイプだったという。Ａさんが異動してくる前から，Ｂさんに関する相談を他の看護職から受けたりすることもあった。ＡさんとＢさんは，別のサブグループに属していたようだ。

　看護師長は，サブグループ化の明確なきっかけが，何であったかは，記憶していなかった。しかしながら，「業務に関すること」で，「ちょっとしたこと」だったと語る。別の看護職員から，サブグループ化に伴う人間関係の悪さについて，相談を受けたものの，忘れてしまったという。いずれにしても，そのＡさんが異動してきて，慣れてきたくらいのタイミングで個性を発揮し始め，サブグループ化が起こった。そして，1人が職場の雰囲気を大きく変えた。

　さらに，残業の多い／少ないによって，サブグループ化が起きていた可能性もあるという。夜勤こそない部署であったが，検査部門のため，検査が終わらない限りは帰ることができない。内視鏡検査の件数が多い日は，終業時間が遅くなる。小さな子どものいる看護職は残業ができないため，残業が可能な一部のスタッフが残らざるを得ない状況だった。それによる不公平感はあったという。看護師長としては，できるだけ皆が早く帰れるような取り組みを考えたりしたが，とにかく検査が終わらないことには帰れない。看護職から寄せられる不満を聞き，看護部に増員をお願いすることで対処していたという。残業の過多で「表立って」サブグループに分かれることはなかったものの，看護師長が面談で話を聞くと，不公平感を口にする看護職が多かった。また，仕事が終わる時間帯も異なる。遅くまで残るメンバーはいつも同じだったため，早く帰る人，遅く帰る人，というグループはあったかもしれないと，看護師長は話す。

② サブグループ化の影響
・雰囲気の悪さ
　看護師長は，サブグループ化による対立や雰囲気の悪さを，肌で感じていたという。同じフロアで長時間共に過ごすことが多い部署だったため，看護職達の態度や行動から，敏感に感じ取っていた。

6時間は，ずっとみんな同じ時間帯同じメンバーなので，私もそのフロアにいると感じることがあったりしますから。雰囲気っていうか，なんとなく感覚的なものですかね私の。なんか，ちょっとおかしいなとか。私がそばに行くと話の内容が，何か雰囲気が変わるってあるじゃないですか。<u>人には聞かれたくないときに話す雰囲気</u>と，なぜか他者が来たときに急に違う。
　あと，なんていうんだろう，ちょっとスイッチが変わる。そうそう。<u>急に声が高くなるとか。</u>なんか，<u>これは聞かれたくない何か，この場では言っちゃいけないことを言っているんだろう</u>なとか。それが何か分からなくても，そういうのを感じていて，結果的にいろいろあると，あれはそうだったのねっていうふうになる。（看護師長）

　また，サブグループ間の対立に伴い，周りから見ていて「辛そうだ」と思えるような，精神的にダメージを受けている看護職もいたという。心配した同僚看護職が，看護師長に伝えてくれることもあり，当人に話を聞くと，サブグループ間の対立に関することだった。だからといって，すぐに表立って，対立の原因となる人に対して話をすることはなかったという。
　さらには，対立するサブグループの看護職同士が，なるべく業務で一緒にならないように看護師長が配慮していたという。例えば，検査室の業務で，内視鏡の担当を決めるときに，看護師長が2人の担当をずらしたりしていた。また，看護師長から，Bさん本人に，修正してほしいところをフィードバックしたりもしていたが，直らなかったという。

・職場内の情報共有への影響
　サブグループ化による影響としては，大きな出来事はなかったという。そ

れは，看護職達が，仕事は仕事だという意識を持っていたからではないかと看護師長は語る。ただ，話をしたくないサブグループの人間に対しては，必要最小限のことしかいわない，事務的な伝達や，本当に落としてはいけないことだけが伝わる，といったことがあったかもしれないと振り返る。

　それをフォローしていたのは，看護師長であった。この部署は，短時間勤務や，育児休暇から復帰する看護職が多かったことから，勤務時間も様々な人があり，部署の全員が集まって話をする機会はほとんど取れなかった。そのような中でも，情報がいきわたるように工夫がなされていた。朝9時の時点で出勤している看護職には，毎朝の朝礼の時に伝達をしていた。また，夕方の病棟会は時間外に行われたため，短時間勤務の人は参加できない。ここでも情報の漏れがないように，重要事項は看護師長が直接，伝達・報告していたという。

③　サブグループの解消

　サブグループが解消された原因は，先に述べた，「発言力のある」Aさんが退職したこと，そして，対立関係にあったBさんが他部署に異動したことだった。Aさんの退職理由は，将来を考えて別の病院に行くというものであった。それにより，ギクシャクしたサブグループ同士の対立がなくなり，職場内の雰囲気が一変したという。

④　ケースの考察
・価値観の違いによるサブグループ化

　本ケースは，看護職の価値観の違いが，業務上のふとしたトラブルで表面化したケースである。年令，性別といった表層の属性ではなく，価値観や性格といった，深層の属性（Harrison et al., 1998）の違いによって，サブグループ化が起こり，職場内に対立関係が生まれていた。インタビュー調査の結果示されたのは，看護職場における価値観の違いには，「看護観の違い」「仕事の進め方の違い」「働き方の違い」などがあるということである。Jehn et al.（1999）によれば，集団成員によって，その集団のタスク，目標，狙い，使命などがどうあるべきか，という考え方が異なるとき，価値観の多様

性が存在する。具体的にいうと，業務の効率性を重視する人，業務の質を重視する人，人間関係を重視する人などの違いである。こうした，価値観の多様性が高まると，関係性コンフリクトにつながりやすく，満足感や集団へのコミットメントを低下させるなど，集団成果にも影響する（Jehn et al., 1999）。本ケースでも，同様の集団プロセスが起きていたものと考えられる。

・働き方の違いによるサブグループ化

　さらに，本ケースでは，残業の多い／少ない，という属性も，サブグループ化に寄与していた可能性がある。第 9 章で論じたように，子どもの有無は，短時間勤務と，夜勤を含むフルタイム勤務という働き方の違いに直結する。看護師は女性が 9 割以上を占める職種であり，出産・育児に伴う休業や短時間勤務はつきものである。しかしながら，子どものいる看護職が働けない分，子どものいない看護職に業務負荷がのしかかると，子どものいない看護職は，不公平感を感じやすい。また，物理的に夜勤の時間帯に子どものいない看護職が一緒になることも多く，連帯感が高まりやすいことも，サブグループ内の結束を強めることになることが示唆された。

・サブグループ化の解消

　本ケースでは，結局キーパーソンが異動するまで，サブグループ間の関係は変わらなかった。サブグループ化が鮮明になっている中では，業務上の情報伝達や，担当者の割り振りなど，現場の管理者が様々な配慮をする必要があること，そして，管理者レベルでの対応には限界があり，人員配置などトップマネジメントレベルの対応が必要であることが分かった事例である。

d. 部署 C のケース

部署 C の特色・看護職の業務内容
・潜在的フォールトラインの値を，全体中央値以上の群（強群）と中央値
　よりも低い群（弱群）に分類したところ，部署 C の潜在的フォールト
　ライン値は，強群に分類された。

・助産師資格を持つ看護師と，持たない看護師が一緒に働いている。
・部門が多岐にわたる。助産業務，生まれた赤ちゃんをケアする NICU が
　同じフロアにあり，助産師ではない看護師もいる。病棟は褥室と，出産
　前の患者さんの部屋，出産後の患者さんの部屋，新生児室，NICU，授
　乳室がある。すべて個室なので，ほかの部屋のことは見えにくい。
・夜勤あり

---

① サブグループ化の元になった属性ときっかけ（活性化要因）

・サブグループ化の属性

　この部署では，看護師としての経験の豊富さ，助産師資格を持っている
か，能力の高低，そして，家族構成とライフスタイル，という四つの属性に
基づいて，サブグループができていたという。優秀で経験も豊富な人と，能
力があまり高くなく，経験が浅い人の分断が顕著で，「全部，何でもできる
人たち」の勢力が非常に強かった。

　サブグループ化は，看護師長が着任した時にはすでに顕現化していた。何
かのきっかけがあって，というよりも，部署の中で「脈々と」受け継がれて
きたと，看護師長は語る。背景として考えられるのは，診療報酬の加算要件
に合致するよう，部門の構成変更を行い，看護職の数を増やしたことであ
る。助産師資格保持者は，絶対数が少なく，急に増やすことはできない。そ
こで，看護師資格のみの看護職が部署内に増えた。現在は，助産師と看護師
とは，同じくらいの割合だという。

　また，部署特有の厳しさが一因だと考えられる。大学病院の産科・NICU
には，「ふつうのお産」はほとんどない。心臓，脳，脊柱，脊髄に病気を
持っている赤ちゃんや，染色体異常の赤ちゃんも多い。そのため，異常分娩

の割合が圧倒的に高く，ストレスが強い職場である。先述した，「何でもできる人」は，そのような特殊なストレスに，耐え抜いて，残った，10年選手の看護職である。

　こうした，経験の豊富さ，能力の高低と，助産師資格の有無に加えて，家族構成もサブグループ化の一因になっていた。<u>独身で時間外も多くする人</u>と，<u>時間外は一切せず，仕事も家族との時間も大切にする人とでは，自然と似た者同士でサブグループが作られがちだった</u>という。

・活性化要因

　看護師長によると，サブグループが顕現化するきっかけ（活性化要因）は，特にこれというものは心当たりがなく，脈々と受け継がれてきたサブグループだという。人が入れ替わっても，変わらないという。ずっと以前から，培われてきたサブグループの意識があったのではないかと語る。部署の中で経験を積み，5-6年次になった人が，新しいグループを形成するというわけでもない。何でもできるグループに入る人もいれば，適度な距離を取る人もいるという。

　もう（私が部署に配属されて）来たときには，なんとなくそういうグループがありましたね。<u>独身で仕事に集中して，余暇を楽しんで，</u>っていう人もいれば，家族がいて仕事も一生懸命するけど，<u>1分でも早く家に帰って，家族の面倒を，</u>っていう人もいて。そういうところでやっぱり同じような境遇の人は，っていうのと。

　あとは，やっぱり仕事の出来栄えっていうか，仕事がよくできるって，自負している，お互い認め合っている人たちのグループもあって。逆のパターンも，何か，私だめっぽい，みたいな人たちが集まるっていうのも，あったと思うし。自然だと思うんですけど。（看護師長）

② サブグループ化の影響
・若い看護職の指導に関する問題

　何でもできるグループが，若い人たちの能力を早期にジャッジし，認めら

れた人にはしっかりと手厚く指導する，そうでない人にはそこまでの手厚い
指導はしない，という方法がとられていたという。若い人は，看護職として
の能力に加え，態度もジャッジされていた。例えば，聞かれたことに答えら
れず，その場しのぎの対応をしたりすると，何でもできるグループの信頼を
失ってしまったという。認められなかった人は，単純で問題のない仕事を割
り当てられた。

　助産師の場合，お産にかかわれなければ，自身の能力を伸ばすことも生か
すこともできない。退職した看護職も多かったという。リスクの高いお産が
多い部署であり，ミスは許されない。それだけに，看護職同士の信頼関係が
とりわけ重要視されていた。

*結構ね，よくできる人たちが，若い子たちを，早い時期にジャッジしちゃう
んですよ。「この子は見所がある，この子はダメですよね」。そこでジャッジ
された子の，しんどさというか，フォローが大変だった。見込んだ人には，
非常に期待をしているので，しっかり教える，だけど，この子はこれ以上や
ると，潰れる，じゃないけど，無理だなと思ったら，手を控える。まぁそこ
から先をどうしていくかな，っていうのは，その子が踏ん張るか，異動，部
署異動するか，退職するか，っていうことになっていくと思うんですけど。*
（看護師長）

・休暇取得をめぐる対立

　業務外では，休暇の取り方をめぐる対立があったという。休暇を好きなよ
うに取るサブグループと，休暇を取りたくても口に出せないサブグループが
あった。休暇を好きにとるのは，独身で，仕事にも集中するけれども，連休
も取得して年に何度も海外に行きたいというライフスタイルの数人だった。
仕事は非常に優秀だったという。そうした人たちが，先に休み（連休）を
取ってしまうので，残りの日程から，病棟業務に支障がでないように休む方
法を考えながら，休暇を取得しなくてはならなかった。例えば，本当は９月
に休暇を取りたくても，我慢して６月に取る，といったことである。これに
強い不満を抱く人たちがおり，看護師長は，調整が大変だったと振り返る。

特に，若い1-3年目の看護職は，休み希望を出しにくく，我慢して働かなくてはならなかった。

③　サブグループの解消

サブグループは，現在も解消されていないという。休みの取り方に関しても，他部署のように，くじ引きで平等にする，といった提案もしたが，「取りたくない時期に休みはいらない」といわれ，意見は通らなかったという。

④　ケースの考察

本ケースは，「仕事ができる・できない」「経験が豊富か・浅いか」「助産師か看護師か」「ライフスタイル」という軸で，脈々とアイデンティティの再認識が繰り返され，フォールトラインが強化されていった例である。何年も前の制度変更で看護職が増えた頃からサブグループ化が始まり，そこから，時間をかけてフォールトラインの強度が増していったと考えられる。優秀で，何でもできるサブグループが，自分たちのサブグループにふさわしい人を厳格にジャッジする。認められなかった人は，認められなかった人同士でサブグループを作っていた。

また，「休暇」という，限られた時間資源をめぐる対立があった。仕事ができて経験豊富な助産師で，かつ，独身で余暇を楽しむというライフスタイルの人たちがいて，この勢力が優先的に休暇を取っていた。強い勢力による資源の独占が行われ，弱い勢力は我慢を余儀なくされていた。常に休みの無い病棟では，看護職が一斉に休暇を取るわけにはいかない。一定数の看護職が，常にいるようにしなくてはならない。限られた資源だけに，不満も大きかっただろう。このように，サブグループ間で不公平感がうまれ，サブグループ間の分断がより強まったと考えらえる。

補章1.2節　考察

補章 1.2.1　サブグループ化の元となる属性

　本章では，定性調査を通じて，サブグループ化のプロセスを検討した。その結果，サブグループ化の元になる属性として，働き方（子どもの有無・家族構成），経験，年令（経験年数），看護師としての能力，グループ制，仕事への価値観が抽出された。

① 働き方・子どもの有無の違いによるサブグループ化

　子どもの有無に付随した，働き方の違いによるサブグループ化は，部署B・Cにおいて見られた。部署Bでは，残業の多い／少ないによって，サブグループ化が起きていた。検査の件数が多い日は，終業時間が遅くなるため，小さな子どものいる看護職は残業ができない。そのため，残業が可能な一部のスタッフに負荷がかかり，不公平感があった。また，残業をするスタッフ同士は自然と，共に過ごす時間も長かったといい，連帯感が増した可能性もある。また，部署Cでは独身で夜勤を含め仕事を目いっぱいする看護職と，定時で終わり家庭を重視する看護職とで分かれていたという。部署Cでは，日頃の残業多寡よりも，サブグループ間で，休暇の取り方をめぐる対立があった。

　繁忙が常態化している看護職場では，残業や休暇といった「時間」という資源がかなり限定される。この限られた資源が公正に配分されないと知覚するとき，サブグループが顕在化する。部署BおよびCの事例は，子どもの有無に付随する，働き方の違いによって，サブグループが生まれていたことを示している。

② 専門職としての経験と実力

　本調査の結果，看護職場においては，経験と実力が，サブグループ化の背景になりうることが示された。部署AとCでは，経験・実力が少ないことを理由に，他者を自己と異なるサブグループに分類し，低く評価していた。

社会的アイデンティティ理論に基づけば，内集団ひいきと外集団敵意により，自己を他者よりも高く評価しようとしていたと考えられる。経験と実力に関わる属性としては，経験年数，能力，勤続年数，職位，学歴などが考えられる。学歴は，看護職の場合必ずしも実力とイコールとは判断されないかもしれないが，一つの固定的指標にはなりうる。比較的等質な専門職で構成される看護職場では（田尾, 1995），自然と，看護における実力の違いによって，自己と他者を区別しようとする仕組みが働くのかもしれない。

③ 学歴と経験年数の関係についての考察

　本書の定量分析では，潜在的フォールトラインを，学歴，子どもの有無，職位で算出している。本事例でサブグループ化の元となった，経験年数や年令自体は，潜在的フォールトラインの属性として採用していない。しかしながら，学歴と経験年数の関係から，次のような解釈が可能である。

　近年，看護系大学の増加に伴い，看護職の高学歴化が進んでいる。言い換えれば，昔は 4 年制大学卒で看護職になる人の数は少なかった。つまり，経験年数が長い人ほど，学歴が低くなりがちである。若い人と，年次が上の人との対立は，経験年数が長く学歴が低い人と，経験年数が短く学歴が高い人，という構図にも見える。なお，個人レベルのデータで見ると，大卒ダミー（大卒以上 = 1, 専門短大高卒 = 0）と，休業期間を除いた看護職としての経験年数との相関係数は，－.456 であり，0.1% 水準で有意であった（p = .000）。

④ 属性の重なりによる影響

　部署 A のケース 1 では，異動してきた看護職によって，職場内にサブグループが顕在化していた。この部署のリーダーである看護師長と，異動してきた看護職は，ともに専修・各種学校卒で，どちらにも 15 歳以下の子どもはいなかった。両者は年令も近かったといい，学歴と子どもの有無という属性が似通っていた。若手に対しては攻撃的でも，看護師長に対しては，反抗的な態度を取ることはなかったという。当該看護職が，学歴を子どもの有無という属性が共通する上司を，自分と同じか，比較的近い（分断の弱い）サ

ブグループに分類していた可能性がある。

　また，部署Cでは，助産師として経験豊富，かつ，仕事に振り向ける時間の長い単身者と，たとえ経験豊富でも家庭での時間をしっかり取りたい職員との間で，休暇の取り方をめぐる対立があった。つまり，「経験」という属性と，子どもの有無という属性が，重なり合って，サブグループが顕在化していた事例である。

⑤「表立って」現れる対立と表れにくい対立

　部署Bのケースでは，価値観や仕事のスタイルの違いによる対立は，顕在化していたが，残業の多い／少ないという違いによる対立は，表立っては現れず，一対一の面談等で明らかになっていた。つまり，部署Bの看護職は，普段は業務負荷の偏りによる不公平感を隠しているが，心の奥底では機会があれば上司に伝えて，不公平を是正したいと願っていた可能性がある。本書の定量調査でも，無記名の自由記述欄で，サブグループ化の元になる属性として，「家族構成」「小さい子どもの有無」など，働き方の違いに関連する属性が挙げられていた。職場内で顕在化させたくないが，不公平感がある，という状況は，サブグループが顕現化する前段階といえる。こうした職員のサブグループ化の芽を摘むことが，部署のマネジメントには求められる。

補章1.2.2　活性化要因についての考察

　最後に，サブグループ化を引き起こす過程について考察する。何がサブグループ化を引き起こすのかをインタビューしたところ，新規メンバーの外集団への態度，繁忙によるカテゴリーの顕在化，時間をかけて繰り返されるアイデンティティの再認識，の三つが，活性化要因になりうることが示された。以下では，これら三つについて理論的背景を含めて考察する。

① 新規メンバーの外集団への態度

　フォールトラインは，メンバーの属性の構成から作られる。したがって，メンバーの新規加入や退出によって，大きな影響を受ける。こうした新規メ

ンバーの存在や振る舞いが，サブグループ化の活性化要因となったというの
も，理解しやすい。まず，新規メンバーの態度については，部署Aと部署
Cに見られた。両部署とも，異動者の，外集団に対する攻撃的態度によっ
て，社会的カテゴリー化が引き起こされていた。部署Aでは，経験豊かな
看護職が，若くて経験の浅い看護職に対し，不信感をあらわにすることで，
サブグループ化が生じていた。また，部署Cでは，価値観や仕事のスタイ
ルの違いが，「よくないもの」として批判されることで，サブグループ化が
起こっていた。これらの事例は，外集団へのネガティブなステレオタイプが
態度として示されることで，これまで潜在的であった社会的カテゴリーが顕
現化したものと考えられる。つまり，「経験豊か・経験の浅い」「若い・年
長」という社会的カテゴリーが，新規メンバーにより「若い＝経験が浅い」
との紐づけがなされ，かつ，ネガティブな態度を取ることで，顕現化した。
この結果は，活性化要因に関する先行研究とも符合する。Chrobot-Mason et
al.（2009）は，フォールトラインが活性化するのはどういう時かを分析し，
その一つに，その人の属する集団へのネガティブなステレオタイプやネガ
ティブな取り扱いの結果としてアイデンティティが脅威にさらされる時
（Steele et al., 2002）を挙げている。部署Aの事例では，若くまだ経験の浅
い看護職のアイデンティティが脅威にさらされたことで，サブグループが顕
在化していたと推測できる。さらに，部署Cでは，価値観や仕事のスタイ
ルが「違っている」ことを批判していたグループがあった。これは，批判さ
れたグループには「同化」（Chrobot-Mason et al., 2009）の圧力だと受け取
られた可能性がある。同化とは，多数派の集団が，他の人々も自分たちと同
じように行動するだろうと予測してしまうことである。本事例では，多数派
ではないが，態度が攻撃的で強い集団が，多様性を認めず，他の集団にも同
じような価値観・仕事スタイルを取るべきだと迫っていたために，サブグ
ループ化が生じたとも考えられる。

② 繁忙によるカテゴリーの顕在化
　さらに部署Aの別の事例では，チーム所属という，形成契機が人工的な
カテゴリーにおいても，サブグループが活性化することが示された。先行研

究では，単にグループ分けをするだけでも，内集団ひいきが起こることが示
されている（Tajfel et al., 1971）。人は，自分を含む内集団を高く評価し，自
己高揚をはかる（Tajfel et al., 1971）。看護職たちは，自分のチームを高く評
価することで，自己高揚を図っていた可能性がある。形成契機が人工的なカ
テゴリーによるフォールトラインからもサブグループ化が起こるという知見
は，本研究で新たに得られたものである。さらに，こうしたカテゴリーが顕
在化するきっかけとなったのは，部署全体の繁忙感であった。業務が忙し
く，余裕がなくなり，自分のグループだけが忙しいと誤解して，不公平を感
じていた。

　この点は，「違いのある取り扱い」（Chrobot-Mason et al., 2009）が活性化
要因となるという研究とも符合する。違いのある取り扱いとは，支配的なグ
ループと，被支配的なグループとで，違いのある対応を取ることをいう。時
間という資源の分配が，グループによって異なる（と感じる）ことで，サブ
グループ化が起こる（Chrobot-Mason et al., 2009）。逆に，グループごとに
違いがあるわけではないことが示されれば，サブグループ化は解消する可能
性がある。部署Aでも，繁忙度の可視化と，ローテーションによって，サ
ブグループは解消していた。このように，サブグループを顕現化させる要因
が特定できれば，サブグループ化を抑えるアクションを取ることができる。
活性化要因の特定は，本書が主張してきた，多様性のプラス面を生かすため
の，マイナス面を抑える取り組みを探る材料になる。

③　時間をかけて繰り返されるアイデンティティの再認識
　部署Cの事例では，何かのきっかけがあったというのではなく，時間を
かけてアイデンティティが繰り返し再認識され，サブグループが顕現化して
いた。サブグループ化もととなった属性は，「仕事ができる・できない」「経
験が豊富か・浅いか」「助産師か看護師か」「ライフスタイル」であった。
（強いサブグループから見て）仕事が「不出来」で，経験が浅く，助産師資
格を持たない看護職は，仕事ができて，経験豊富で，助産師資格を持つ勢力
（サブグループ）から，厳しくジャッジされていた。「見込みがある」と判断
されれば，自分たちのサブグループメンバーとして，徹底的に仕事を仕込ま

れる。「見込みがない」と判断されれば，たとえ助産師であっても，当たり障りのない仕事を与えられていた。数年前の制度変更で，部署内に，助産師資格のない看護職が増えたころから，サブグループ化が始まったという。助産師資格の有無が，能力の高低と結びつくことで，そこから，時間をかけてフォールトラインの強度が増していったものと考えられる。

　本事例は，フォールトラインの活性化要因の時間軸についての知見を提供している。先行研究では，これまで，フォールトラインの活性化要因としては，単発的な出来事や，職場風土が検討されてきた。しかし，両者には時間軸の違いがある。本事例は，何年もの時間をかけてアイデンティティが繰り返し再認識されることで，強く分断されたサブグループが生まれることを示している。これは，「②繁忙によるカテゴリーの顕在化」で示した事例とは明らかに顕現化のプロセスが異なるといえよう。時間をかけて顕現化したサブグループは，解消も困難であることが予想される。多様性のマイナス面を乗り越えるアクションを検討する上でも，時間軸の違いは，重要な視点だと考えられる。

補章 1.2.3　看護職場にとってのサブグループ

　田尾（1995）は，中規模以上の医療組織において，看護集団を職場集団として捉えたときの特徴を，次のように述べている。
・師長をトップに副師長，役職なしのスタッフ看護職をメンバーとする。
・集団成員は比較的等質である。同じような知識・技術を持つ人の集合である。
・診療科目に対応した機能的な集団である。
・交代勤務制かつ多忙なため，メンバー全員が顔をそろえることは少ないが，何科の看護職集団かという帰属意識はある。
・情報共有・連絡調整が重要で，患者への個々の対応に問題が無ければ，集団は稼働する。
・専門職の集まりなので，むしろ情緒的な人間関係要因は意図的に削除しようとする傾向もある。しかし，それだけでは集団所属の欲求が満たされないため，インフォーマルな集団が発達する。仕事優位の集団を越えた，情

　動重視の集団である。そのため，結局は人間関係が重要になる。看護は一
　人では成立せず，チームワークが重視される。
　これらの特徴を本書の事例に照らしてみると，当てはまる部分が多い。つ
まり，専門性を元に同僚をジャッジし，サブグループを形成するなど，一見
情緒的な人間関係要因を排除し，互いの専門性をよりどころに集団として職
務に当たる看護職だが，実際には，人間関係が大きな要素となる。そのた
め，必ずしも専門性の高低だけでなく，子どもの有無や学歴など，人間関係
に影響する要素が複合的に作用してサブグループが生まれている可能性があ
る。

フォールトラインの形成プロセス：
フォールトラインの計算方法

　本章では，フォールトラインの計算方法についての分析と考察を示す。先行研究では，研究ごとに，フォールトラインの計算方法はかなり異なっている。そして，その計算方法も様々である（Meyer, Glenz, Antino, Rico, & González-Romá, 2014）。

　フォールトラインという概念を提唱した Lau & Murnighan（1998）は，フォールトラインの基本的な考え方を示したにすぎない。そのため，フォールトラインの測定方法が複数存在している（Thatcher & Patel, 2012）。先行研究では，なぜその計算方法を採用するのかについて，判断基準が明確になっていなかった。分析において，どのような対象を調査したいか，また，どのような結果が必要かによって，最適な計算方法は異なる。各計算方法の条件を知らなければ，ともすると，計算プログラムが入手可能なものを，採用する，という選択肢になりかねない。そこで本章では，数ある計算方法のうち，どのような場合に，どれを用いるべきなのかを検討する。

補章 2.1 節　フォールトラインの計算方法についての分析

補章 2.1.1　フォールトラインの計算方法を明らかにすることのメリット

　フォールトラインがどのように計算されているのかを把握することは，フォールトラインとパフォーマンスの関係を見る上での大前提となる。どのような場合に，どの計算方法を用いるべきかが明確になれば，フォールトライン研究に取り組む研究者や，実務での利用が増えることが期待される。

　第6章でレビューした先行研究の中で用いられていた計算手法は，10種類であった。これらの計算方法の詳細をまとめたのが，図表補2-1である。こうした比較は，実際に属性データを元にフォールトライン値を測定・計算する上で参考になることが期待される。

▌図表補2-1　フォールトラインの計算方法

	測定方法・出典	計算方法	長所	短所
1	サブグループの強さ （Gibson & Vermeulen, 2003）	一つのチームにおいて異なるペアにまたがる重なり合いの標準偏差を取ることで，サブグループの強さを測定する。 何人かのメンバーが，他のメンバーと共有されていない人口統計学的な背景が重なり合いを共有している時，フォールトラインが存在する。 一つのチーム内で多くの重なり合いがあるペアあるとき，また，重なり合いがほとんどないペアがあるとき，サブグループが非常に強くなる。	・二つ以上のサブグループを測定できる。	・メンバー－サブグループの関係（メンバーがどのサブグループに属しているのか）をとらえられない。（Meyer & Glenz, 2013） ・サブグループの数を測定できない。（Meyer & Glenz, 2013） ・Lau & Murnighan（1998）が提唱した，多元的なアラインメント（並び）考慮していない。（Thatcher & Patel, 2012） ・取り得る値の範囲が決まっていないため，他の指標との比較が難しい。（Meyer & Glenz, 2013）
2	*Fau* フォールトラインの強さ （Thatcher et al., 2003）	サブグループのメンバーシップによって説明される全分散の割合。最も強いグループの分離に基づく多変量クラスターに由来する二乗の総和に対する，サブグループ間の合計の割合で求める。 フォールトラインは，一つのグループを，$S=2^{n-1}-1$ 通りに，二つのサブグループに分断する。	・サブグループ間，サブグループ内の分散を同時に計算できる（Thatcher & Patel, 2012） ・連続変数と，カテゴリカル変数の両方を扱う事が出来る。 ・サブグループを特定できる（Lawrence & Zyphur, 2011）	・異なる尺度を持つ属性と，基礎になる分布特性を，手動で生データを変換する必要がある。（Lawrence & Zyphur, 2011） ・20名以上のグループで用いるのは計算上困難。 ・サブグループは二つまでしか測定できない。（Meyer & Glenz, 2013） ・二つのサブグループが内部で完全に均質である場合に，区別できない。（Trezzini, 2008） ・一つの属性に重みづけができない。（Barkema & Shvyrkov, 2007）
3	*FLS* （Shaw, 2004）	一つの属性に関してサブグループが定義され，属性ごとのサブグループの数がそのカテゴリーの数で決定される。 内部の並び（internal alignment）とサブグループを越えた並びの指標（cross-subgroup	・サブグループの数は二つに限定されない。 ・属性の数とカテゴリーにのみ影響を受ける。　（Meyer & Glenz, 2013） ・サブグループ内・間の不均質性を同時に	・*FLS* は，関係するすべての属性に対してのたった一つのメンバー－サブグループの関係を算出できない。（Meyer & Glenz, 2013） ・異なる尺度を持つ属性と，基礎になる分布特性を知りたい場合，手動で生データを変換しなければ，同時に分析でき

（図表補2-1つづき）

測定方法・出典	計算方法	長所	短所
	alignment index）を組み合わせて，全体 *FLS* を両者の平均値で計算。	測定できる（Thatcher & Patel, 2012）	な い。（Lawrence & Zyphur, 2011） ・連続変数を投入できない。 ・一つの属性に重みづけができない。（Barkema & Shvyrkov, 2007）
4 派閥のフォールトライン（Factional Faultlines）（Li & Hambrick, 2005）	各チームをある属性に基づいて，派閥に分割する。そして，各派閥の年令や勤続年数など数値属性の平均値を計算する。各属性について，ある所与のチームにおける派閥間の差異を測定する。d 統計量を修正した手法。差異の値を標準化して加え，フォールトラインを算出。	・一つの属性単位で計算を行うため，比較的計算が容易。	・複数の属性を扱う事が出来ない。（Meyer & Glenz, 2013） ・一つの属性に重みづけができない。（Barkema & Shvyrkov, 2007）
5 *LCCA* 潜在クラス・クラスター分析（Latent Class Clustering Analysis）（Barkema & Shvyrkov, 2007; Lawrence & Zyphur, 2011）	潜在クラス・クラスター分析で割合データと数字データで，チーム内にサブグループが存在するかどうかを特定する。次に，Lau & Murnighan (1998) の質的手続きを用いて（"Align-Way"を算出し），弱いフォールトラインと強いフォールトラインを識別する。	・カテゴリカル変数，名義尺度，連続変数を同じ分析で扱う事が出来る。 ・グループの中に存在するかもしれない潜在的なフォールトラインを測定できる。 ・比較的無制限の属性とともに用いることができる。 ・一つの属性に重みづけができる。	・2値のカテゴリカル変数（性別など），および／または，クラス内相関の計算が困難である。（Meyer & Glenz, 2013） ・30名より少ないメンバーのチームでは計算が不安定になる。（Thatcher & Patel, 2012） ・既存の算出方法に補足するものという位置づけ。（Lawrence & Zyphur, 2011）
6 極化多次元多様性 *PMD* : Polarized Multi-Dimensional Diversity（Trezzini, 2008）（Trezzini, 2013）	サブグループは一つの属性に関して *PMDcat* で定義され，属性ごとのサブグループ数はそのカテゴリーの数で決定される。 いくつかの対立するサブグループに分断する。	・サブグループの数は二つに制限されない。	・連続変数を投入できない。 ・サブグループの数や，メンバー－サブグループの関係を特定できない。（Meyer & Glenz, 2013） ・一つの属性に重みづけできない。（Barkema & Shvyrkov, 2007） ・グループサイズによってバイアスが生じる。（Thatcher & Patel, 2012）
フォールトラインの距離（Faultline Distances）	サブグループ間の距離。フォールトラインの強さ（*Fau*）だけでなく，距離を求める。	・すべての変数がカテゴリカル変数のときにも，完全なフォールトラインの分裂を区別できる。	・フォールトラインの強さと距離は，別の構成概念とはいい切れない。どちらもグループ間変動の二乗の和を式中に含んでいるため，相関が高い。

（図表補 2-1 つづき）

	測定方法・出典	計算方法	長所	短所
7	(Bezrukova et al., 2009; Zanutto, Bezrukova, & Jehn., 2011)	サブグループ間のユークリッド距離（グループ間分散の二乗の和）を乗じる。Fau × フォールトラインの距離 という形で用いられることが多い。	・完全にフォールトラインが分裂するとき（$Fau = 1.00$）に，サブグループが同じくらい互いに近い場合の完全な分裂と，完全に離れている場合の完全な分裂とを区別できる。	したがって，両者を掛け合わせると，グループ間変動の二乗の和の影響が増してしまうという点が指摘されている。(Meyer & Glenz, 2013) ・一つの属性に重みづけができない。(Barkema & Shvyrkov, 2007)
8	重回帰分析 (van Knippenberg et al., 2011)	ダイバーシティの属性が収束する程度。グループ内の類似性とグループ間の差異が，フォールトラインに基づくカテゴリー化につながるという考え方。	・連続変数を扱う事が出来る。 ・サブグループ内の類似性だけでなくサブグループ間の差異をもとらえることができる。	・サブグループの数や，メンバー－サブグループの関係を特定できない。(Meyer & Glenz, 2013) ・一つの属性が全員に共通している場合，フォールトラインが測定できない。(Meyer & Glenz, 2013) ・一つの属性に重みづけできない。(Barkema & Shvyrkov, 2007)
9	ASW 平均シルエット幅フォールトラインクラスタリング (Average Silhouette Width Faultline Clustering) (Meyer & Glenz, 2013)	Fau の考え方に基づきながら，クラスター分析の手法を取り入れた測定方法。 　サブグループ内の類似性，サブグループ間の分離，クラスターの最適な数を考慮し，グループの分割の質を測定する。二つ以上の均質なサブグループがあるグループにとって，最も強いフォールトラインに関するサブグループ分断を検知するために，クラスター分析を用いる。	・2 以上のサブグループがある場合に使える。 ・グループの人数が20 名以上の場合にも使える。	・一つの属性に重みづけできない。(Barkema & Shvyrkov, 2007)
10	サブグループの数 サブグループのバランス (Carton & Cummings, 2013)	まず，最も強いフォールトラインの形を特定する（フォールトラインを作るそれぞれの属性において，フォールトラインによって分けられる 2 人のメンバーが異なっている，平均の量）。 　次に，最も強いフォールトラインの配置を決め，チームをサブグループに分ける。 　最後に，各サブグループが，より小さなサブグループに分かれるかを検証し，サブグループ数とバランスを算出。	・サブグループの数とバランスを算出できる。 例：(AC)	(BD) 　　(BCD)	(A)	・計算上，10 名のグループまでしか計算できない。

　図表補2-2には，開発された年代順に，フォールトラインの計算方法をまとめている。計算手法の名称，計算方法の概要，長所，短所を示した。最も多くの研究で用いられていたのが，*Fau*（Thatcher et al., 2003）（9本），および，*Fau*に足りない点を補う形で，後に開発された「フォールトラインの距離」である。9本中4本で，*Fau*にフォールトラインの距離（Bezrukova et al., 2009）と掛け合わせる形で用いられていた。*Fau*に次いで，多くの研究で用いられていたのが，*FLS*（Shaw, 2004）である（4本）。4本のうち1本は，*FLS*の考え方を発展させた手法である（van Knippenberg et al., 2011）。その他の測定方法は，いずれも使用されたのは一度のみで，その他の論文では用いられていなかった。さらに比較のために，各計算方法の選択基準として重要な項目を抜粋した。

■ 図表補2-2　フォールトラインの計算方法の比較

	測定方法	人数の制限	サブグループ数特定可否	計算可能な変数種類
1	サブグループの強さ（Gibson & Vermeulen, 2003）	明示なし	特定できない	連続変数カテゴリカル変数
2	*Fau*（Thatcher et al., 2003）	19名まで	特定できる（二つまで）	連続変数カテゴリカル変数
3	*FLS*（Shaw, 2004）	上限なし	特定できる	カテゴリカル変数
4	派閥のフォールトライン（Li & Hambrick, 2005）	上限なし	明示なし	連続変数カテゴリカル変数
5	*LCCA*潜在クラス・クラスター分析（Barkema & Shvyrkov, 2007）	30名～上限なし	特定できる	連続変数カテゴリカル変数
6	*PMD*極化多次元多様性（Trezzini, 2008）	明示なし	特定できない	カテゴリカル変数
7	フォールトラインの距離（Bezrukova et al., 2009）	不明	特定できる（二つまで）	連続変数カテゴリカル変数
8	重回帰分析（van Knippenberg et al., 2011）	明示なし	特定できない	連続変数カテゴリカル変数
9	*ASW*（Meyer & Glenz, 2013）	上限なし	特定できる	連続変数カテゴリカル変数
10	サブグループの数サブグループのバランス（Carton & Cummings, 2013）	10名まで	特定できる	連続変数カテゴリカル変数

　図表補 2-2 では，計算方法の名称・出典と合わせて，何人のグループまで測定できるかという人数の制限，フォールトラインによって生まれるサブグループの数の特定可否，計算可能な変数の種類を示した。派閥のフォールトライン，*FLS*，*ASW* は，計算可能な人数に制限は無かった。*Fau* は，計算上 19 名までという上限があった。また，*LCCA* は下限が 30 名であった。*Fau* はサブグループの数が「二つ」という前提で計算を行うが，*FLS*，*PMD*，*LCCA*，*ASW* は二つ以上のサブグループ数を特定できる。また，*FLS* と *PMD* は，連続変数を扱う事が出来ない。

補章 2.2 節　フォールトラインの計算方法についての考察

補章 2.2.1　フォールトラインの計算方法の選定基準

　本書では，レビューの結果，フォールトラインの計算方法には，グループの人数，特定可能なサブグループの数，扱う事のできる変数において，違いがあることが分かった。年令や勤続年数のような連続変数を，カテゴリカル変数にせず，そのまま投入することができれば，より正確に，フォールトラインを測定できるだろう。

　とりわけ重要なのは，フォールトラインを計算するグループの人数である。フォールトラインの測定方法は次々と開発され，近年では，より大きなグループのフォールトラインを測定できるようになってきた。具体的には，10 名以下の小グループだけでなく，部署レベル，組織レベルのフォールトラインをも測定することができる（例えば，Lawrence & Zyphur, 2011; Meyer & Glenz, 2013）。実証研究でも，平均 20 名を超えるワークユニットのフォールトライン（性別・年令・職能役割・勤続年数）が，個人の職務専念（job dedication）に影響することが示されている（Chung et al., 2011）。

　しかし，組織レベルのフォールトラインを，グループレベルのフォールトラインと同様の理論で説明できるかという点については，議論の余地がある。グループにおけるフォールトラインのダイナミクスが，組織におけるものと同じだとは考えにくい（Thatcher & Patel, 2012）。例えば，Lau &

Murnighan（1998）や Thatcher et al.（2003）は，グループフォールトライ
ンは，サブグループが必ず二つに分かれると想定している。しかし，人数が
多くなるほど，サブグループの数も多くなる可能性がある（Meyer & Glenz,
2013）。近年では，サブグループの大きさとバランスも，グループの意思決
定に影響するという研究を受け（亀田,1997; 2013），フォールトラインの測
定に，サブグループの大きさとバランスを用いることも提唱されている
（Carton & Cummings, 2013）。サブグループの数が三つ以上の場合には，果
たしてどのようにチームパフォーマンスに影響を与えるのか。サブグループ
の数と，パフォーマンスの関係を説明する理論が必要である。以上から，
フォールトライン研究に当たっては，「先行研究で最も多く使われているか
ら」ではなく，なぜその計算方法を用いるのかについての，理論的裏付けが
重要といえる。

補章2.2.2　フォールトラインの計算方法におけるサブグループの質の扱い

　まず，サブグループの数については，少なくとも 10 名を超えるようなグ
ループを調査対象とする際は，サブグループの数が二つ以上になることを想
定した計算方法を採用することが妥当だと，本書は考える。ダイバーシティ
研究の中に，サブグループが一つになるという研究結果もあるが（Phillips
et al., 2004），実験において作られたサブグループであり，例外的といえよ
う。Carton & Cummings（2012）は，先行研究から，多くの人々は 2 - 6 名
のサブグループを作ることを好むこと，そして，例えば 10 - 15 名のグルー
プであれば，それよりずっと少ない人数のサブグループを作りたがることを
指摘している。特に部署や組織といった大人数をフィールドとした研究の場
合は，サブグループが二つしかできないということは考えにくい。

　また，近年，サブグループの大きさと数が，サブグループ間の関係を見る
上で重要であるという指摘がされている（Carton & Cummings, 2012）。加
えて，カテゴリカル変数だけでなく，連続変数を用いることのできる計算方
法のほうが，より精緻な分析が可能であろう。以上の条件を満たす計算方法
としては，具体的には，*ASW*（Meyer &Glenz, 2013）がある。

　なお，フォールトラインの計算に当たって，サブグループ間の違いの程度

を示す，フォールトラインの距離（サブグループ間の違い）を計算し，フォールトラインの強さ（*Fau*）と掛け合わせて算出すべきだと主張する立場がある（Bezrukova et al., 2009）。確かに，フォールトラインは，どれだけ強くサブグループに分かれるかと，どれだけ他のサブグループと違っているか，を示す概念である。しかしながら，Meyer & Glenz（2013）は，次のような問題点を指摘している。フォールトラインの強さと距離は，どちらもグループ間変動の二乗の和を式中に含んでいるため，相関が高く，別の構成概念とはいい切れない。そのため，両者を掛け合わせると，グループ間変動の二乗の和の影響が増してしまう（Meyer & Glenz, 2013）。上記理由から，本書における分析でもフォールトラインの距離は計算に含んでいない。

　さらに，フォールトラインの元になる属性エレメントごとに，フォールトラインの強度に違いが出ることが考えられる。いわば，フォールトラインの強度算出式の中で，それぞれ属性エレメントにかかる「係数」のようなものである（例えば，性別の違いは，世代の違いよりもフォールトラインの強度に及ぼす影響が2倍である，など）。この違いを任意にフォールトラインの計算に反映することのできる計算式は，*LCCA*（潜在クラス・クラスター分析）である。レビューで示したように，*LCCA* は属性ごとの重み付けが可能だという長所を持っている。しかしながら，*LCCA* は，30名より少ないと計算が不安定になるという短所がある。組織レベルのフォールトラインの算出には有用かもしれないが，職場レベルの分析には，採用が難しい計算式である。

補章 2.2.3　フォールトラインの計算方法における制限

　フォールトラインの先行研究で用いられている計算方法には，10種類あり，それぞれの方法ごとに制限があることが分かった。制限とは，何人のグループまでフォールトラインを測定できるかという人数の制限，フォールトラインによって生まれるサブグループの数の特定可否，計算可能な変数の種類の制限，の三つである。調査対象によっては，人数の制限があると用いることができないため，人数の制限がない計算方法が望ましい。また，各集団に，いくつのサブグループができているかを，あらかじめ知ることは難し

く，サブグループ数の制限もないほうが良い。さらに，連続変数でデータが得られた場合に，カテゴリカル変数に置き換えることで，失われてしまう情報がある。以上を考慮すると，文献調査時点では，*ASW*（Meyer & Glenz, 2013）が，最も「使いやすい」指標といえる。

補章2.2.4　フォールトラインの算出においては，どのような計算方法がより実態を表しているか

　本書では，文献レビューの結果，計算方法ごとに，グループの人数，サブグループの数の算出可否，扱うことのできる属性のタイプ（連続変数・カテゴリカル変数）などの制限があることを示した。計算できるグループの人数に制限がかかることは，調査対象が限定されることにつながる。また，扱うことのできる属性のタイプ（連続変数・カテゴリカル変数）が制限されないほうが，恣意的に研究者がカテゴリーに分類するよりも，より確度の高いフォールトラインの算出が可能である。また，サブグループの数が算出できる計算方法を採用すれば，サブグループ間関係を分析するのに役立つ。近年，サブグループの数によって，グループプロセスに与える影響が異なることが指摘されている（Carton & Cummings, 2013）。さらには，先述したような，誰がどのサブグループに属しているかといった分析を進めたい場合には，関連したデータを算出できる計算手法が望ましい。このように計算手法によっては，サブグループ間関係における新しい知見も得られるものと期待される。

　本書は，数学的・統計学的な計算手法の比較検討（Meyer & Glenz, 2013; 鈴木・松本・北居, 2015）ではなく，いわば，これからフォールトラインを扱いたい研究者や実務家といった，ユーザー側の視点に立っている。各計算方法の特色を示すことで，フォールトラインを用いた分析をする人が，最適な計算方法を選ぶ一助となるのではないだろうか。

参考文献

上 律子・片山 美穂・北岡 和代（2017）. 日本の病院に勤務する看護師の職務満足と就業継続意思との関係 *Journal of Wellness and Health Care, 41*(2), 113-127.

赤間 紀子（2019）. 育児休業者の支援について（総合医学会報告 シンポジウム これからの看護管理者育成を考える II: 経営的視点を育てるには（自己の経験より））. 医療: 国立医療学会誌, *73*(1), 41-44.

秋山 隆・大久保 治信（2012）. 第4章 予測変数が2つの場合の回帰分析 豊田 秀樹（編著） 回帰分析入門—R で学ぶ最新データ解析 東京図書

Alderfer, C. P. (1983). An intergroup perspective on group dynamics. In J. W. Lorsch *(Ed.)*, *Handbook of organizational behavior* (pp. 190-222). Eaglewood Cliffs, NJ: Prentice Hall.

Allport, G. W. (1954). *The nature of prejudice*. Cambridge: Addison-Wesley. （オルポート, G.W. 原谷 達夫・野村 昭（共訳）(1961). 偏見の心理 上 培風館）

Amason, A. C., & Schweiger, D. M. (1994). Resolving the paradox of conflict, strategic decision making, and organizational performance. *International Journal of Conflict Management, 5*(3), 239-253.

Anderson, S. E., Coffey, B. S., & Byerly, R. T. (2002). Formal organizational initiatives and informal workplace practices: Links to work-family conflict and job-related outcomes. *Journal of Management, 28*(6), 787-810.

Arthur, J. B. (1992). The link between business strategy and industrial relations systems in American steel minimills. *ILR Review, 45*(3), 488-506.

Ashby, R. (1958). Requisite variety and its implications for the control of complex systems. *Cybernetica, 1*(2), 83-99.

Ashforth, B. E., & Mael, F. (1989). Social identity theory and the organization. *Academy of Management Review, 14*(1), 20-39.

Barkema, H. G., & Shvyrkov, O. (2007). Does top management team diversity promote or hamper foreign expansion? *Strategic Management Journal, 28*(7), 663-680.

Baron, R., & Kenny, D. (1986). The moderator-mediator variable distinction in social psychological research: Conceptual, strategic, and statistical considerations. *Journal of Personality and Social Psychology. 51*(6), 1173-1182.

Bartel, C. A. (2001). Social comparisons in boundary-spanning work: Effects of community outreach on members' organizational identity and identification. *Administrative Science Quarterly, 46*(3), 379-413.

Bartel, C., & Milliken, F. (2004). Perceptions of time in work groups: Do members develop shared cognitions about their temporal demands? In S. Blount (Ed.), *Time in groups (Research on managing groups and teams*, Vol. 6 (pp. 87-109). Bingley: Emerald Group.

Bezrukova, K., Jehn, K. A., Zanutto, E. L., & Thatcher, S. M. B. (2009). Do workgroup faultlines help or hurt? A moderated model of faultlines, team identification, and group performance. *Organization Science, 20*(1), 35-50.

Bezrukova, K., Spell, C. S., & Perry, J. L. (2010). Violent splits or healthy divides? Coping with injustice through faultlines. *Personnel Psychology, 63*(3), 719-751.

Bezrukova, K., Thatcher, S.M.B., Jehn, K. A., & Spell, C. S. (2012). The effects of alignments: examining group faultlines, organizational cultures, and performance. *Journal of Applied Psychology, 97*(1), 77.

Blau, P. M. (1977). *Inequality and heterogeneity : A primitive theory of social structure.* New York: Free Press.

Bliese, P. D. (2000). Within-group agreement, non-independence, and reliability: Implications for data aggregation and analysis. In K. J. Klein & S. W. J. Kozlowski (Eds.), *Multilevel theory, research, and methods in organizations: Foundations, extensions, and new directions* (pp. 349-381). San Francisco: Jossey-Bass.

Brewer, M. B. (1991). The social self: On being the same and different at the same time. *Personality and Social Psychology Bulletin, 17*(5), 475-482.

Brewer, M. B., Manzi, J. M., & Shaw, J. S. (1993). In-group identification as a function of depersonalization, distinctiveness, and status. *Psychological Science, 4*(2), 88-92.

Brown, R. J. (1995). *Prejudice: Its social psychology.* Oxford: Blackwell.（ブラウン, R. J.　橋口　捷久・黒川　正流（訳）(1999). 偏見の社会心理学　北大路書房）

Brown, R. J., & Turner, J. C. (1979). The criss-cross categorization effect in intergroup discrimination. *British Journal of Social and Clinical Psychology, 18*(4), 371-383.

Bunderson, J. S., & Boumgarden, P. (2010). Structure and learning in self-managed teams: Why "bureaucratic" teams can be better learners. *Organization Science, 21*(3), 609-624.

Byrne, D. E. (1971). *The attraction paradigm.* New York: Academic Press.

Campbell, D. T., & Fiske, D. W. (1959). Convergent and discriminant validation by the multitrait-multimethod matrix. *Psychological Bulletin, 56*(2), 81-105.

Carton, A. M., & Cummings, J. N. (2012). A theory of subgroups in work teams. *Academy of Management Review, 37*(3), 441-470.

Carton, A. M., & Cummings, J. N. (2013). The impact of subgroup type and subgroup configurational properties on work team performance. *Journal of Applied Psychology, 98*(5), 732-758.

Curşeu, P. L., Raab, J., Han, J., & Loenen, A. (2012). Educational diversity and group effectiveness: A social network perspective. *Journal of Managerial Psychology, 27*(6), 576-594.

Chen, C.-J., Hsiao, Y.-C., Chu, M.-A., & Hu, K.-K. (2015). The relationship between team diversity and new product performance: The moderating role of organizational slack. *IEEE Transactions on Engineering Management, 62*(4), 568-577.

Chiu, Y. T., & Staples, D. S. (2013). Reducing faultlines in geographically dispersed teams: Self-disclosure and task elaboration. *Small Group Research, 44*(5), 498-531.

Choi, J. N., & Sy, T. (2010). Group-level organizational citizenship behavior: Effects of demographic faultlines and conflict in small work groups. *Journal of Organizational Behavior, 31*(7), 1032-1054.

Chrobot-Mason, D., Ruderman, M. N., Weber, T. J., & Ernst, C. (2009). The challenge of leading on unstable ground: Triggers that activate social identity faultlines. *Human Relations, 62*(11), 1763-1794.

Chung, Y., Liao, H., Subramony, M. V, Jackson, S. E., Colakoglu, S., & Jiang, Y. (2011). A cross-level analysis of demographic faultlines and diversity climate on job dedication. In *Academy of Management Proceedings 2011*, 1-6, Academy of Management.

Chung, Y., Liao, H., Jackson, S. E., Subramony, M., Colakoglu, S., & Jiang, Y. (2015). Cracking but not breakng: Joint effects of faultline strength and diversity climate on loyal behavior. *Academy of Management Journal, 58*(5), 1495-1515.

Clochesy, J. M., Griggs, T., & Anthony, M. K. (2007). Diversity, inclusion and mentoring to retain nurses. *Diversity Factor, 15*(4), 27-30.

Collins, C. J., & Smith, K. G. (2006). Knowledge exchange and combination: The role of human resource practices in the performance of high-technology firms. *Academy of Management Journal, 49*(3), 544-560.

Cox, K. B. (2001). The effects of unit morale and interpersonal relations on conflict in the nursing unit. *Journal of Advanced Nursing, 35*(1), 17-25.

Cox, T. Jr (1994), *Cultural diversity in organizations*, Berrett-Koehler, San Francisco, CA.

Cramton, C. D., & Hinds, P. J. (2004). Subgroup dynamics in internationally distributed teams: Ethnocentrism or cross-national learning? *Research in Organizational Behavior, 26*, 231-263.

Cronin, M. A., Bezrukova, K., Weingart, L. R., & Tinsley, C. H. (2011). Subgroups within a team: The role of cognitive and affective integration. *Journal of Organizational Behavior, 32*(6), 831-849.

De Dreu, C. K. W., (2006). When too little or too much hurts: Evidence for a curvilinear relationship between task conflict and innovation in teams. *Journal of Management, 32* (1), 83-107.

De Dreu, C. K. W., & Weingart, L. R. (2003). Task versus relationship conflict, team performance, and team member satisfaction: A meta-analysis. *Journal of Applied Psychology, 88*(4), 741-749.

Deschamps, J. C. (1984). The social psychology of intergroup relations and categorical differentiation. in H.Tajfel, (Ed.) *The social dimension*, Vol. 2 (pp. 541-559). Cambridge: Cambridge University Press.

Deschamps, J. C., & Doise, W. (1978). Crossed category memberships in intergroup relations in H.Tajfel, (Ed.) *Differentiation between social groups. Studies in the social psychology of intergroup relations* (pp. 141-158). London: Academic Press.

Dougherty, D. (1992). Interpretive barriers to successful product innovation in large firms. *Organization Science, 3*(2), 179-202.

Duchscher, J. E., & Cowin, L. (2004). Multigenerational nurses in the workplace. *Journal of Nursing Administration, 34*(11), 493-501.

Earley, P. C., & Mosakowski, E. (2000). Creating hybrid team cultures: An empirical test of transnational team functioning. *Academy of Management Journal, 43*(1), 26-49.

Edmondson, A. C. (1999). Psychological safety and learning behavior in work teams. *Administrative Science Quarterly, 44*(2), 350-383.

Edmondson, A. C. (2012). *Teaming : How organizations learn, innovate, and compete in the knowledge economy*. San Francisco: Jossey-Bass. (エドモンドソン, A. C. 野津 智子 (訳) (2014). チームが機能するとはどういうことか――「学習力」と「実行力」を高め

る実践アプローチ　英治出版）

Ellis, H. C., & Ashbrook, P. W. (1989). The "state" of mood and memory research: A selective review. *Journal of Social Behavior and Personality, 4*(2), 1-21.

Ellis, A. P. J., Mai, K. M., & Christian, J. S. (2013). Examining the asymmetrical effects of goal faultlines in groups: A categorization-elaboration approach. *Journal of Applied Psychology, 98*(6), 948-961.

Elsass, P. M., & Graves, L. M. (1997). Demographic diversity in decision-making groups: The experiences of women and people of color. *Academy of Management Review, 22*(4), 946-973.

Farh, J.-L., Lee, C., Farh, C. I. C., & Barkema, H. G. (2010). Task conflict and team creativity: A question of how much and when. *Journal of Applied Psychology, 95*(6), 1173-1180.

Fiske, S. T., & Taylor, S. E. (2013) Social cognition: From brains to culture. McGraw-Hill（フィスケ, S.T.・テイラー, S.E. 宮本 聡介・唐沢 穣・小林 和博・原 奈津子（編訳）(2013). 社会的認知研究　脳から文化まで　北大路書房）.

Flache, A., & Mäs, M. (2008). How to get the timing right. A computational model of the effects of the timing of contacts on team cohesion in demographically diverse teams. *Computational and Mathematical Organization Theory, 14*(1), 23-51.

Fujimoto, Y., Härtel, C. E., & Härtel, G. F. (2004). A field test of the diversity-openness moderator model in newly formed groups: Openness to diversity affects group decision effectiveness and interaction patterns. *Cross Cultural Management: An International Journal, 11*(4), 4-16.

Galbraith, J. R. (1974). Organization design: An information processing view. *Interfaces, 4*(3), 28-36.

Gates, M. G., & Mark, B. A. (2012). Demographic diversity, value congruence, and workplace outcomes in acute care. *Research in Nursing & Health, 35*(3), 265-276.

George, J. M. (1990). Personality, affect, and behavior in groups. *Journal of Applied Psychology, 75*(2), 107-116.

Gibson, C., & Vermeulen, F. (2003). A healthy divide: Subgroups as a stimulus for team learning behavior. *Administrative Science Quarterly, 48*(2), 202-239.

Glick, P., Zion, C., & Nelson, C. (1988). What mediates sex discrimination in hiring decisions? *Journal of Personality and Social Psychology, 55*(2), 178-186.

Gonzalez, J. A., & DeNisi, A. S. (2009). Cross-level effects of demography and diversity climate on organizational attachment and firm effectiveness. *Journal of Organizational Behavior, 30*(1), 21-40.

Goodman, P. S., Ravlin, E. C., & Argote, L. (1986). Current thinking about groups: Setting the stage for new ideas. *Designing Effective Work Groups*, 1-33. San Francisco: Jossey-Bass.

Gratton, L., Voigt, A., & Erickson, T. (2007). Bridging faultlines in diverse teams. *MIT Sloan Management Review, 48*(4), 22-29.

Greer, L. L., & Jehn, K. A. (2007). Where perception meets reality : The effects of different types of faultline erceptions, assymmetries, and realities on intersubgroup conflict and workgroup outcomes. *Academy of Management Proceedings 2007*, 1-6, Academy of Management.

Guetzkow, H., & Gyr, J. (1954). An analysis of conflict in decision-making groups. *Human Relations*, 7(3), 367-382.

Harrison, D. A., & Klein, K. J. (2007). What's the difference? diversity constructs as separation, variety, or disparity in organizations. *Academy of Management Review*, 32(4), 1199-1228.

Harrison, D. A., Price, K. H., & Bell, M. P. (1998). Beyond relational demography: time and the effects of surface- and deep-level diversity on work group cohesion. *Academy of Management Journal*, 41(1), 96-107.

Harrison, D. A., Price, K. H., Gavin, J. H., & Florey, A. T. (2002). Time, teams, and task performance: Changing effects of surface-and deep-level diversity on group functioning. *Academy of Management Journal*, 45(5), 1029-1045.

Hart, C. M., & Van Vugt, M. (2006). From fault line to group fission: Understanding membership changes in small groups. *Personality and Social Psychology Bulletin*, 32(3), 392-404.

Hartel, C. E., & Fujimoto, Y. (1999). Explaining why diversity sometimes has positive effects in organizations and sometimes has negative effects in organizations: The perceived dissimilarity openness moderator model. In *Academy of Management Proceedings 1999* (1), C1-C6, Academy of Management.

Hayes, A. F. (2017). *Introduction to mediation, moderation, and conditional process analysis: A regression–based approach. (2nd ed)*. Guilford Publications.

Hobman, E. V., Bordia, P., & Gallois, C. (2004). Perceived dissimilarity and work group involvement: The moderating effects of group openness to diversity. *Group & Organization Management*, 29(5), 560-587.

Hochschild, A. R. (1983). *The managed heart : Commercialization of human feeling*. Berkeley, CA: University of California Press. (ホックシールド, A.R.　石川 准, 室伏 亜希 (訳) (2000). 管理される心――感情が商品になるとき　世界思想社)

Hogg, M.A. & Abrams, D. (1988). *Social identifications: A social psychology of intergroup relations and group processes*. London / New York: Routledge. (ホッグ, M.A.・アブラムス, D.　吉森 護, 野村 泰代 (訳) (1995). 社会的アイデンティティ理論　新しい社会心理学体系化のための一般理論　北大路書房)

Hogg, M. A., & Terry, D. J. (2000). Social identity and self-categorization processes in organizational contexts. *The Academy of Management Review*, 25(1), 121-140.

Homan, A. C., Hollenbeck, J. R., Humphrey, S. E., Knippenberg, D. Van, Ilgen, D. R., & Van Kleef, G. A. (2008). Facing differences with an open mind: Openness to experience, salience of intragroup differences, and performance of diverse work groups. *Academy of Management Journal*, 51(6), 1204-1222.

Homan, A. C., van Knippenberg, D., Van Kleef, G. A., & De Dreu, C. K. W. (2007a). Bridging faultlines by valuing diversity: Diversity beliefs, information elaboration, and performance in diverse work groups. *Journal of Applied Psychology*, 92(5), 1189-1199.

Homan, A. C., van Knippenberg, D., Kleef, G. A. Van, & De Dreu, C. K. W. (2007b). Interacting dimensions of diversity: Cross-categorization and the functioning of diverse work groups. *Group Dynamics: Theory, Research, and Practice*, 11(2), 79-94.

Hornsey, M. J., & Hogg, M. A. (1999). Subgroup differentiation as a response to an overlyinclusive group: A test of optimal distinctiveness theory. *European Journal of Social Psychology, 29*(4), 543-550.

Hutzschenreuter, T., & Horstkotte, J. (2013). Performance effects of top management team demographic faultlines in the process of product diversification. *Strategic Management Journal, 34*(6), 704-726.

池上 知子 (2012). 格差と序列の心理学: 平等主義のパラドクス　ミネルヴァ書房

今村 知明・康永 秀生・井出 博生 (2011). 医療経営学: 病院倒産時代を生き抜く知恵と戦略　医学書院 (第2版, 2006)

Insko, C. A., Schopler, J., Hoyle, R. H., Dardis, G. J., & Graetz, K. A. (1990). Individual-group discontinuity as a function of fear and greed. *Journal of Personality and Social Psychology, 58*(1), 68.

Jackson, S. E., Joshi, A., & Erhardt, N. L. (2003). Recent research on team and organizational diversity: SWOT analysis and implications. *Journal of Management, 29*(6), 801-830.

Jackson, S. E., May, K., & Whitney, K. (1995). Understanding the dynamics of diversity in decision-making teams. In R. A. Guzzo, E. Salas, & Associates (Eds.), *Team effectiveness and decision making in organizations* (pp. 204-261). San Fancisco: Jossey-Bass.

James, L. R. (1982). Aggregation bias in estimates of perceptual agreement. *Journal of Applied Psychology, 67*(2), 219-229.

James, L. R., Demaree, R. G., & Wolf, G. (1984). Estimating within-group interrater reliability with and without response bias. *Journal of Applied Psychology, 69*(1), 85-98.

Jehn, K. A. (1995). A multimethod examination of the benefits and detriments of intragroup conflict. *Administrative Science Quarterly, 40*(2), 256-282.

Jehn, K. A. (1997). A qualitative analysis of conflict types and dimensions in organizational groups. *Administrative Science Quarterly, 42*(3), 530-557.

Jehn, K. A. (2014). Types of conflict: The history and future of conflict definitions and typologies. In Ouremi B. Ayoko, Neal M. Ashkanasy, & Karen A. Jehn (Eds.), *Handbook of conflict management research* (pp. 3-18). Northampton, MA: Edward Elgar.

Jehn, K. A., & Bendersky, C. (2003). Intragroup conflict in organizations:a contingency perspective on the conflict-outcome relationship. *Research in Organizational Behavior, 25*, 187-242.

Jehn, K. A., & Bezrukova, K. (2010). The faultline activation process and the effects of activated faultlines on coalition formation, conflict, and group outcomes. *Organizational Behavior & Human Decision Processes, 112*(1), 24-42.

Jehn, K. A., Bezrukova, K., & Thatcher, S. M. B. (2006). Conflict, diversity and faultlines in workgroups. In C. K. W. De Dreu & M. J. Gelfand (Eds.), *The psychology of conflict and conflict management in organizations* (pp. 177-204). New York, NY: Lawrence Erlbaum Associates.

Jehn, K. A., & Mannix, E. A. (2001). The dynamic nature of conflict: A longitudinal study of intragroup conflict and group performance. *Academy of Management Journal, 44*(2), 238-251.

Jehn, K. A., Northcraft, G. B., & Neale, M. A. (1999). Why differences make a difference: A field study of diversity, conflict and performance in workgroups. *Administrative Science Quarterly, 44*(4), 741-763.

Jehn, K. A., & Rupert, J.（2007）. Group faultlines and team learning: How to benefit from different perspectives. In Work group learning（pp. 143-172）. Psychology Press. V. Sessa & M. London（Eds.）, *Work group learning: Understanding, improving and assessing how groups learn in organizations*（pp. 121-149）Mahwah, NJ: Lawrence Erlbaum Asssociates.

Jiang, Y., Jackson, S. E., Shaw, J. B., & Chung, Y.（2012）. The consequences of educational specialty and nationality faultlines for project teams. *Small Group Research, 43*(5), 613-644.

Joshi, A., & Roh, H.（2009）. The role of context in work team diversity research: A meta-analytic review. *Academy of Management Journal, 52*(3), 599.

Kaczmarek, S., Kimino, S., & Pye, A.（2012a）. Antecedents of board composition: The role of nomination committees. *Corporate Governance: An International Review*, 20(5), 474-489.

Kaczmarek, S., Kimino, S., & Pye, A.（2012b）. Board task-related faultlines and firm performance: A decade of evidence. *Corporate Governance: An International Review, 20*(4), 337-351.

亀田 達也（1997）（2013）. 合議の知を求めて　グループの意思決定　共立出版

韓 慧（2012）. 日本における看護師不足の実態. 東アジア研究, *10*, 1-24.

金井 篤子（2002）. ワーク・ファミリー・コンフリクトの規定因とメンタルヘルスへの影響に関する心理的プロセスの検討　産業・組織心理学研究, *15*(2), 107-122.

Kane, R. L., Shamliyan, T. A., Mueller, C., Duval, S., & Wilt, T. J.（2007）. The association of registered nurse staffing levels and patient outcomes: Systematic review and meta-analysis. *Medical Care, 45*(12), 1195-1204.

唐澤 讓（2005）. 集団過程　朝倉心理学講座7　社会心理学　唐沢 かおり（編）　朝倉書店

Keele, S.（2016）. Leadership and diversity: The need for a theoretical framework for nurse workforce sustainability in the U.S. *Change Management: An International Journal, 15*(4), 1-11.

吉川 徹（2018）. 日本の分断：切り離される非大卒若者（レッグス）たち　光文社

吉川 徹（2019）. 学歴と格差・不平等：成熟する日本型学歴社会　東京大学出版会（増補版, 2006）

北居 明（2014）. 学習を促す組織文化―マルチレベルアプローチによる実証分析　有斐閣

北村 英哉（2001）. ものを分類する：ステレオタイプ　山岸 俊男（2001）編　社会心理学キーワード　有斐閣

Klein, K. J., Bliese, P. D., Kozolowski, S. W. J., Dansereau, F., Gavin, M. B., Griffin, M. A., Hofmann, D. A., James, L. R., Yammarino, F. J., & Bligh, M. C.（2000）. Multilevel analytical techniques: Commonalities, differences, and continuing questions. In K. J. Klein & S. W. J. Kozlowski（Eds.）, *Multilevel theory, research, and methods in organizations: Foundations, extensions, and new directions*（pp. 512-553）. San Francisco, CA: Jossey-Bass.

Kunze, F., & Bruch, H.（2010）. Age-based faultlines and perceived productive energy: The moderation of transformational leadership. *Small Group Research, 41*(5), 593-620.

Lau, D. C., & Murnighan, J. K.（1998）. Demographic diversity and faultlines: The compositional dynamics of organizational groups. *Academy of Management Review, 23* (2), 325-340.

Lau, D. C., & Murnighan, J. K. (2005). Interactions within groups and subgroups: The effects of demographic faultlines. *Academy of Management Journal, 48*(4), 645-659.

Lawrence, B. S., & Zyphur, M. J. (2011). Identifying organizational faultlines with latent class cluster analysis. *Organizational Research Methods, 14*(1), 32-57.

Li, J., & Hambrick, D. C. (2005). Factional groups: A new vantage on demographic faultlines, conflict, and disintegration in work teams. *Academy of Management Journal, 48*(5), 794-813.

Lippmann, W. (1922). *Public opinion.* New York: Harcourt, Brace and Company.（リップマン,W. 掛川 トミ子（訳）(1987). 世論 上 岩波書店）

Lipponen, J., Helkama, K., & Juslin, M. (2003). Subgroup identification, superordinate identification and intergroup bias between the subgroups. *Group Processes & Intergroup Relations, 6*(3), 239-250.

MacKinnon, D. P., Lockwood, C. M., Hoffman, J. M., West, S. G., & Sheets, V. (2002). A comparison of methods to test mediation and other intervening variable effects. *Psychological Methods, 7*(1), 83-104.

Mannix, E. (1993). Organizations as resource dilemmas: The effects of power balance on coalition formation in small groups. *Organizational Behavior and Human Decision Processes, 55*(1), 1-22.

Mannix, E., & Neale, M. A. (2005). What differences make a difference? *Psychological Science in the Public Interest, 6*(2), 31-55.

March, J. G., & Simon, H. A. (1958). *Organizations.* NewYork: Wiley.（マーチ, J.G.・サイモン, H.A. 高橋 伸夫（訳）(2014). オーガニゼーションズ 第2版 現代組織論の原典 ダイヤモンド社）

Marcus-Newhall, A., Miller, N., Holtz, R., & Brewer, M. B. (1993). Cross-cutting category membership with role assignment: A means of reducing intergroup bias. *British Journal of Social Psychology, 32*(2), 125-146.

Marino, M., Parrotta, P., & Pozzoli, D. (2016). Educational diversity and knowledge transfers via inter-firm labor mobility. *Journal of Economic Behavior & Organization, 123*, 168-183.

槙 正和・土肥 眞奈・叶谷 由佳（2016）. 出産・子育て期にある看護職員に病院から提供されている支援の現状と就業継続への影響 日本看護管理学会誌, *20*(1), 49-60.

松原 敏浩・金野 美奈子・原谷 隆史・川口 貞親・江川 緑（2014）. 家庭状況要因, 仕事状況要因がワーク・ライフ・バランス, ストレス及び仕事満足感に与える影響—女性看護師を対象にした Karasek と Kawachi の仮説の比較検討— 経営行動科学, *27*(2), 115-135.

MacDuffie, J. P. (1995). Human resource bundles and manufacturing performance: Organizational logic and flexible production systems in the world auto industry. *ILR Review, 48*(2), 197-221.

McDougall, W. (1973). *The group mind.* (2nd ed. Original work published 1920, New York : Putnam）

McGrath, J. E., Berdahl, J. L., & Arrow, H. (1995). Traits, expectations, culture, and clout: The dynamics of diversity in work groups. In *Diversity in work teams: Research paradigms for a changing workplace.* (pp. 17-45). Washington: American Psychological Association.

McPherson, M., Smith-Lovin, L., & Cook, J. M. (2001). Birds of a feather: Homophily in social networks. *Annual Review of Sociology, 27*(1), 415-444.

Meyer, B., & Glenz, A. (2013). Team faultline measures: A computational comparison and a new approach to multiple subgroups. *Organizational Research Methods, 16*(3), 393-424.

Meyer, B., Glenz, A., Antino, M., Rico, R., & González-Romá, V. (2014). Faultlines and subgroups: A meta-review and measurement guide. *Small Group Research, 45*(6), 633-670.

Meyer, B., Shemla, M., & Schermuly, C. C. (2011). Social category salience moderates the effect of diversity faultlines on information elaboration. *Small Group Research, 42*(3), 257-282.

Meyer, B., Shemla, M., Li, J., & Wegge, J. (2015). On the same side of the faultline: Inclusion in the leader's subgroup and employee performance. *Journal of Management Studies, 52* (3), 354-380.

Merton, R.K. (1957). *Social theory and social structure* (revised ed. pp.279-334). Glencoe, Ill: The Free Press. (マートン, R.K., 森 東吾・森 好夫・金沢 実（訳）社会理論と機能分析　現代社会学大系第13巻（1961）. 青木書店 (pp. 207-256))

Milliken, F. J., & Martins, L. L. (1996). Searching for common threads: Understanding the multiple effects of diversity in organizational groups. *Academy of Management Review, 21* (2), 402-433.

Minichilli, A., Corbetta, G., & MacMillan, I. C. (2010). Top management teams in family-controlled companies: 'familiness', 'faultlines', and their impact on financial performance. *Journal of Management Studies, 47*(2), 205-222.

三井 さよ（2006）. 看護職における感情労働　大原社会問題研究所雑誌, *567*, 14-26.

三浦 日向・西城 彰子（2022）. 女性活躍，模範企業も停滞，計画達成4割強，本社調査. ソニー，研修で成果. 日本経済新聞，2022年1月20日（朝刊），1ページ.

宮野 勝（2000）. 公平理念はどのように形成されるのか　日本の階層システム2　公平感と政治意識　海野 道郎（編）　東京大学出版会

Molleman, E. (2005). Diversity in demographic characteristics, abilities and personality traits: Do faultlines affect team functioning? *Group Decision & Negotiation, 14*(3), 173-193.

室橋 弘人（2007）. 付録A　適合度指標　共分散構造分析［Amos編］―構造方程式モデリング―　豊田 秀樹（編著）　東京図書

Murray, E. J. (2013). Generational differences: Uniting the four-way divide. *Nursing Management, 44*(12), 36-41.

内藤 知加恵（2014）. フォールトラインに関するレビューと一考察　早稲田大学大学院商学研究科紀要, *79*, 181-199.

内藤 知加恵（2016）. フォールトラインの活性化プロセスに関するレビューと理論モデルの検討　早稲田大学大学院商学研究科　商経論集, *111*, 1-15.

内藤 茂幸・吉田 澄恵・佐藤 紀子（2014）. 小児病棟の中堅看護師が仕事を続けてきた原動力　日本看護管理学会誌, *18*(2), 103-113.

中垣 明美（2010）. 成人期の女性看護師における生涯発達上の危機となる体験 ，日本看

護研究学会雑誌, *33*(1), 57-68.

中島 美津子（2010）．WLB 実現が魅力ある病院をつくり出す─オタガイサマ精神なくして，それは成し得ない（総特集 事例から学ぶ WLB（ワーク・ライフ・バランス）実現プロセス─魅力ある病院づくり）─（WLB 実現に向けて）　看護, *62*(14), 8-16.

日本看護協会（2010）．平成 22 年　看護白書　日本看護協会出版会

日本看護協会（2022）．令和 3 年　看護関係統計資料集　日本看護協会出版会

Nembhard, I. M., & Edmondson, A. C.（2006）. Making it safe: The effects of leader inclusiveness and professional status on psychological safety and improvement efforts in health care teams. *Journal of Organizational Behavior, 27*(7), 941-966.

Nishii, L. H.（2013）. The benefits of climate for inclusion for gender-diverse groups. *Academy of Management Journal, 56*(6), 1754-1774.

Noe, R. A.（1999）. *Employee training and development.* Boston, MA: Irwin / McGraw-Hill.

布尾 勝一郎（2016）．迷走する外国人看護・介護人材の受け入れ　ひつじ書房

Ohbuchi, K.-I., & Takahashi, Y.（1994）. Cultural styles of conflict management in Japanese and Americans: Passivity, covertness, and effectiveness of strategies. *Journal of Applied Social Psychology, 24*(15), 1345-1366.

Olson, B. J., Parayitam, S., & Bao, Y.（2007）. Strategic decision making: The effects of cognitive diversity, conflict, and trust on decision outcomes. *Journal of Management, 33*(2), 196-222.

Ostroff, C.（1992）. The relationship between satisfaction, attitudes, and performance: An organizational level analysis. *Journal of Applied Psychology, 77*(6), 963-974.

Park, B., & Rothbart, M.（1982）. Perception of out-group homogeneity and levels of social categorization: Memory for the subordinate attributes of in-group and out-group members. *Journal of Personality and Social Psychology, 42*(6), 1051-1068.

Patton, C. M.（2014）. Conflict in health care: A literature review. *The Internet Journal of Healthcare Administration, 9*(1), 1-11.

Pearsall, M. J., Ellis, A. P. J., & Evans, J. M.（2008）. Unlocking the effects of gender faultlines on team creativity: Is activation the key? *Journal of Applied Psychology, 93*(1), 225-234.

Pelled, L. H.（1996）. Demographic diversity, conflict, and work group outcomes: An intervening process theory. *Organization Science, 7*(6), 615-631.

Pelled, L. H., Eisenhardt, K. M., & Xin, K. R.（1999）. Exploring the black box: An analysis of work group diversity, conflict, and performance. *Administrative Science Quarterly, 44*(1), 1-28.

Perrigino, M. B., Dunford, B. B., & Wilson, K. S.（2018）. Work-family backlash: The "dark side" of work-life balance（WLB）policies. *Academy of Management Annals, 12*(2), 600-630.

Pfeffer, J.（1983）. Organizational demography. *Research in Organizational Behavior, 5*, 299-357.

Phillips, K. W., Mannix, E. A., Neale, M. A., & H. Gruenfeld, D.（2004）. Diverse groups and information sharing: The effects of congruent ties. *Journal of Experimental Social Psychology, 40*(4), 497-510.

Podsakoff, P. M., MacKenzie, S. B., Lee, J.-Y., & Podsakoff, N. P.（2003）. Common method biases in behavioral research: A critical review of the literature and recommended remedies. *Journal of Applied Psychology, 88*(5), 879-903.

Polzer, J. T., Crisp, C. B., Jarvenpaa, S. L., & Kim, J. W. (2006). Extending the faultline model to geographically dispersed teams: How colocated subgroups can impair group functioning. *Academy of Management Journal, 49*(4), 679-692.

Porath, C., & Erez, A. (2007). Does rudeness matter? The effect of rudeness on task performance and helpfulness. *Academy of Management Journal, 50*, 1181-1197.

Pondy, L. R. (1967). Organizational conflict: Concepts and models. *Administrative Science Quarterly, 12*(2), 296-320.

Preacher, K. J., & Hayes, A. F. (2008). Asymptotic and resampling strategies for assessing and comparing indirect effects in multiple mediator models. *Behavior Research Methods, 40*(3), 879-891.

Ren, H., Gray, B., & Harrison, D. A. (2015). Triggering faultline effects in teams: The importance of bridging friendship ties and breaching animosity ties. *Organization Science, 26*(2), 390-404.

Rico, R., Molleman, E., Sanchez-Manzanares, M., & Van der Vegt, G. S. (2007). The effects of diversity faultlines and team task autonomy on decision quality and social integration. *Journal of Management, 33*(1), 111-132.

Rico, R, Sánchez-Manzanares, M., Antino, M., & Lau, D. (2012). Bridging team faultlines by combining task role assignment and goal structure strategies. *Journal of Applied Psychology, 97*(2), 407-420.

Rink, F. A., & Jehn, K. A. (2010). Divided we fall, or united we stand?: How identity processes affect faultline perceptions and the functioning of diverse teams. In R. J. Crisp (Ed.), *Social issues and interventions. The psychology of social and cultural diversity* (pp. 281-296). Oxford:Wiley-Blackwell.

Riordan, C. M. (2000). Relational demography within groups: Past developments, contradictions, and new directions. *Research in Personnel and Human Resources Management, 19*, 131-173.

Rockmann, K. W., Pratt, M. G., & Northcraft, G. B. (2007). Divided loyalties determinants of identification in interorganizational teams. *Small Group Research, 38*(6), 727-751.

Rousseau, D. M. (1995). *Psychological contracts in organizations : Understanding written and unwritten agreements.* Newbury Park, CA: Sage.

斎藤 友里子・山岸 俊男 (2000).　日本人の不公平感は特殊か—比較社会論的視点で　日本の階層システム 2　公平感と政治意識　海野 道郎 (編)　東京大学出版会 (増補版, 2006)

榊 茜・深堀 浩樹 (2014).　潜在看護師が復職後に復職をした自分になじむまでの過程 日本看護管理学会誌, *18*(2), 114-124.

Sawyer, J. E., Houlette, M. A., & Yeagley, E. L. (2006). Decision performance and diversity structure: Comparing faultlines in convergent, crosscut, and racially homogeneous groups, *Organizational Behavior and Human Decision Processes, 99*(1), 1-15.

Schein, E. (1985). *Organizational culture and leadership* (1st ed.). San Francisco: Jossey-Bass. (シャイン, E.H.・梅津 裕良・横山 哲夫 (訳) (2012).　組織文化とリーダーシップ　白桃書房)

Schein, E., & Bennis, W. (1965). *Personal and organizational change through group methods:*

The laboratory approach. New York: Wiley.（シャイン, E.H.・ベニス, W.G.　伊東 博（編訳）(1969).　T-グループの実際　岩崎学術出版）

Shaw, M. E. (1981). *Group dynamics : The psychology of small group behavior* (3rd ed). New York: McGraw-Hill.

Shaw, J. B. (2004). The development and analysis of a measure of group faultlines. *Organizational Research Methods, 7*(1), 66-100.

Shaw, J. D., Zhu, J., Duffy, M. K., Scott, K. L., Shih, H. A., & Susanto, E. (2011). A contingency model of conflict and team effectiveness. *Journal of Applied Psychology, 96* (2), 391.

Sheets, V. L., & Braver, S. L. (1999). Organizational status and perceived sexual harassment: Detecting the mediators of a null effect. *Personality and Social Psychology Bulletin, 25* (9), 1159-1171.

Sherif, M., & Sherif, C. (1964). *Reference groups; Exploration into conformity and deviation of adolescents.* New York: Harper & Row.（シェリフ, M.・シェリフ, C.W.・重松 俊明（監訳）(1968).　準拠集団：青少年の同調と逸脱　黎明書房）

Sherif, M., Harvey, O. J., White, B. J., Hood, W. R., & Sherif, C. W. (1988). *Intergroup conflict and cooperation: The Robbers Cave experiment.* Middletown, Conn: Wesleyan University Press. (Original work published 1961, Norman, Okla : University Book Exchange)

Sherman, R., (2006). Leading a multigenerational nursing workforce: Issues, challenges and strategies. *OJIN: The Online Journal of Issues in Nursing. 11*(2), Manuscript 2.

Shore, L. M., Randel, A. E., Chung, B. G., Dean, M. A., Holcombe Ehrhart, K., & Singh, G. (2011). Inclusion and diversity in work groups: A review and model for future research. *Journal of Management, 37*(4), 1262-1289.

Sidanius, J., & Pratto, F. (1999). *Social dominance.* Cambridge, UK: Cambridge University Press.

島貫 智行 (2010).　事務系派遣スタッフのキャリア類型と仕事・スキル・賃金の関係—派遣先企業と派遣元企業に関する就労パターンに注目して—　佐藤 博樹・佐野 嘉秀・堀田 聰子（編著）　実証研究—日本の人材ビジネス　日本経済新聞出版社, 506-533.

Simons, T. L., & Peterson, R. S. (2000). Task conflict and relationship conflict in top management teams: The pivotal role of intragroup trust. *Journal of Applied Psychology, 85* (1), 102-111.

Siu, H., Laschinger, H. K. S., & Finegan, J. (2008). Nursing professional practice environments. *JONA: The Journal of Nursing Administration, 38*(5), 250-257.

Smith, P. (1992) *The emotional labour of nursing : Its impact on interpersonal relations, management and the educational environment in nursing.* Basingstoke: Macmillan.（スミス, P.　武井 麻子・前田 泰樹（訳）(2000).　労働としての看護　ゆみる出版）

Steele, C. M., Spencer, S. J., & Aronson, J. (2002). Contending with group image: The psychology of stereotype and social identity threat. In *Advances in experimental social psychology*, Vol. 34, (pp. 379-440). San Diego, CA: Academic Press.

Steiner, I. D., (1972) *Group process and productivity.* New York: Academic Press.

Sumner, W. G. (1906). *Folkways.* New York: Dover.（サムナー, W.G.　青柳 清孝・園田 恭一・山本 英治（訳）(1975).　フォークウェイズ　現代社会学体系3　青木書店）

鈴木 竜太・北居 明（2005）．組織行動論における集団特性の分析手法: マルチレベル分析に関する研究ノート　神戸大学大学院経営学研究科 Disscussion paper *45*, 1-33.

鈴木 竜太・松本 雄一・北居 明（2015）．フォールトラインの概念と分析手法　国民経済雑誌 *211*(6), 53-88.

鈴木 竜太・松浦 正子（2018）．［対談］多様性をいかす組織とは「関わりあう職場」のマネジメント　看護管理, *28*(8), 670-676.

橘木 俊詔（2008）．女女格差　東洋経済新報社

武井 麻子（2002）．感情労働と看護（教育講演, 特集）　保健医療社会学論集, *13*(2), 7-13.

竹内 朋子・大久保 清子・真田 弘美（2016）．単身看護師のワーク・ライフ・バランスの現状および労働条件との関連　日本医療マネジメント学会雑誌, *17*(2).

Tanaka, S., Maruyama, Y., Ooshima, S., & Ito, H. (2011). Working condition of nurses in Japan: awareness of work-life balance among nursing personnel at a university hospital. *Journal of Clinical Nursing, 20* (1-2), 12-22.

Tajfel, H. (1982). Social psychology of intergroup relations. *Annual Review of Psychology, 33* (1), 1-39.

Tajfel, H., Billig, M. G., Bundy, R. P., & Flament, C. (1971). Social categorization and intergroup behaviour. *European Journal of Social Psychology, 1*(2), 149-178.

Tajfel, H., & Turner, J. C. (1979). An integrative theory of intergroup conflict. *The Social Psychology of Intergroup Relations, 33*(47), 74.

Tajfel, H., & Turner, J. C. (2004). The Social Identity Theory of Intergroup Behavior. In J. T. Jost & J. Sidanius (Eds.), *Key readings in social psychology. Political psychology: Key readings* (pp. 276-293). New York: Psychology Press. (Original work published 1986, In S.Worchel & W. G. Austin (Eds.) *Psychology of Intergroup Relations* (pp. 276-293). Chicago: Nelson-Hall).

谷口 真美（2005）．ダイバシティ・マネジメント　多様性をいかす組織　白桃書房

谷口 真美（2011）．ダイバシティ・マネジメント　多様性をいかす組織　白桃書房（第1版2刷加筆修正版, 2005）

谷口 真美（2016）．多様性の捉え方　季刊　家計経済研究（夏号）, *111*, 12-22.

谷口 真美（2017）．ダイバシティ・マネジメント　多様性をいかす組織　白桃書房（第1版5刷加筆修正版, 2005）

田尾 雅夫（1995）．ヒューマンサービスの組織　医療・保健・福祉における経営管理　法律文化社

田尾 雅夫・久保 真人（1996）．バーンアウトの理論と実際　心理学的アプローチ　誠信書房

豊田 秀樹（2008）．共分散構造分析 入門編—構造方程式モデリング（統計ライブラリー）朝倉書店

Thatcher, S.M.B., Jehn, K., & Zanutto, E. (2003). Cracks in diversity research: The effects of diversity faultlines on conflict and performance. *Group Decision & Negotiation, 12*(3), 217-241.

Thatcher, S. M. B., & Patel, P. C. (2012). Group faultlines: A review, integration, and guide to future research. *Journal of Management, 38*(4), 969-1009.

Thatcher, S. M. B., & Patel, P. C. (2014). Understanding the messy relationship between faultlines and conflict. In O. B. Ayoko, N. M. Ashkanasy, & K. A. Jehn (Eds.), *Handbook of Conflict Management Research* (pp. 403-423). Cheltenham : Edward Elgar Publishing.

Trezzini, B. (2008). Probing the group faultline concept: An evaluation of measures of patterned multi-dimensional group diversity. *Quality & Quantity, 42*(3), 339-368.

Trezzini, B. (2013). A measure of multidimensional polarization for categorical diversity data. *Quality & Quantity, 47*(1), 313-333.

Tsui, A. S., Porter, L. W., & Egan, T. D. (2002). When both similarities and dissimilarities matter: Extending the concept of relational demography. *Human Relations, 55*(8), 899-929.

Tuggle, C. S., Schnatterly, K., & Johnson, R. A. (2010). Attention patterns in the boardroom: How board composition and processes affect discussion of entrepreneurial issues. *Academy of Management Journal, 53*(3), 550-571.

Valls, V., González - Romá, V., & Tomás, I. (2016). Linking educational diversity and team performance: Team communication quality and innovation team climate matter. *Journal of Occupational and Organizational Psychology, 89*(4), 751-771.

van der Kamp, M., Tjemkes, B. V., & Jehn, K. A. (2015). Faultline deactivation: Dealing with activated faultlines and conflicts in global teams. In J. L. Wildman & R. L. Griffith (Eds.), *Leading global teams: Translating multidisciplinary science to practice* (pp. 269-293). New York : Springer.

van Knippenberg, D., De Dreu, C. K. W., & Homan, A. C. (2004). Work group diversity and group performance: An integrative model and research agenda. *Journal of Applied Psychology, 89*(6), 1008-1022.

van Knippenberg, D., & Schippers, M. C. (2007). Work group diversity. *Annual Review of Psychology, 58*(1), 515-541.

van Knippenberg, D., Dawson, J. F., West, M. A., & Homan, A. C. (2011). Diversity faultlines, shared objectives, and top management team performance. *Human Relations, 64*(3), 307-336.

van Knippenberg, D., De Dreu, C. K. W. De, & Homan, A. C. (2004). Work group diversity and group performance: An integrative model and research agenda. *Journal of Applied Psychology, 89*(6), 1008-1022.

Watson, W. E., Kumar, K., & Michaelsen, L. K. (1993). Cultural diversity's impact on interaction process and performance: Comparing homogeneous and diverse task groups. *Academy of Management Journal, 36*(3), 590-602.

Weisman, C. S., Gordon, D. L., Cassard, S. D., Bergner, M., & Wong, R. (1993). The effects of unit self-management on hospital nurses' work process, work satisfaction, and retention. *Medical Care, 31*(5), 381-393.

Williams, K. Y., & O'Reilly, C. A. (1998). Demography and diversity in organizations: A review of 40 years of research. *Research in Organizational Behavior, 20*, 77-140.

Xue, Y., & Brewer, C. (2014). Racial and ethnic diversity of the US national nurse workforce 1988-2013. *Policy, Politics, & Nursing Practice, 15* (3-4), 102-110.

Yukl, G. (2002). *Leadership in organizations.* (5th ed), Upper Saddle River, NJ: Prentice Hall.

Zanutto, E. L., Bezrukova, K., & Jehn, K. A. (2011). Revisiting faultline conceptualization: measuring faultline strength and distance. *Quality and Quantity, 45*(3), 701-714.

Zellmer-Bruhn, M. E., Maloney, M. M., Bhappu, A. D., & Salvador, R. B. (2008). When and how do differences matter? An exploration of perceived similarity in teams. *Organizational Behavior & Human Decision Processes, 107*(1), 41-59.

【オンライン資料】
Chung, Y., Shaw, J. B., & Jackson, S. E.（2006）. *Faultline index for groups: A guide for SAS users, version 1.0 (for categorical attributes).* Piscataway, NJ: Rutgers University. Retrieved from https://www.researchgate.net/publication/309385444_Faultline_Index_for_Groups_FIG_A_Guide_for_SAS_Users（2019 年 12 月 31 日）

外務省（2019）. 経済連携協定（EPA）／自由貿易協定（FTA） 外務省 Retrieved from https://www.mofa.go.jp/mofaj/comment/faq/keizai/epa_fta.html（2019 年 4 月 30 日）

ひょうご仕事と生活センター（n.d.）. 助成金 ひょうご仕事と生活センター Retrieved from https://www.hyogo-wlb.jp/support/subsidy（2019 年 10 月 21 日）

小林 美亜（2013）. 第七次看護職員需給見通し期間における看護職員需給数の推計手法と把握に関する研究 厚生労働省 Retrieved from http://mhlw-grants.niph.go.jp/niph/search/NIDD00.do?resrchNum=201232026A#selectHokoku（2019 年 5 月 29 日）

厚生労働省（2015a）. 看護師養成所における社会人経験者の受け入れ準備・支援のための指針 厚生労働省 Retrieved from https://www.mhlw.go.jp/file/06-Seisakujouhou-10800000-Iseikyoku/0000079680.pdf（2020 年 1 月 3 日）

厚生労働省（2015b）. 中央社会保険医療協議会（中央社会保険医療協議会総会） 第 298 回資料 入院医療 その 2 厚生労働省 Retrieved from https://www.mhlw.go.jp/file/05-Shingikai-12404000-Hokenkyoku-Iryouka/0000088491.pdf（2019 年 2 月 19 日）

厚生労働省（2017a）. 平成 28 年衛生行政報告例（就業医療関係者）の概況 厚生労働省 Retrieved from https://www.mhlw.go.jp/toukei/saikin/hw/eisei/16/dl/gaikyo.pdf（2019 年 9 月 13 日）

厚生労働省（2017b）. 平成 28 年版働く女性の実情 厚生労働省 Retrieved from https://www.mhlw.go.jp/bunya/koyoukintou/josei-jitsujo/16.html（2019 年 10 月 10 日）

厚生労働省（2018a）. 平成 30 年賃金構造基本統計調査（初任給）の概況 厚生労働省 Retrieved from https://www.mhlw.go.jp/toukei/itiran/roudou/chingin/kouzou/18/dl/02.pdf（2019 年 10 月 21 日）

厚生労働省（2018b）. 医道審議会（保健師助産師看護師分科会看護倫理部会） 看護師等行政処分関係等審議議事要旨 厚生労働省 Retrieved from https://www.mhlw.go.jp/stf/shingi/shingi-idou_127798.html（2019 年 1 月 19 日）

厚生労働省（2019a）. 外国人雇用状況の届出状況まとめ（平成 30 年 10 月末現在）別添 2 外国人雇用状況の届出状況まとめ【本文】 厚生労働省 Retrieved from https://www.mhlw.go.jp/content/11655000/000472892.pdf（2019 年 4 月 29 日）

厚生労働省（2019b）. 別添 2 経済連携協定（ＥＰＡ）に基づく外国人看護師候補者の看護師国家試験の結果（過去 11 年間） 厚生労働省 Retrieved from https://www.mhlw.go.jp/content/10805000/000496521.pdf（2019 年 5 月 1 日）

厚生労働省（2019 c）. インドネシア，フィリピン及びベトナムからの外国人看護師・介護福祉士候補者の受入れについて 厚生労働省 Retrieved from https://www.mhlw.go.jp/stf/seisakunitsuite/bunya/koyou_roudou/koyou/gaikokujin/other22/index.html（2019 年 4 月 29 日）

厚生労働省（2019d）. 看護職員確保対策ページ 厚生労働省 Retrieved from https://

www.mhlw.go.jp/stf/seisakunitsuite/bunya/0000095525.html（2019 年 2 月 20 日）

厚生労働省（2022）. 女性活躍推進法の改正（令和元年度改正，令和 4 年度全面施行）　厚生労働省　Retrieved from https://www.mhlw.go.jp/stf/seisakunitsuite/bunya/0000091025.html（2022 年 12 月 11 日）

内閣府（2010a）. 仕事と生活の調和（ワーク・ライフ・バランス）憲章　内閣府　Retrieved from http://wwwa.cao.go.jp/wlb/government/20barrier_html/20html/charter.html（2019 年 9 月 26 日）

内閣府（2010b）. 平成 22 年度　仕事と生活の調和（ワーク・ライフ・バランス）に関する先進的取組事例の調査　内閣府　Retrieved from http://wwwa.cao.go.jp/wlb/research/h22torikumi/index.html（2019 年 10 月 18 日）

内閣府（2017）. 日本経済 2016-2017―好循環の拡大に向けた展望―（2017 年 1 月 17 日）　内閣府　Retrieved from https://www5.cao.go.jp/keizai3/2016/0117nk/n16_1_3.html（2019 年 12 月 31 日）

内閣府（2022）. 令和 4 年版男女共同参画白書（令和 4 年 6 月 14 日）　内閣府　Retrieved from https://www.gender.go.jp/about_danjo/whitepaper/r04/zentai/pdf/r04_genjo.pdf（2022 年 9 月 5 日）

日本看護協会（2007）. 看護にかかわる主要な用語の解説―概念的定義・歴史的変遷・社会的文脈―　日本看護協会　Retrieved from https://www.nurse.or.jp/home/publication/pdf/guideline/yougokaisetu.pdf（2019 年 4 月 12 日）

日本看護協会（2016）. 平成 22〜27 年度　看護職のワーク・ライフ・バランス（WLB）インデックス調査　データ分析報告書　日本看護協会　Retrieved from https://www.nurse.or.jp/wlb/wlbindex/doc/bunsekihokoku.pdf（2019 年 9 月 13 日）

日本看護協会（2019）. 病院看護管理者のマネジメントラダー　日本看護協会 Retrieved from https://www.nurse.or.jp/home/publication/pdf/guideline/nm_managementladder.pdf（2019 年 10 月 19 日）

日本生産性本部（2014）. 2014 年　第 8 回ワーク・ライフ・バランス大賞　受賞者の主な取組み内容　日本看護協会　Retrieved from https://activity.jpc-net.jp/detail/lrw/activity001423/attached2.pdf（2019 年 10 月 20 日）

労働政策研究・研修機構（2019）. JILPT 資料シリーズ No.209 労働力需給の推計 ―労働力需給モデル（2018 年度版）による将来推計― 2019 年 3 月 29 日 https://www.jil.go.jp/institute/siryo/2019/documents/209.pdf（2022 年 9 月 19 日）

Rupert, J.（2010）. *Diversity faultlines and team learning.*（Online published doctoral dissertation）Leiden University, Leiden. Retrieved from https://openaccess.leidenuniv.nl/handle/1887/15223（December 22, 2019）

Rupert, J., & Jehn, K. A.（2009）. When subgroups fuse and divide: Effects of faultlines on team learning and performance. *Unpublished manuscript, Institute for Psychological Research, Leiden University, Leiden, the Netherlands*　Retrieved from https://openaccess.leidenuniv.nl/bitstream/handle/1887/15223/03.pdf?sequence=6（2020 年 1 月 4 日）

総務省統計局（2017）. 平成 27 年国勢調査　総務省統計局　Retrieved from https://www.stat.go.jp/data/kokusei/2015/kekka.html（2019 年 10 月 10 日）

van der Kamp, M., Tjemkes, B. V., & Jehn, K. A.（2012）. The rise and fall of subgroups and conflict in teams: Faultline activation and deactivation. *Paper presented at the 25th Annual International Association of Conflict Management Conference*（Spier, South

Africa), 1-31. Retrieved from http://papers.ssrn.com/sol3/papers.cfm?abstract_id=2084738 (December 22, 2019)

山本　勲（2011）. 非正規労働者の希望と現実—不本意型非正規雇用の実態　*RIETI Discussion Paper Series 11-J-052*. Retrieved from https://www.rieti.go.jp/jp/publications/dp/11j052.pdf（2020 年 1 月 3 日）

索　引

■著者略歴

内藤　知加恵（ないとう・ちかえ）
麗澤大学国際学部グローバルビジネス専攻助教。日本放送協会（NHK）職員，大学研究員等を経て，2019 年早稲田大学大学院商学研究科博士後期課程単位取得満期退学。2020 博士（商学）取得。2020 年 4 月より現職。
研究分野：組織行動論，フォールトライン，ダイバーシティ・マネジメント，インクルージョン，グローバルキャリア，働き方の多様性

主な論文：
（単著）内藤 知加恵（2014）．フォールトラインに関するレビューと一考察　早稲田大学商学研究科紀要，*79*, 103-125.
（共著）林 洋一郎・内藤 知加恵（印刷中）．仮説検証型研究における仮説の形式：主効果，調整，媒介，調整媒介についてのチュートリアル　産業・組織心理学研究.
　　　Briscoe, J. P., Kaše, R., Dries, N., Dysvik, A., Unite, J. A., Adeleye, I., ... & Zikic, J. (2021). Here, there, & everywhere: Development and validation of a cross-culturally representative measure of subjective career success. *Journal of Vocational Behavior, 130,* 103612: 1-13.
　　　Andresen, M., Apospori, E., Gunz, H., Suzanne, P. A., Taniguchi, M., Lysova, E. I., ... & Zikic, J. (2020). Careers in context: An international study of career goals as mesostructure between societies' career‐related human potential and proactive career behaviour. *Human Resource Management Journal, 30*(3), 365-391.
　　　Smale, A., Bagdadli, S., Cotton, R., Dello Russo, S., Dickmann, M., Dysvik, A., ... & Unite, J. (2019). Proactive career behaviors and subjective career success: The moderating role of national culture. *Journal of Organizational Behavior, 40*(1), 105-122.

■ フォールトライン―組織の分断回避へのアプローチ―

■ 発行日―― 2023 年 3 月 16 日　　初 版 発 行　　〈検印省略〉

■ 著　者――内藤知加恵（ないとう　ち か え）

■ 発行者――大矢栄一郎

■ 発行所――株式会社 白桃書房（はくとうしょぼう）
　　　　　〒 101-0021　東京都千代田区外神田 5-1-15
　　　　　☎ 03-3836-4781　FAX 03-3836-9370　振替 00100-4-20192
　　　　　https://www.hakutou.co.jp/

■ 印刷・製本――三和印刷